제6판

EXCEL을 이용한 회계실습

주현기 · 강연수 · 전홍준

세학사

Preface.....

바야흐로 AI 시대이다. 하루가 다르게 생성형 AI 기반의 새로운 응용 프로그램들이 등장하고 있다. 엑셀은 여전히 뛰어난 계산 및 자료 작성 도구이지만, 많은 사용자들은 구체적인 사용법에서 혼란을 겪거나 더 나은 도움을 원한다.

생성형 AI는 이러한 사용자들에게 큰 도움을 줄 수 있다. 프로그래밍 언어나 엑셀 함수에 익숙하지 않더라도, 사용자가 원하는 내용을 구체적으로 전달하기만 하면 AI가 이를 실행하거나 적절한 수식을 제시해 준다. 가까운 미래에는 수식이 포함된 엑셀 파일까지 자동으로 반환받는 것도 가능해질 것이다.

2010년대 후반 처음으로 엑셀을 강의할 때에는, '필요한 상황에서 어떤 함수가 존재하는지 기억하고, 이를 검색하여 활용할 수 있는 사용자'를 양성하는 것이 교육의 목표였다. 그러나 오늘날과 같이 AI가 생활 전반에 깊숙이 들어온 시대에는 개별 함수를 암기할 필요조차 줄어들고 있다. 오히려 중요한 것은 AI에게 원하는 바를 정확하게 전달하는 능력이라 할 수 있다.

이번 개정판에서는 제6장의 Tips 부분에 생성형 AI를 엑셀 학습에 활용하는 기본적인 방법을 간단히 소개하였다. 당초 더 큰 폭의 개정을 계획했으나, AI의 발전 속도가 워낙 빠르기 때문에 핵심적인 사항만 정리하고, 나머지는 교수자와 학습자의 몫으로 남겨 두고자 한다. 각 장을 마칠 때마다 학습자와 교수자께서는 생성형 AI를 활용하여 내용을 복습해 보기를 권한다. 이는 단순한 반복 학습을 넘어, 새로운 방식으로 지식을 재구성하는 데 큰 도움이 될 것이다.

2025년 8월
저자들

이책은 신구대학 세무회계과 학생들을 대상으로 엑셀을 이용한 회계 실습 과목을 강의하면서 사용된 교재들을 정리한 것입니다. 엑셀은 회계 실무에 유용하게 사용되는 강력한 기능을 가지고 있으므로, 대부분의 기업에서 폭넓게 활용되고 있습니다. 따라서, 현대 기업에서는 회계실무 분야의 인력을 구할 때 엑셀 활용능력을 중요 채용 조건으로 하는 경우도 많습니다.

현대 기업의 회계실무는 전산화된 환경에서 수행되고 있습니다. 즉, 기업마다 재무회계시스템, 관리회계시스템, 재무계획시스템, 성과관리시스템 등을 포함하는 회계정보시스템을 구축하고 이를 실무에 활용하고 있는 것입니다. 그러나 전산화된 정보시스템에서 조회된 데이터는 그 정형성 때문에 사용자의 다양한 요구사항을 만족시키지 못하고 있습니다. 따라서 회계정보시스템에서 출력된 데이터를 그대로 분석에 활용하거나 보고서로 사용하는 경우는 많지 않으며, 엑셀 등의 스프레드시트 프로그램을 이용하여 추가적인 분석을 수행하고, 이를 가공하여 사용하고 있습니다.

엑셀은 대용량의 계산처리나 데이터베이스 관리업무를 수행하기 위한 프로그램은 아니나, 정보시스템에서 출력된 데이터를 요약 및 추가분석하고, 이를 이용하여 보고서를 작성하는 도구로서는 매우 뛰어난 기능을 가지고 있으므로 기업의 회계실무에 필수적으로 사용되고 있습니다.

엑셀을 이용한 회계 실습을 강의하면서 느꼈던 점은 적합한 교재가 없다는 것이었습니다. 현재 우리나라의 상황은 엑셀 그 자체에 대한 설명서는 많으나, 이를 회계, 재무 또는 기획 등의 업무와 접목하여 설명한 교재는 많이 부족한 실정이라는 것입니다. 이런 상황에서 학생들의 회계실습에 적합한 엑셀 교재를 찾다가 포기하고, 강의과정에서 직접 케이스를 만들어서 강의를 시작한 지 벌써 십여 년이 흘렀습니다. 그 동안 하나 둘 케이스가 마련되어 한 학기 정도의 강의 분량으로 EXCEL을 이용한 회계실무라는 교재를 만들었으나, 과거 버전인 엑셀 2003을 이용한 실습내용으로 현행 회계실무에 적합하지 않는 교재가 되었습니다.

엑셀의 인터페이스가 엑셀 2007 버전을 기점으로 메뉴 방식에서 리본 방식으로 크게 변화되었기 때문입니다. 따라서 학생들의 회계실습 과정에서 불편함을 덜고, 기업의 회계실무에도 바로 활용할 수 있도록 엑셀 2010 버전을 이용한 실습 교재를 만들게 되었습니다.

이 책은 회계원리, 원가관리회계 및 세법을 어느 정도 학습하고, 엑셀 프로그램의 기초적인 사용법을 익힌 대학생들을 대상으로 좀 더 실무적인 회계를 이해하고, 이를 엑셀을 통하여 실습할 수 있도록 만들어진 교재입니다. 따라서 회계원리, 원가관리회계 및 세법에 관한 기초 지식과 엑셀에 관한 기초 사용법을 배우지 않았다면 다소 어려울 수도 있습니다. 대학의 경영학과나 회계학과에서 2~3학년 정도가 되는 학생들이 보기에 적당한 교재라고 생각합니다.
컴퓨터 S/W에 대한 학습은 책으로 읽어서 이해하기 보다는 실무에서 벌어지는 업무를 직접 처리하면서 배우는 것이 더 효과적이라는 평소의 필자의 생각대로 주로 케이스 해결 위주로 교재가 구성되어 있습니다.

처음 교재를 만들고 보니 여러 가지 점에서 미흡한 바가 많이 있으나 더 이상 시간을 늦추는 것 보다는 미진한 대로 우선 출판하고 차후 증보하는 것이 낫겠다는 판단이 되어 출판을 강행하였습니다. 앞으로 시간이 허용하는 대로 기존의 케이스를 보완하고, 필요한 케이스를 더 추가하여 더 좋은 엑셀 회계 실습 교재로 만들도록 하겠습니다. 그 동안 교재 없이 다소 불편하게 공부하였던 신구대학교 세무회계과 졸업생들에게 심심한 감사의 뜻을 전합니다.

2012년 1월
저자들

제1장 엑셀회계의 기초

제2장 이름 정의하기와 IF 함수 사용하기

제3장 데이터 검색 관련 워크시트 함수들

제4장 각종 재무회계 함수들

제5장 차트의 사용

제6장 데이터베이스

제7장 데이터 표 기능을 활용한 민감도 분석

제8장 회귀분석 기능을 이용한 매출예측

제9장 표준원가계산서 작성

제10장 추정재무제표의 작성

제11장 매크로의 사용

chapter

01

엑셀회계의 기초

제01장 엑셀회계의 기초

1. 스프레드시트 프로그램(spreadsheet program)이란?

(1) 스프레드시트 프로그램의 연혁

1978년 하버드 대학의 대학생 Dan Bricklin이 처음으로 'VisiCalc'란 스프레드시트 프로그램(spread sheet program)[1)]을 만들어 8비트 애플 컴퓨터에서 이용하였다. 그 후 이 프로그램은 계속 발전하여 Multiplan, SuperCalc 등으로 개선되어 왔으며, Lotus123와 Excel(엑셀)이 스프레드시트 프로그램에서 압도적인 위치를 차지하게 되었다. 현재는 PC의 사용에서 마우스를 사용하는 윈도우(Windows) 환경이 일반화되면서, 이에 적합한 Graphic User Interface를 제공하는 마이크로소프트사의 엑셀이 대부분 스프레드시트 프로그램으로 사용되고 있다.

(2) 스프레드시트 프로그램이 각광받는 이유

- 행/열(Matrix)방식의 구성
- 셀(cell)들을 서로 연관시키는 능력
- what−if 분석 가능(민감도분석)
- 그래픽 기능

1) 스프레드시트 프로그램을 '표 작성 프로그램' 또는 '표 계산 프로그램'이라고 부르는 경우도 많이 있다.

(3) 스프레드시트 프로그램의 기능

- 계산표 기능
- 차트 기능
- 데이터베이스 기능
- 워드프로세서 기능

(4) 스프레드시트 프로그램의 적용분야

- 재무제표작성, 재무제표분석, 재무계획(현금예산, 추정재무제표 작성)
- 매출채권관리, 차입금 상환계획, 고정자산 관리
- 계약관리, CVP분석, 자본예산
- 민감도분석, 가격결정, 재고관리
- 원가통제, 회계감사조서 작성, 사업계획서 작성
- 기타 무수히 많음

2. 엑셀의 기초

(1) 엑셀이란?

스프레드시트의 모니터 화면에 표시되는 열과 행이 만나는 위치의 직사각형 셀(cell)에 수치, 문자, 수식 등의 데이터를 처리하여 계산표를 작성하고, 자료를 검색 및 관리하거나 차트를 그릴 수 있는 응용프로그램(application program)으로 Microsoft사의 제품이다.

(2) 엑셀의 주요기능

1) 계산표기능

엑셀은 많이 사용하는 사칙연산, 합계, 평균 등을 쉽게 사용하여 계산표를 작성할 수 있도록 해준다. [그림 1−1]은 엑셀을 사용하는 예로서 과목별 성적보고서의 합계, 평균 등을 기록하는 계산표 기능을 보여준다.

그림 1−1

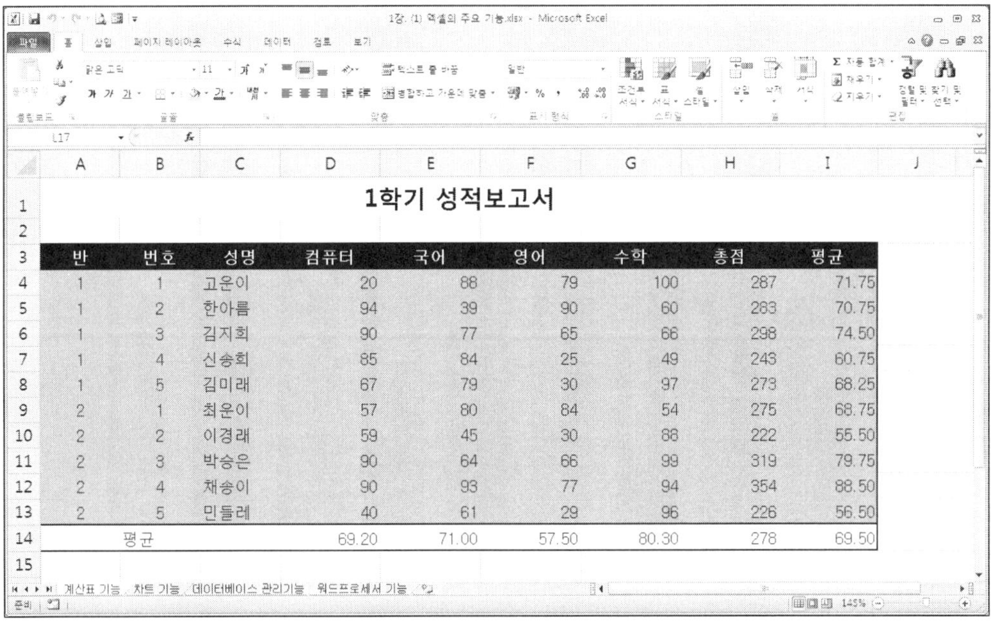

1학기 성적보고서

반	번호	성명	컴퓨터	국어	영어	수학	총점	평균
1	1	고운이	20	88	79	100	287	71.75
1	2	한아름	94	39	90	60	283	70.75
1	3	김지희	90	77	65	66	298	74.50
1	4	신송희	85	84	25	49	243	60.75
1	5	김미래	67	79	30	97	273	68.25
2	1	최운이	57	80	84	54	275	68.75
2	2	이경래	59	45	30	88	222	55.50
2	3	박승은	90	64	66	99	319	79.75
2	4	채송이	90	93	77	94	354	88.50
2	5	민들레	40	61	29	96	226	56.50
	평균		69.20	71.00	57.50	80.30	278	69.50

2) 차트 기능

숫자를 주로 이용한 보고서보다는 그림과 같은 시각적 데이터를 활용한 보고서가 훨씬 직관적인 이해를 가능하게 한다. 엑셀은 계산표에 있는 데이터를 활용한 다양한 차트를 쉽게 만들도록 도와준다. 예를 들면 [그림 1-2]는 [그림 1-1]의 계산표의 수치 데이터를 차트로 표시한 그림이다.

그림 1-2

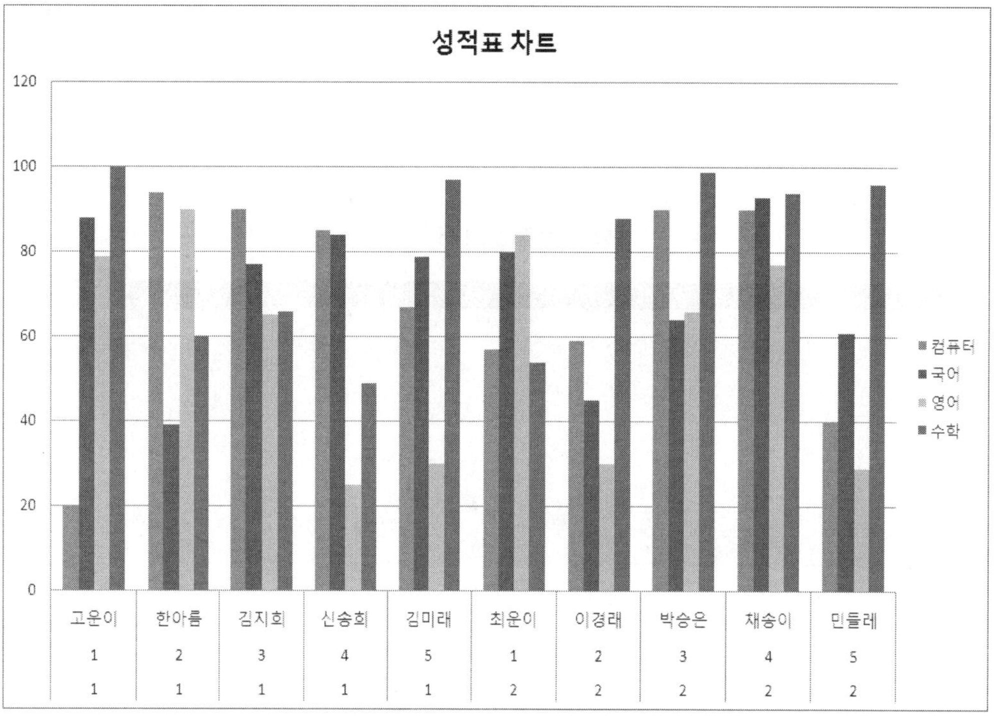

3) 데이터베이스 관리기능

[그림 1-3]은 엑셀을 데이터베이스 관리 기능으로 사용하는 인사급여 데이터베이스의 예이다. 이와 같이 엑셀은 동일한 형태를 갖는 대량의 데이터베이스에서 검색, 추가, 삭제, 필터링 등의 관리 기능을 하는 소프트웨어로서도 사용할 수 있다. 마이크로소프트사의 액세스(Access)란 전문 데이터베이스 프로그램이 있지만, 엑셀에서도 그다지 복잡하지 않은 데이터베이스를 훌륭하게 관리할 수 있다.

그림 1-3

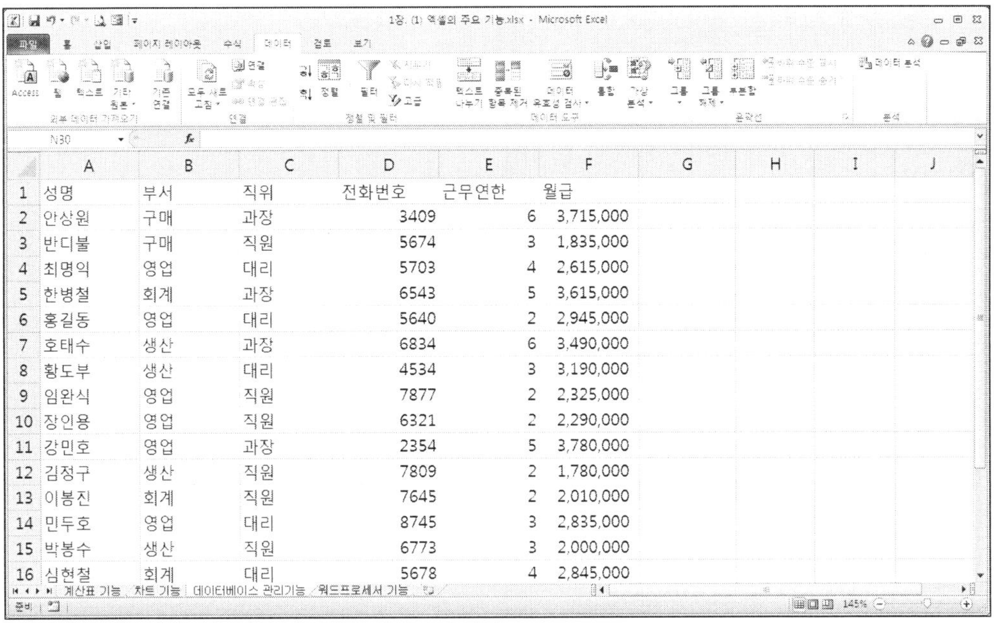

	A	B	C	D	E	F
1	성명	부서	직위	전화번호	근무연한	월급
2	안상원	구매	과장	3409	6	3,715,000
3	반디불	구매	직원	5674	3	1,835,000
4	최명익	영업	대리	5703	4	2,615,000
5	한병철	회계	과장	6543	5	3,615,000
6	홍길동	영업	대리	5640	2	2,945,000
7	호태수	생산	과장	6834	6	3,490,000
8	황도부	생산	대리	4534	3	3,190,000
9	임완식	영업	직원	7877	2	2,325,000
10	장인용	영업	직원	6321	2	2,290,000
11	강민호	영업	과장	2354	5	3,780,000
12	김정구	생산	직원	7809	2	1,780,000
13	이봉진	회계	직원	7645	2	2,010,000
14	민두호	영업	대리	8745	3	2,835,000
15	박봉수	생산	직원	6773	3	2,000,000
16	심현철	회계	대리	5678	4	2,845,000

4) 워드프로세서 기능

엑셀은 [그림 1-4]의 예처럼 글을 입력하여 출력하는 워드프로세서의 기능도 수행한다. 기업 실무에서 사용되는 대부분의 문서들은 엑셀을 이용하여 효과적으로 작성할 수 있다. 특히 숫자와 그래프가 들어가는 문서의 경우는 전문 워드프로세서 프로그램 보다 엑셀이 더 유용할 수 있다.

그림 1-4

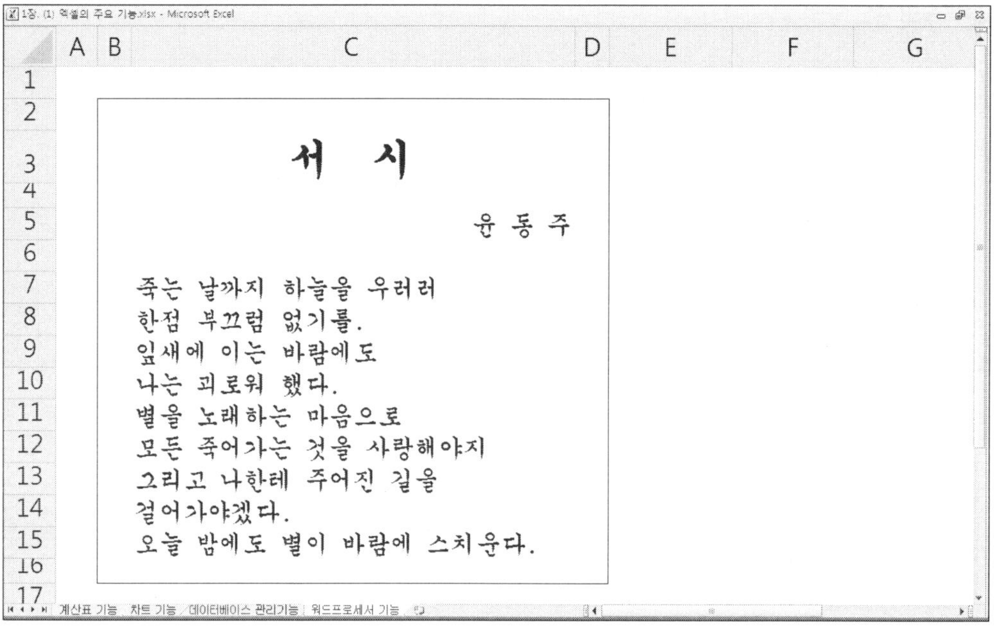

3. 엑셀의 시작

컴퓨터의 OS로 윈도우 7(Windows 7)을 사용하는 경우 화면의 맨 왼 쪽 아래의 윈도우 아이콘( )을 클릭하면 나타나는 도구 모음 중에서 엑셀 아이콘(Microsoft Excel 2010)을 클릭한다[2]. OS로 윈도우 XP(Windows XP)를 사용하는 경우는 맨 왼 쪽 아래의 시작 아이콘(시작)을 클릭하여 나타나는 도구 모음 중에서 엑셀 아이콘을 클릭한다.

그림 1-5

이외에도 엑셀 프로그램을 시작하는 방법은 여러 가지가 있을 수 있다. 보통의 컴퓨터를 다루어 본 사람이라면 그다지 어려움 없이 엑셀 프로그램을 시작할 수 있을 것이다.

---

2) 마이크로소프트사의 엑셀은 처음 출시 이후 계속 발전되어 왔으며, 현재는 엑셀 2003, 엑셀 2007, 엑셀 2010 등의 버전들이 많이 사용 중이다. 본 서는 이중 엑셀 2010을 이용하여 설명한다.

4. 엑셀의 윈도우와 메뉴

엑셀이 실행되면 [그림 1−6]과 같은 엑셀의 시작 화면이 나타난다. [그림 1−6]에서와 같이 엑셀의 화면은 다음의 두 개의 윈도우로 구성된다.

- 명령 윈도우
- 문서 윈도우

그림 1−6

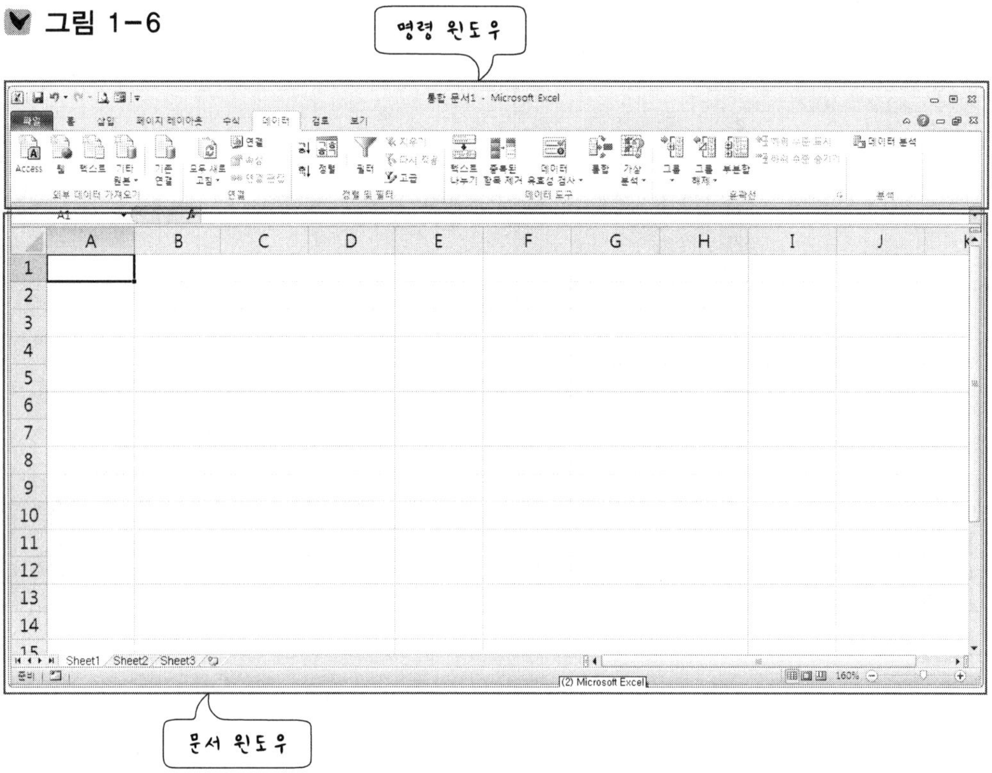

먼저 명령 윈도우는 제목 표시줄과 리본 메뉴로 구성되어 있다. 제목 표시줄에는 빠른 실행 도구 모음이 포함되어 있으며, 파일 탭을 제외한 리본 메뉴는 '탭 → 그룹 → 명령 아이콘'의 3단계로 구성되어 있다([그림 1−7] 참조).

- **제목 표시줄** : 엑셀에서 사용하는 문서의 이름이 표시된다.
- **빠른 실행 도구 모음** : 빠르게 명령을 실행할 수 있도록 자주 사용하는 명령을 등록하여 사용한다. 기본적으로 저장( ), 실행 취소( ), 다시 실행( )과 같은 3개의 명령 아이콘을 포함하고 있으며 사용자의 설정에 따라 다른 명령 아이콘을 포함할 수 있다.
- **탭** : 리본 메뉴의 가장 상위 분류로 파일, 홈, 삽입, 페이지 레이아웃, 수식, 데이터, 검토, 보기 등의 기본 탭을 제공하며, 사용자의 설정에 따라 다른 탭을 추가할 수 있다.
- **그룹** : 각 탭에서 작업 성격이 비슷한 실행 명령들을 묶은 것이다. 하나의 탭에는 여러 개의 그룹이 존재한다. 그룹 이름 옆에는 대화상자 표시 아이콘( )이 있는 경우가 있는데, 이를 클릭하면 해당 그룹과 연결된 대화상자가 나타난다.
- **명령 아이콘** : 각 탭에 포함된 실행 명령들을 아이콘으로 표시한 것이다.
- **파일 탭의 백 스테이지(Backstage)** : 엑셀 2010 버전의 새로운 인터페이스로 파일 탭을 선택하면 나타난다. 백스테이지는 리본의 여러 곳에 흩어져 있는 명령들 중 자주 사용하거나 중요한 것들을 하나로 통합하여 제공한다.

그림 1-7

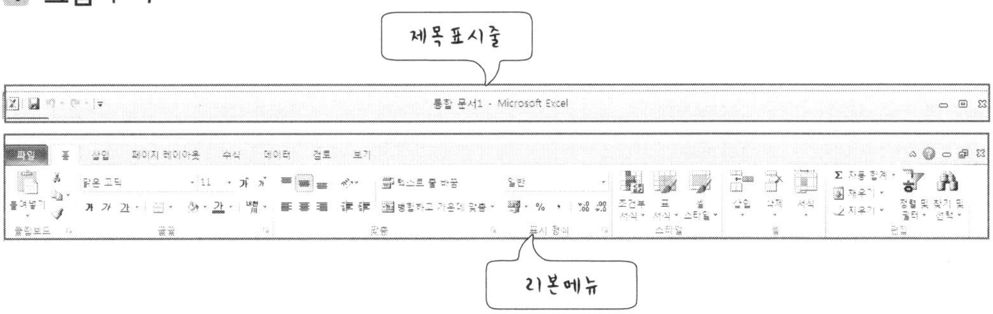

문서 윈도우는 이름 상자, 수식 입력줄, 시트(Sheet), 시트 탭, 상태 표시줄 등으로 구성되어 있다. ([그림 1-8] 참조)

- **이름 상자** : 현재 선택된 셀(들)의 주소(이름)가 표시된다.
- **수식 입력줄** : 현재 선택된 셀(셀 포인터가 위치한 셀)에 입력된 내용이 표시된다.
- **시트** : 통합 문서의 내용을 보여준다. 가장 기본적인 시트인 워크시트는 상단의 열 주소(A, B, C, …)와 좌측의 행 주소(1, 2, 3, …)가 만나는 셀(cell)들로 구성되어 있다. 하나의 통합 문서에는 여러 개의 시트가 존재할 수 있다.
- **시트 탭** : 통합 문서의 시트 제목들을 표시하며, 현재 화면에 나타나는 시트의 제목이 팝업되어 있다. 시트 탭을 이용하여 여러 개의 시트 중 특정 시트를 선택할 수 있다.
- **상태 표시줄** : 통합 문서의 상태를 보여준다.

그림 1-8

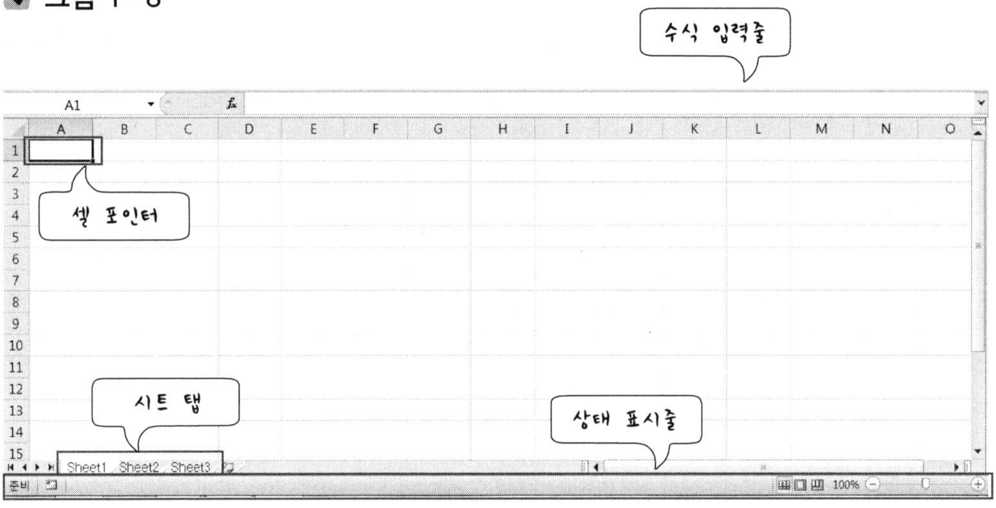

엑셀의 시트에는 워크시트, 차트시트, 매크로시트 등이 있으나 이중 워크시트(worksheet)가 가장 많이 사용된다. 워크시트는 행(Row)과 열(Column)로 구성된 매트릭스 구조로 되어있다. 엑셀의 행은 아라비아 숫자로 일련번호를 붙여 나가며, 열은 알파벳순으로 순서를 부여해 나간다. 엑셀은 행과 열이 교차한 곳을 셀(cell) 또는 방이라 하며, 워크시트는 이와 같은 셀들의 구성체로 이루어져 있다.

각 셀에 사용자가 데이터를 입력한다. [그림 1-8]에서 현재 셀 포인터가 위치한 셀은 1행 A열이며, 이 위치를 셀 주소라고 하며 'A1'로 표현한다. 셀 포인터의 위치는 이름 상자에 나타난다.

5. 데이터의 입력방법

(1) 셀에 데이터 입력하기

셀 포인터를 해당 셀로 이동하여 데이터를 입력한 후 [Enter↵]키를 누르면 입력이 된다.

(2) 데이터 입력을 취소하기

[Enter↵]키를 누르기 전 [Esc]키를 누르거나, 수식 입력줄의 취소 아이콘(×)을 클릭하여 입력을 취소한다.

(3) 입력된 데이터 정정하기

셀 포인터를 해당 셀에 위치한 후 데이터를 입력하면, 기존의 데이터는 지워지고 새로 입력하는 데이터가 해당 셀의 데이터로 대체된다. 또는 [F2] 키를 누르면 기존에 입력했던 데이터를 직접 수정할 수 있다.

(4) 바로 직전의 입력 실행 취소하기

빠른 실행 도구 모음의 명령 아이콘 중 실행 취소(↶) 아이콘을 누른다.

(5) 데이터 지우기

셀 포인터를 해당 셀 또는 셀 범위를 지정한 마우스의 오른쪽 버튼을 클릭하여 나타나는 단축 메뉴의 내용 지우기를 선택하거나, 키보드의 [Delete] 키 누른다.

6. 셀, 데이터, 셀 주소 및 수식의 개념

(1) 셀(Cell)

워크시트에서 행과 열이 교차하는 직사각형의 방으로 데이터를 입력하는 곳이다.

(2) 데이터(Data)

엑셀에서 데이터는 계산할 수 있는 수치와 계산할 수 없는 텍스트로 구분할 수 있다. 이러한 수치 데이터와 텍스트 데이터는 직접 그 값을 입력하여 나타내거나, 수식을 입력하여 나타낼 수 있다.

1) 수치 데이터

수치 데이터는 연산의 기본이 되는 것으로 숫자, 날짜/시간 및 논리로 구분할 수 있다. 숫자는 엑셀의 수치 분석에서 기본이 되는 데이터 형식으로 기본적인 입력 규칙은 다음과 같다.

Check Point

❖ 숫자 데이터 입력규칙

- 숫자(0~9)까지 사용한다.
- 특수문자(+, −, ( ), $, %, E)도 사용한다.
- 5,000처럼 콤마를 넣을 수 있다.
- 숫자 입력 시 마침표(.)는 소숫점으로 처리된다.
- 음수는 앞에 마이너스 기호(−)나 괄호로 입력한다.

날짜 데이터는 슬래시(/)나 하이픈(−) 등으로 구분하여 입력하며, 시간 데이터는 시, 분, 초를 콜론(:) 기호로 구분하여 입력한다. 엑셀은 날짜/시간을 1900년 1월 1일 0시부터 일수로 계산하여 숫자로 인식한다. 예를 들어 1900년 1월 1일 0시는 "1900−01−01 0 : 00"으로 표시될 수 있으며, 연산에서 숫자 1로 인식된다. 또한 2012년 1월 1일 0시는 "2012−01−01 0 : 00"로 표시될 수 있으며 숫자 40,909로 인식된다.

논리 데이터는 옳고 그름을 나타내며 TRUE, FALSE로 입력한다. 엑셀은 논리 데이터 TRUE와 FALSE를 각각 1과 0의 숫자로 인식한다.

2) 텍스트 데이터

연산의 대상이 되지 않는 문자를 의미하는 것으로 셀 안에 입력된 데이터 중 숫자, 날짜/시간 또는 논리로 인식할 수 없는 것은 모두 텍스트 데이터로 취급되어 연산을 할 수 없다. 텍스트 데이터의 문자열이 너무 길어서 셀에 표시할 수 없는 경우에는 해당 문자열이 표시된 셀의 열 번호 경계 오른쪽 부분을 더블 클릭하면, 열의 크기가 문자열의 길이에 맞추어 확장 된다.

텍스트 데이터는 어퍼스트로피(')기호로 시작되며, 엑셀은 텍스트 형태의 데이터가 입력되면 자동으로 이를 부여한다. 만약 숫자, 날짜/시간, 논리 및 아래에서 설명하는 수식을 텍스트 데이터로 이용하려면, 위 기호를 붙이고 시작하면 된다.

(3) 셀 주소(cell address)

셀 주소는 열 번호와 행 번호의 조합으로 이루어진 셀의 고유번호이다. 예를 들어 "A23"은 A열 23행의 셀 주소를 의미한다.

(4) 수식(Formula)

엑셀에서 데이터는 직접 입력할 수도 있지만 수식(Formula)을 이용하여 입력할 수도 있다. 수식은 일련의 수치, 셀 주소, 함수, 연산자들로 구성되며 항상 등호(=)로 시작한다. 엑셀에서는 등호로 시작하여 입력된 것은 모두 수식으로 인식하므로 등호로 시작된 텍스트 데이터를 이용하려면 어퍼스트로피(')기호를 먼저 입력하고 시작하여야 한다.

셀에 수식이 입력되면 그 셀의 값은 워크시트의 관련되는 다른 값들이 변동에 따라 바뀌게 된다. 수식은 그 결과값이 셀에 나타나지만, 해당 셀을 더블 클릭하거나 F2 키를 누르면 수식이 표시된다. 또한, 파일 탭의 옵션에서 고급 기능을 선택하여, '이 워크시트의 표시 옵션'에서 '계산 결과 대신 수식을 셀에 표시'를 체크하면, 해당 워크시트의 모든 수식에 대하여 결과값이 아닌 수식이 표시된다. 수식 중 텍스트를 사용하는 부분은 큰따옴표(" ")로 분리 표시한다.

함수는 자주 사용되는 식을 엑셀에 특별히 내장하여 연산을 편리하게 수행하도록 한 것이다. 함수를 사용하기 위해서는 반드시 수식을 구성하여야 한다.

함수의 형식 : =SUM(A1 : H1)	
=	⇨ 등호
SUM	⇨ 합계를 계산하라는 함수이름
(　)	⇨ 인수가 있는 경우 괄호로 묶음
A1 : H1	⇨ 인수
,	⇨ 콤마로 두 개 이상의 인수를 분리
:	⇨ 콜론으로 셀 주소의 범위를 지정

7. 셀 서식이란?

셀의 글꼴, 색상, 무늬, 괘선 등을 지정한 것으로 데이터의 표현을 더욱 효과적으로 만드는 것이다.

(1) 셀 서식도구의 종류와 지정 방법

셀 서식을 지정하기 위해서는 홈 탭의 셀 서식 관련 그룹(예 글꼴, 맞춤, 표시형식)에 존재하는 명령 아이콘을 클릭하거나, 각 그룹 이름 옆에 있는 대화상자 표시 아이콘을 클릭하여 지정한다. 셀 서식 도구의 종류는 다음과 같다.

- 표시형식
- 맞춤
- 글꼴
- 테두리
- 채우기
- 보호

(2) 미리 만들어진 표 서식의 활용

홈 탭의 스타일 그룹에서 표 서식 명령 아이콘을 클릭하여 이용한다.

8. 통합문서란?

엑셀을 실행하면 계산표 작업을 할 수 있는 빈 통합 문서(work book)가 열리는데 통합 문서는 기본적으로 다수의 워크시트로 구성된다. 즉 통합문서는 여러 개의 시트가 들어 있는 하나의 파일이다

(1) 통합문서의 구성(시트의 종류)

- **워크시트** : 셀 안에 상수 값, 수식, 함수 등의 데이터를 입력하여 표 계산을 하기 위한 작업 장소
- **차트시트** : 워크시트의 데이터를 이용한 차트가 그려진 시트
- **Visual Basic** : Visual Basic 언어로 프로그램을 작성시트
- **대화상자** : Visual Basic 언어로 프로그램을 작성하기 위한 시트
- **엑셀4.0 매크로 시트** : 이전 엑셀 버전과 호환을 위한 매크로 시트

(2) 통합문서의 열기

1) 새로운 통합문서 열기

파일 탭에서 새로 만들기 클릭하여 나타나는 대화상자에서 새 통합문서를 선택하고 만들기 아이콘을 클릭하거나 새 통합문서를 더블 클릭한다.

2) 기존 통합문서 열기

파일 탭에서 열기 명령 아이콘을 선택하면 대화상자가 열리면서 파일의 목록이 표시된다. 여기에서 원하는 통합문서를 선택한다. 또는 OS의 파일관리자(탐색기, 내컴퓨터 창 등)에서 원하는 통합문서를 선택하여 열기 명령을 실행한다.

(3) 통합 문서 찾기

OS로 윈도우 7을 사용하는 경우는 파일 탭에서 열기를 선택하면 나타나는 대화상자의 오른쪽 윗부분에 위치하는 검색 상자에 검색어를 입력하여 찾을 수 있다. 작성자, 파일제목, 요약정보, 작성일, 폴더 등만 알 때에도 검색이 가능하다.

(4) 통합 문서의 조작

1) 통합 문서간 이동

통합문서 간 이동은 새로운 통합문서의 열기로 가능하다. 이미 열려진 통합 문서 간 이동은 윈도우 화면의 작업 표시줄에서 원하는 파일을 클릭하여 이동할 수 있다.

2) 워크시트 간의 이동

시트 탭을 이용하여 이동한다.

3) 워크시트 내에서의 이동

수평 스크롤바 또는 수직 스크롤 바를 이용하여 워크시트의 화면을 이동할 수 있다. 또한 [↑] 키, [↓] 키 등의 화살표 키와 [Page Up] 키, [Page Down] 키 등을 조작하여 셀 포인터의 위치를 변경하면, 셀 포인터가 화면에 보일 수 있도록 워크시트가 이동된다.

4) 단축메뉴를 이용한 시트 이용

시트 탭 위에 포인트를 위치한 후 마우스 오른쪽 버튼을 클릭하면 단축메뉴가 나타난다. 여기에서 시트 삽입, 시트 삭제, 시트 이동/복사, 모든 시트 선택 등을 할 수 있다.

5) 워크시트 선택하기

- **하나의 워크시트 선택** : 해당 시트 탭을 누르면 해당 워크시트가 선택된다.
- **워크시트 범위 선택** : 해당 범위의 시트 탭을 누른 후 [Shift] 키를 누른 상태에서 범위의 마지막 시트 탭을 누른다.
- **떨어져 있는 워크시트 선택** : [Ctrl] 키를 누른 상태에서 다른 시트를 선택한다.

- **전체 시트 선택** : 시트 탭 위에서 단축 메뉴를 표시한 후 모든 시트 명령을 실행한다.

6) 행과 열 선택하기

행을 전체적으로 선택하려면 그 행의 맨 왼쪽에 있는 행 번호(1, 2, 3, …)를 클릭한다. 열을 전체적으로 선택하려면 그 열의 맨 위쪽에 있는 열 번호(A, B, C, …)를 클릭한다.

(5) 통합문서의 저장과 닫기

1) 통합문서의 저장

빠른 실행 도구 모음에서 저장(💾) 아이콘을 클릭하거나 파일 탭에서 저장 명령을 선택한다.

2) 통합문서의 닫기

엑셀 화면의 맨 오른쪽 위의 닫기(☒ 또는 [X]) 아이콘을 클릭하거나 파일 탭에서 닫기를 선택한다. 그러면 해당 통합문서의 작업이 끝난다.

9. 데이터의 입력의 각종 활용

(1) 셀 범위 지정(블로킹) 후 범위 내 데이터 입력

먼저 데이터를 입력하고자 하는 범위를 지정한다. 그 다음 데이터를 입력하면, 포인터가 지정 범위 내에서만 움직인다. (교재에 첨부된 파일 '1장. 실습2 데이터의 입력의 각종 활용.xlsx' 참조)

그림 1-9

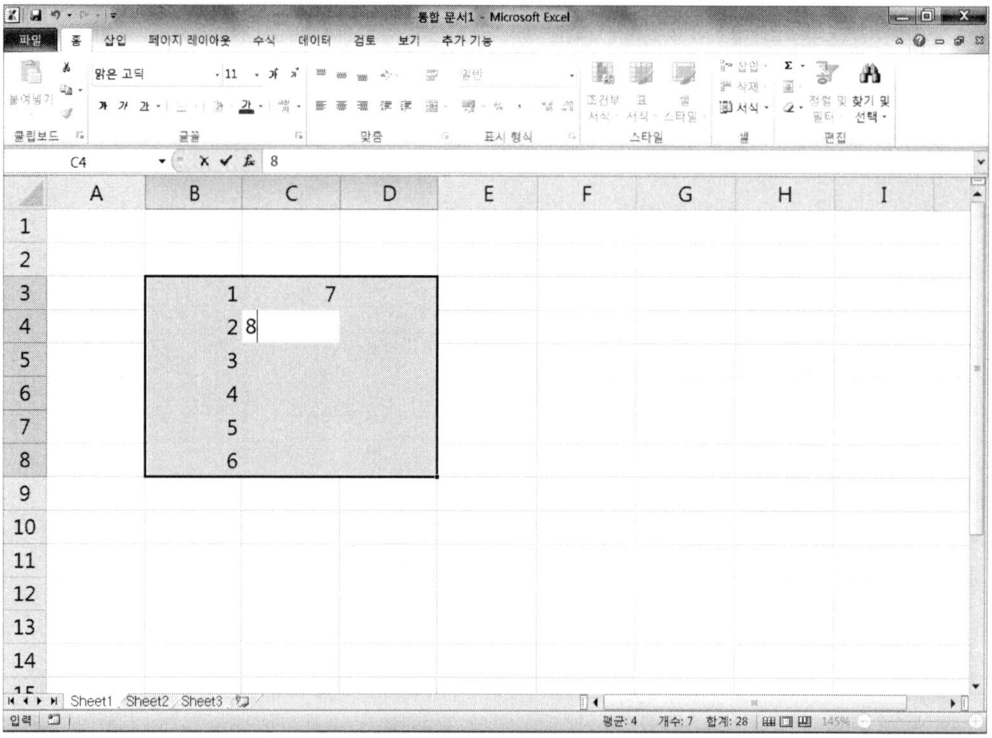

특정 범위 내에서 계속된 대량의 입력 작업을 할 경우 활용이 가능하다. B3셀에서 D8셀까지 포인터를 드래그하면 그림에서 보는 것과 같이 일정 범위의 셀이 블로킹이 된다. 이후 포인터를 B3셀에 위치시킨 후 입력을 하고 [Enter↵] 키를 누르면 다음 셀로 포인터가 이동된다. 이렇게 계속 입력을 하다가 B8셀에서 입력을 마치면 포인터는 블록을 잡은 범위를 벗어나지 않고, C3셀로 이동한다. 이렇듯 포인터는 사전에 잡아 놓은 일정범위 내에서만 움직이게 된다.

(2) 셀 범위에 동시에 동일 데이터 입력

셀 범위를 지정 후 범위 내의 한 셀에 데이터를 입력한 후 [Ctrl] 키와 [Enter↵] 키를 동시 입력하면 전체 셀 범위에 일시에 동일 데이터가 입력된다.

그림 1-10

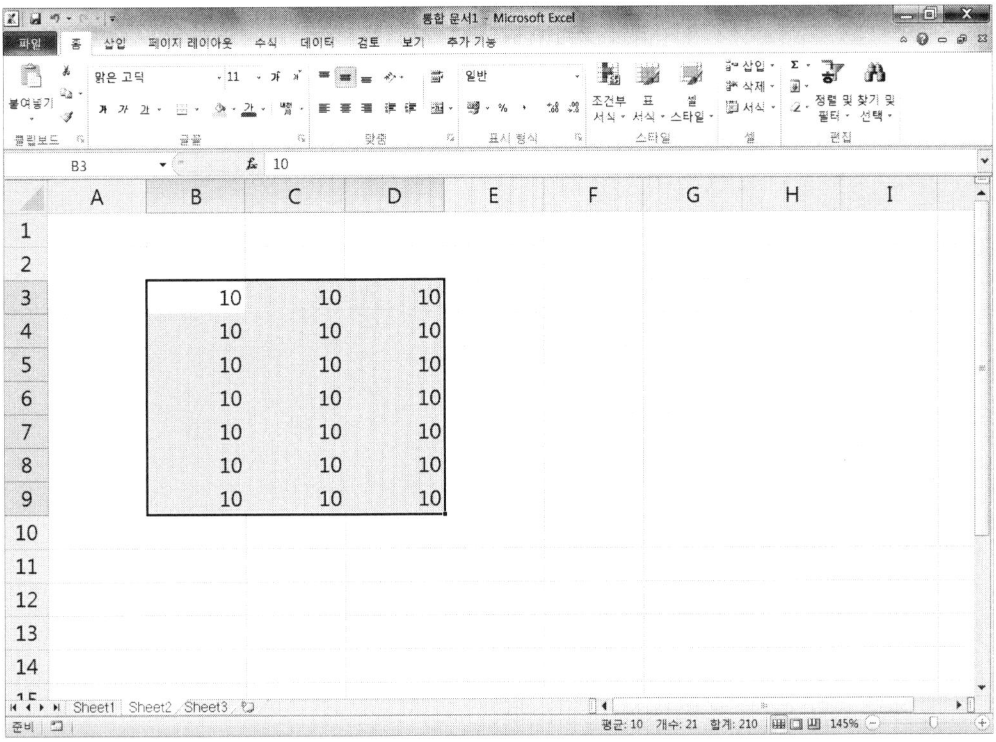

예를 들어 B3에서 D9까지의 범위를 블록으로 잡은 후 B3셀 하나에만 10을 입력하고 Ctrl 키와 Enter↵ 키를 동시에 누르면, 범위를 잡은 B3셀부터 D8셀까지 전체에 10이란 데이터가 일시에 입력이 된다. 이러한 기능은 동일 데이터를 대량 입력할 때 사용한다.

(3) 자동 채우기 핸들

셀 외곽선의 우측하단 검은 점(-▪)에 포인터를 위치하면 포인터의 모양이 하얀 두터운 십자 모양에서 검은 십자모양으로 변하는데 이를 자동 채우기 핸들이라 하며, 이를 마우스로 원하는 셀까지 드래그하면, 선택된 범위의 값을 분석해 값을 복사하거나 연속된 값으로 채워준다. Ctrl 키를 누르면 작은 십자가가 포인터 위에 생기면서 고정 값 복사는 연속 값으로, 연속 값 복사는 고정 값 복사로 바뀐다.

그림 1-11

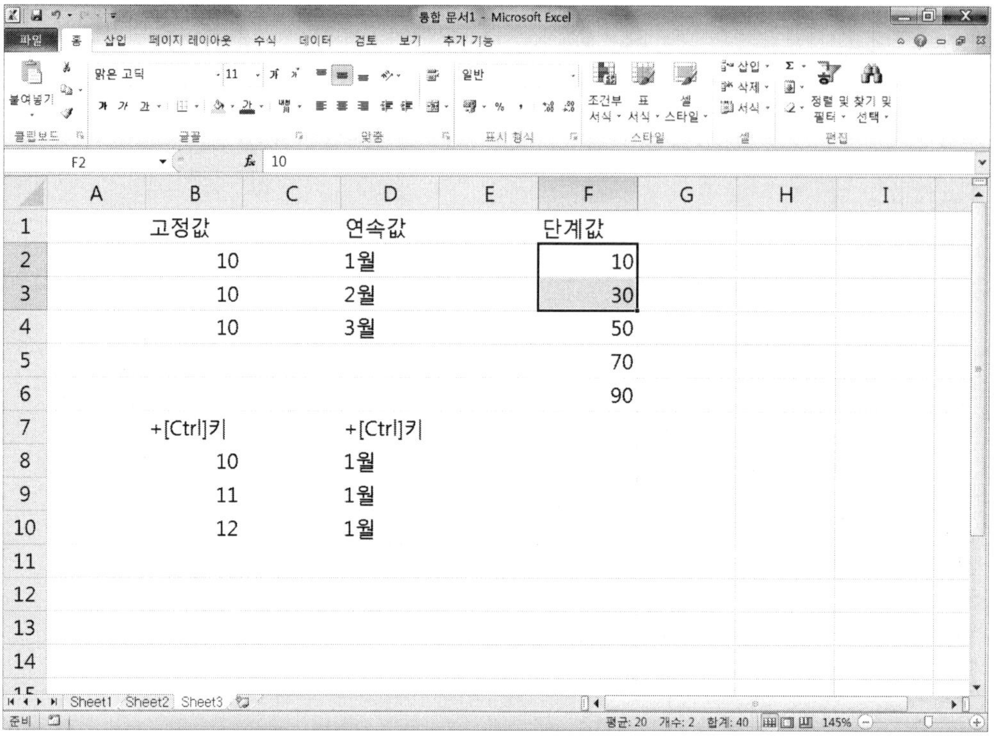

[그림 1-10]과 같이 B2셀에 10을 입력한 후 우측하단의 검은 점 (자동 채우기 핸들)을 드래그하여 B4셀에서 드롭을 하면 B3, B4셀에도 동일 숫자 10이 복사가 된다. 또 이번에는 B8셀에 10을 입력하고, Ctrl 키를 누른 후 동시에 자동 채우기를 B10셀까지 시행하면, 이번에는 B3셀에 11, B4셀에 12가 입력된다. 이는 단계 값 복사가 이루어진 결과이다.

이번에는 D2셀에 1월 이란 데이터를 입력해보자. 그리고 자동 채우기 핸들로 복사를 하여보자. 이번에는 Ctrl 키를 누르지 않았음에도 D4셀에는 2월, D5셀에는 3월이 나타난다. 이렇듯 아라비아 숫자와 텍스트 데이터가 합성된 데이터의 경우에는 엑셀이 자동적으로 연속 값 복사를 먼저 수행한다. 만약 계속 1월 이란 데이터를 그대로 복사하고자 한다면, 이번에는 Ctrl 키를 누른 후 자동 채우기 핸들을 드래그하면 된다. D8셀에 1월 이란 데이터를 입력하고, Ctrl 키를 누른 상태에서 자동 채우기를 D10셀까지 하여보자. D9과 D10셀에는 1월이란 데이터가 복사가 된다.

다음으로 F3셀에는 10을, F4셀에는 30이란 데이터를 입력한 후 두 셀을 동시에 드래그하여 블록을 잡은 후 자동 채우기를 아래 쪽으로 하여보자. 그러면 엑셀은 자동적으로 두 셀 간의 간격차이를 인식하여, 단계적으로 값 복사를 한다. 즉, F5셀에는 10과 30의 차이인 20만큼의 간격을 둔 50을 복사하고, 다음 F6셀에는 다시 20의 간격을 둔 70, F7셀에는 90을 복사한다.

(4) 텍스트 연산 및 논리연산

원래 텍스트 데이터는 연산의 대상이 아니나, 텍스트의 합성은 '&' 기호를 이용하여 가능하다.

그림 1-12

	A	B	C	D	E	F	G
46							
47	4) 텍스트 연산	총매출액은	입니다.	원	1000		
48							
49				→ 총매출액은 1000원입니다.			
50		=B47&E47&D47&C47					
51							

[그림 1-12]에서 보듯이 B47셀에는 "총매출액은 ", C47셀에는 "입니다.", D47셀에는 "원", E47셀에는 1000을 입력한 후 D49셀에다가 "=B47&E47&D47&C47"을 입력하여 보자. 그러면 다음과 같이 합성된 문장이 출력이 된다.

"총매출액은 1000원입니다."

이와 같은 기능은 특히 사용자가 엑셀을 이용한 보고서를 더욱 효율적으로 만드는데 도움을 준다.

이번에는 [그림 1-13]과 같이 B52셀에 "=50>30" 이란 수식을 입력하여보자. 그러면 그 결과값이 TRUE라고 나타난다. 즉, 50이 30보다 큰다는 것은 맞는 논리이므로 그 결과가 옳다는 것을 나타내는 것이다. 또 반대로 B53셀에 "=50<30"이라는 수식을 입력해보자. 이번에는 그 결과값이 FALSE라고 나타난다. 50이 30보다 작다

는 논리는 틀리다는 것을 나타낸 것이다. 이와 같이 엑셀은 논리연산의 정부(正否)를 판단할 수 있다. 이와 같은 기능은 고급스러운 프로그램 작성에 도움이 된다.

그림 1-13

	A	B	C	D	E	F	G
51							
52	5) 논리 연산	TRUE	←	=50>30			
53		FALSE	←	=70<10			
54							

10. 이름 정의하기

엑셀의 워크시트는 다양한 값들이 입력되고 관리되며, 수식을 이용해 필요한 위치를 참조한다. 이 때 이름을 사용해 참조할 위치를 미리 정의해 놓으면, 보다 쉽게 수식을 작성할 수 있다. 참조가 필요한 셀들의 집합을 지정한 후 수식 탭의 정의된 이름 그룹에서 '이름 정의' 명령 아이콘을 클릭하면 이름을 정의할 수 있다.

그림 1-14

	A	B	C	D	E	F	G
54							
55	6) 이름 정의	단가	이름 정의: 수식 탭의 정의된 이름 그룹				
56		100		160			
57		150			=AVERAGE(단가)		
58		200					
59		170					
60		180					
61							

많이 사용하는 데이터의 범위는 사용자가 미리 이름을 정의해 놓으면, 향후 작업에서 그 이름을 부르기만 하면, 해당 데이터 집합이 불려져 나오게 된다. 예를들어 B56셀부터 B60셀까지를 단가라는 이름으로 등록을 해놓으면, 이후 D56셀에다 "=

AVERAGE(단가)"라고 수식을 입력하면 자동적으로 B56셀 값 100, B57셀 값 150, B58셀 값 200, B59셀 값 170, B60셀 값 180의 5개 값에 대한 평균값인 160이 출력된다.

11. 주소의 활용(상대주소, 절대주소, F4 키 활용)

자동 채우기 핸들 등을 이용하여 수식이 있는 셀을 복사하면 첫 번째 셀에서 참조한 셀 주소가 그대로 복사되지 않고 수식이 복사된 방향으로 자동으로 변환된다. 즉, 엑셀에서 수식을 복사하면 수식에 포함된 셀주소는 그대로 복사되지 않고 복사대상 원본에서 셀주소의 상대적인 위치를 인식하여 복사할 곳과 상대적인 위치를 복사하게 되는 것이다(상대주소). 그러나 복사하는 원래의 셀에서 수식 입력시 행번호 또는 열번호 앞에 $를 입력하여 절대주소로 입력하면, 수식을 복사할 때 원래의 입력내용만을 복사한다(절대주소).

> 예 사용방법
> 상대주소 A23 ⇨ 절대주소 $A$23
> ⇨ 혼합주소 $A23, A$23

상대주소 A23이 입력되어 있는 셀에 포인터를 위치한 다음, F2 키를 눌러, 편집모드로 바꾼 후 F4 키를 누르면 절대주소로 바뀌며, F4 키를 한 번 또는 두 번 더 누르면 상대주소와 절대주소가 혼합된 형태로 바뀐다.

예를 들어 설명을 하여 보자. A65셀에 가격, B65셀에 수량, C65셀에 합계라고 입력하고, A66셀에 10, B66셀에 2, A67셀에 15, B67셀에 3, A68셀에 25, B68셀에 4라고 입력을 한다. 합계는 가격 곱하기 수량이다. 이 때 C66셀에는 "=A66*B66"라는 수식을 입력하면, 결과 값은 20이 된다. C67셀과 C68셀에는 자동 채우기 핸들을 사용하여 복사를 하면 각각 "=A66*B66"과 "=A67*B67"이 입력되어 그 결과값인 45와 100이 나타난다. 이렇듯 엑셀은 복사대상 원본을 자동적으로 그 상대적인 위치를 복사하여 나타내준다.

그러나 때로는 복사대상 원본의 수식을 그대로 변화 없이 복사해야 되는 경우도 있다. 이럴 때 절대주소의 개념을 사용한다. D66셀에 C66셀과 똑 같은 "=A66*B66"을 입력한다. 그 후 포인터를 D66셀에 위치시킨 후 F2기능키를 누르면 D66셀은 편집모드로 바뀐다. 여기서 포인터를 A66에 위치시킨 후 F4기능키를 누르면 A66는 $A$66로 바뀐다. 또한 B66도 마찬가지로 $B$66로 바꾼 후 자동 채우기 핸들을 사용하여 복사를 하여보자. 그러면 앞의 경우와는 달리 D67셀과 D68셀에 복사 원본인 D66와 완전히 같은 '=$A$66*$B$66'이라는 값이 복사된다. 그리고 그 결과값도 모두 20으로 나타난다.

그림 1-15

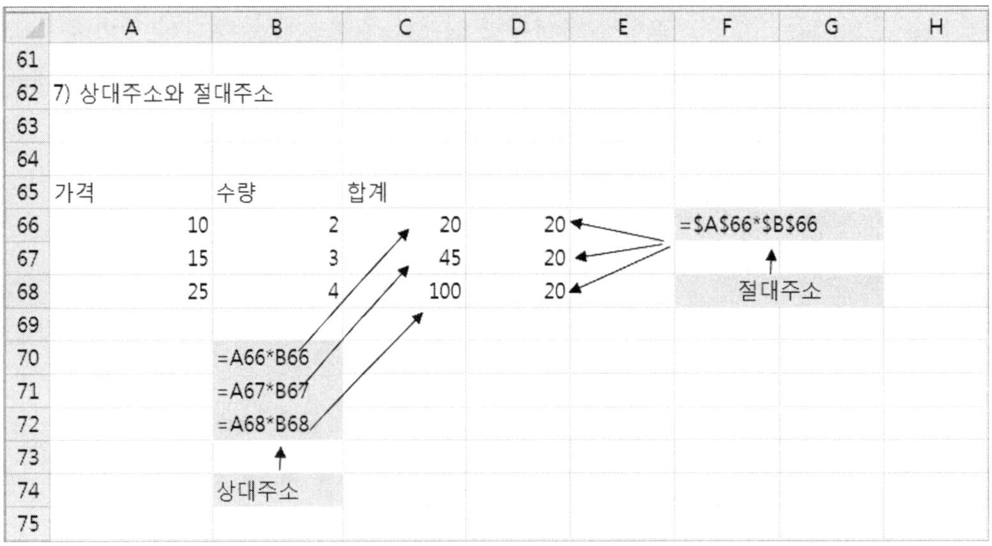

실습문제 1-1

다음의 예시된 데이터를 이용하여 실습하라. (첨부된 '1장. 실습문제1 시간급계산' 파일을 참고)

이름	시간급	근무시간	급여
김말동	25,000	10	
나홀로	25,000	20	
라면좀	30,000	15	
마구간	30,000	30	
사주면	45,000	25	
고민해	45,000	40	
합계			

요구사항

1) '상대주소이용급여계산' sheet를 열고, 시간급에 근무시간을 곱해 급여를 계산하고, 급여 합계를 구하라. 단, 급여계산 시 상대주소를 이용
2) '절대주소이용비율계산' sheet를 열고, E열에 개인별 급여비율을 계산하라. 단, 비율계산 시 절대주소를 이용
3) '상대절대주소혼합' sheet를 열고, E5:G7의 구입금액 내용을 채워라. 단, 구입금액은 수량에 단가(안)을 곱하여 산출하며, 구입수량에 따라 단가 변화는 없다고 가정한다.

작성순서

1) '상대주소이용급여계산' sheet의 D4에 '=B4*C4'를 입력하고, D4에 입력한 내용을 복사하여, D5:D9에 붙이기 한다.
2) D10에 '=sum(D4:D9)'를 입력한다.
3) '절대주소이용비율계산' sheet의 E4에 '=D4/$D$10'을 입력하고, 홈 탭의 리본메뉴에서 '표시형식'의 '%'를 눌러 소수 첫째자리까지 비율을 표시한다.
4) E4의 내용을 D5:D9에 붙이기 한다.
5) '상대절대주소혼합' sheet의 E5에 '=$A5*B$5'를 입력하고, 이를 색칠된 나머지 셀에 복사한다.

Tip!

키보드를 이용하여 셀 포인터 이동시키기

엑셀을 사용하면서 마우스를 사용하여 셀 포인터를 이동시키는 경우 셀 포인터를 정확히 이동시키거나 셀 블로킹을 정확하게 못하는 경우가 종종 발생한다. 이러한 경우, 키보드를 이용하여 셀 포인터를 이동시키거나 셀 블로킹을 하면 빠르고 정확하게 작업을 할 수 있다.

- Home 키 : 'A'열로 가로 이동
- End 키+→ 키 : 연속되는 데이터의 끝으로 가로 이동
- Ctrl 키+화살표 키 : 연속되는 데이터의 끝으로 가로/세로 이동
- Shift 키+화살표 키 : 연속되는 데이터를 블로킹 하면서 가로/세로 이동
- Ctrl 키+Shift 키+화살표 키 : 연속되는 데이터의 끝으로 블로킹 하면서 가로/세로 이동

Tip 사용 연습문제

연습문제를 풀기 위해서 Tip1.셀포인터이동팁.xlsx 파일을 열어준다.

1 셀 포인터가 A3셀에 위치하고 있을 때, N3셀로 빠르게 이동하려면?

2 셀 포인터가 N4셀에 위치하고 있을 때, A4셀로 빠르게 이동하려면?

3 셀 포인터가 A4셀에 위치하고 있을 때, N4셀까지 빠르게 블로킹하는 방법은?

4 셀 포인터가 A3셀에 위치하고 있을 때, A3셀에서 N5셀까지 모든 셀을 블로킹하려 한다. 빠른 방법은?

연습문제 권장답

1. Ctrl 키와 동시에 '→'키를 누르거나, End키를 누른 후 '→'키를 눌러줌
2. Ctrl키와 동시에 '←'키를 누르거나, Home키를 눌러줌
3. Ctrl키와 Shift키를 누르고 있는 상태에서 '→'키를 눌러줌
4. Ctrl키와 Shift키를 누르고 있는 상태에서 '→'를 누른 후, '↓'키를 눌러줌

chapTer

02

이름 정의하기와 IF함수 사용하기

제02장 이름 정의하기와 IF함수 사용하기

1. 이름 정의하기

엑셀에서 이름이란 셀, 셀 범위, 상수 및 수식 등을 나타내는 단어 또는 문자열을 말한다. 워크시트에서는 다양한 값들이 입력되고 관리되며, 수식을 이용하여 필요한 위치를 참조하는 경우가 많은데, 사용자가 작업을 하면서 많이 쓰이는 셀들의 집합을 미리 이름으로 정의해 놓으면 보다 쉽게 수식을 작성할 수 있다.

(1) 하나의 이름 정의하기

[그림 2－1]에서 C2, C3, C4셀에 있는 금액의 합계가 자주 쓰인다면 사전에 관련된 셀 범위를 이름으로 등록을 해둔다면 편리하게 불러서 사용할 수 있다. 만드는 방법은 다음과 같다. 먼저 수식 탭의 정의된 이름 그룹에서 '이름 정의' 명령 아이콘을 클릭하면 [그림 2－1]과 같이 새 이름을 정의할 수 있는 대화상자가 나오는데, 여기의 입력란에 합계라고 입력하고, 참조대상에 C2부터 C4까지를 지정하면 된다.

이후 C8셀에다 "＝SUM(합계)"라고 수식을 입력하면, 165라는 결과값이 나타난다. 이는 사전에 C2셀에서 C4셀까지의 셀범위를 합계라고 이름을 부여해 놓았기 때문에 이후 우리가 합계를 불러내면 이 세 개의 셀 값이 호출이 되고, 이를 SUM함수로 더하면 그 결과값이 165가 된 것이다.

그림 2-1

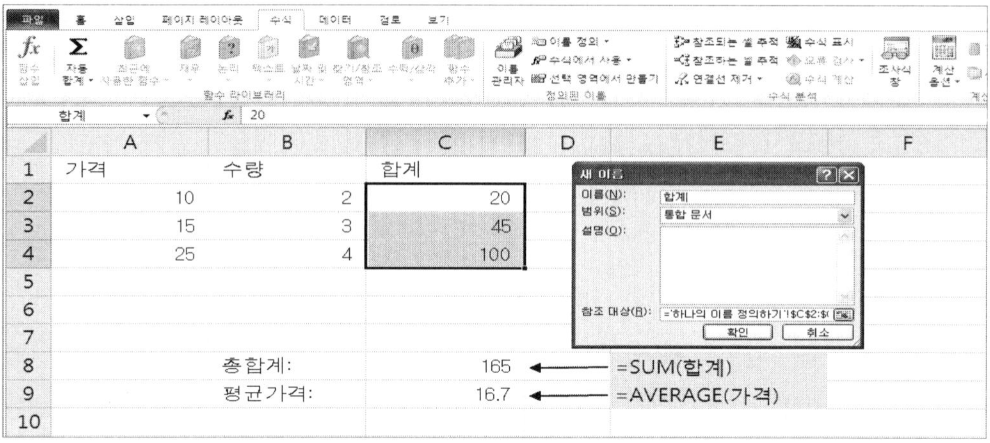

이름을 정의하는 또 다른 방법으로 이름 상자를 이용하는 방법이 있다. 이 방법은 이름으로 정의할 셀 범위를 블로킹한 다음 이름 상자에 부여할 이름을 입력하는 방법이다. 예를 들면 [그림 2-2]에서 A2, A3, A4셀에 있는 금액의 평균을 계산한다면 사전에 관련된 셀 범위를 다음과 같이 이름으로 등록할 수 있다. 먼저 A2, A3, A4을 블로킹한다. 그리고 이름상자에 가격이라고 입력한다. 이후 C9셀에다 "=AVERAGE(가격)"이라고 수식을 입력하면, 16.7라는 결과값이 나타난다. 이는 사전에 A2에서 A4를 가격이라고 이름을 부여해 놓았기 때문에, 이후 우리가 가격을 불러내면 이 세 개의 셀 값이 호출이 되고, 이를 AVERAGE함수로 평균하게 된 것이다.

그림 2-2

이상과 같이 정의된 이름은 수식 탭의 정의된 이름 그룹에서 이름 관리자 아이콘을 클릭하여 나타나는 대화상자를 이용하여 확인 및 수정할 수 있다. 이름 관리자 대화상자를 이용하면, 이름 상자를 이용하거나 이름 정의 명령 아이콘에서는 할 수 없는 상수나 수식을 이용한 이름도 정의할 수 있다.

(2) 선택 영역에서 동시에 여러 개의 이름 만들기

[그림 2-3]은 모회사의 인사기록 데이터베이스이다. 여기서 동시에 여러 개의 이름을 부여해 보기로 하자.

그림 2-3

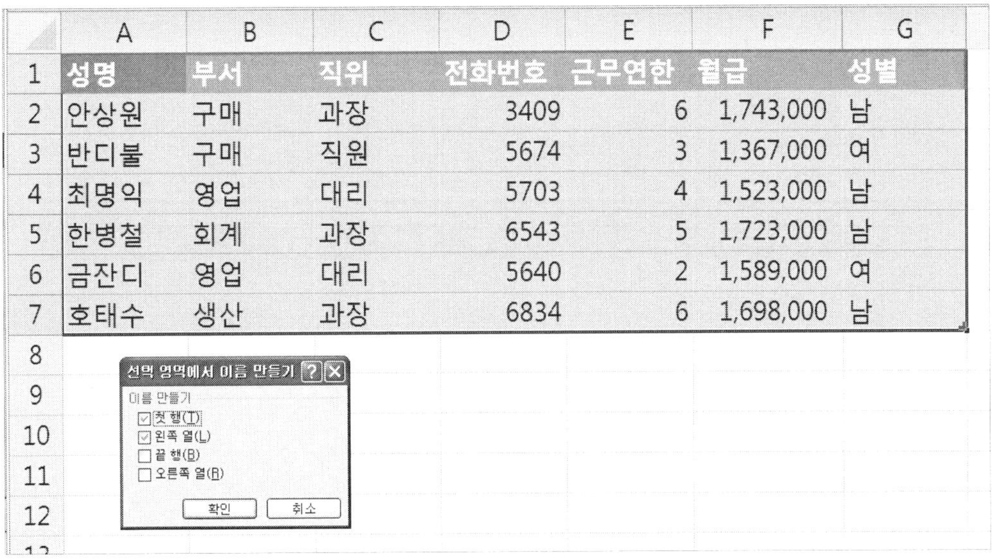

	A	B	C	D	E	F	G
1	성명	부서	직위	전화번호	근무연한	월급	성별
2	안상원	구매	과장	3409	6	1,743,000	남
3	반디불	구매	직원	5674	3	1,367,000	여
4	최명익	영업	대리	5703	4	1,523,000	남
5	한병철	회계	과장	6543	5	1,723,000	남
6	금잔디	영업	대리	5640	2	1,589,000	여
7	호태수	생산	과장	6834	6	1,698,000	남

먼저 A1셀부터 G7셀까지의 범위를 드래그하여 선택한다. 이후 수식 탭의 정의된 이름 그룹에서 '선택 영역에서 이름 만들기' 명령 아이콘을 클릭한다. 그러면 [그림 2-3]과 같은 대화상자가 나오는데, 첫 행, 왼쪽 열을 선택하고, 확인을 누른다. 그러면, 아무 변화도 일어난 것 같지 않은 모습이나, 실제로는 첫 행과 왼쪽 열을 기준으로 이름이 주어졌다. 이는 '이름 관리자' 명령 아이콘을 클릭하여 확인할 수 있다.

이제 임의의 셀에다 "=금잔디 월급"이라고 입력하면, '1,5890,000'이 결과값으로 나타난다. 이 뜻은 이름으로 정의된 금잔디와 월급의 셀 범위에서 교차 값인 1,589,000을 나타내라는 수식인 것이다. 또한 “=반디불 전화번호”라고 입력하여보라. 그러면 ‘5674’라는 결과 값이 나타난다.

이번에는 임의의 셀에 “=SUM(월급)”이라는 수식을 입력을 하여보라. 그 결과값은 9,643,000이 나타난다. 다시 임의의 셀에 “="총급여는 "&SUM(월급)&"원입니다."” 라고 입력을 하여보라. 그러면, “총급여는 9643000원입니다.”라고 결과가 나타난다. 즉 셀의 값들에 대하여 문자열 연산을 수행한 결과가 나타난다. 여기서 “총급여는 ”과 “원입니다.”에 큰따옴표를 붙이는 이유는 두 데이터가 순수한 텍스트 데이터이기 때문이다. 이들을 그대로 수식에 쓰면 수식이 에러가 된다. 즉 이들은 셀 주소가 아니며, 계산할 수 없는 텍스트 데이터이기 때문에 양쪽을 큰따옴표로 막아야만 엑셀 수식에서 인식할 수 있는 대상이 된다. 이와 같이 엑셀의 수식 내에서 문자열을 큰따옴표로 구분해주면 셀 주소처럼 연산에 사용할 수 있게 된다.

그림 2-4

	A	B	C	D	E	F	G
1	성명	부서	직위	전화번호	근무연한	월급	성별
2	안상원	구매	과장	3409	6	1,743,000	남
3	반디불	구매	직원	5674	3	1,367,000	여
4	최명익	영업	대리	5703	4	1,523,000	남
5	한병철	회계	과장	6543	5	1,723,000	남
6	금잔디	영업	대리	5640	2	1,589,000	여
7	호태수	생산	과장	6834	6	1,698,000	남
8							
9	1,589,000	←	=금잔디 월급				
10							
11	5674	←	=반디불 전화번호				
12							
13	9,643,000	←	= SUM(월급)				
14							
15	총급여는 9643000원입니다.			←	="총급여는 "&SUM(월급)&"원입니다."		

2. IF 함수

(1) IF 함수의 사용법

엑셀에서 많이 쓰이는 함수 중에서도 가장 중요한 함수가 바로 IF함수이다. 이는 조건에 따라 의견이 분리되는 의사결정 논리를 구현하는데 아주 유용하게 쓰이는 함수이다. IF함수의 사용방법은 다음과 같다.

> Check Point
>
> ❖ =IF(조건식, 참일 때 값, 거짓일 때 값)
>
> (1) 조건식(Logical test) : 참 또는 거짓을 결정하는 조건
> (2) 참일 때 값(Value if true) : 조건식이 '참'일 때 표시할 값
> (3) 거짓일 때 값(Value if false) : 조건식이 '거짓'일 때 표시할 값

즉, IF함수는 첫 번째 인수의 조건이 맞으면 두 번째 인수의 값을 나타내고, 틀리면 세 번째 인수를 나타내라는 함수이다. 예를 들어 [그림 2-5]와 같이 "=IF(A1>10, B1, C1)"이라는 함수 수식이 있다면, 이의 해석은 다음과 같다. 즉, A1셀의 값이 10보다 크면, B1셀의 내용을 나타내고, 아니면, C1셀의 내용을 나타내라는 뜻이다. 이 경우에 A1셀의 값이 15, B1셀 값은 수박, C1셀 값은 호박이라고 하자. 만약 임의의 셀에 위의 IF 함수 수식을 입력하면 그 결과값은 수박으로 나타난다. 또 A1셀에 15 대신에 8을 입력하면 수식의 결과값은 호박으로 바뀐다.

그림 2-5

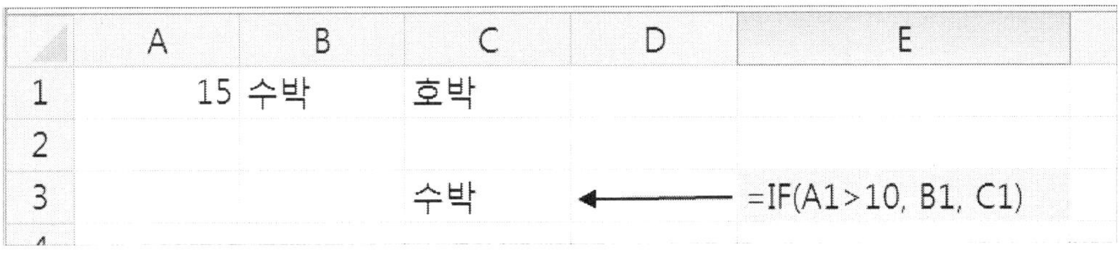

(2) 다중 IF 함수 사용방법

IF함수 조건을 계속적으로 물어볼 수도 있다. 이와 같이 하나의 수식에 여러 개의 IF함수가 나오는 수식을 다중 IF함수라 한다. 예를 들어, 어떤 값이 10 미만이면, 그 값에 8%를 곱하나, 10 이상 40 미만이라면 17%, 40 이상이라면 35%를 곱하여야 하는 경우가 있다고 하자.

이 경우 발생 가능한 경우의 수는 세 가지이다. 그러나 하나의 IF함수는 오로지 두 가지 경우(맞는 경우와 틀린 경우)만 구분하여 연산을 수행한다. 따라서 경우가 세 가지 이상일 때에는 다중 IF함수를 사용하여야 한다. 이 경우를 그림으로 보면 다음과 같다.

어떤 값<10 ⇒ yes : 어떤 값에 8%를 곱하라(경우1)
⇒ no : 어떤 값 <40 ⇒ yes : 어떤 값에 17%를 곱하라.(경우2)
⇒ no : 어떤 값에 35%를 곱하라.(경우3)

이와 같이 조건에 세 가지 경우가 있는 때에는 두 개의 IF함수를 중첩하여 사용하면 해결이 가능하다. 어떤 값이 A2셀에 있다고 가정하고 위의 경우를 엑셀 수식으로 구현하면 다음과 같다.

=IF(A2<10, A2*8%, if(A2<40, A2*17%, A2*35%))

만약에 A2셀에 25가 있다면, 그 결과값은 4.25이다. 25는 경우2에 해당하므로, 25*17%인 4.25인 것이다. A2셀에 값이 45라면, 그 결과값은 15.75가 나온다. 45는 40보다 크므로 45*35%=15.75로 계산되는 것이다(경우3).

그림 2-6

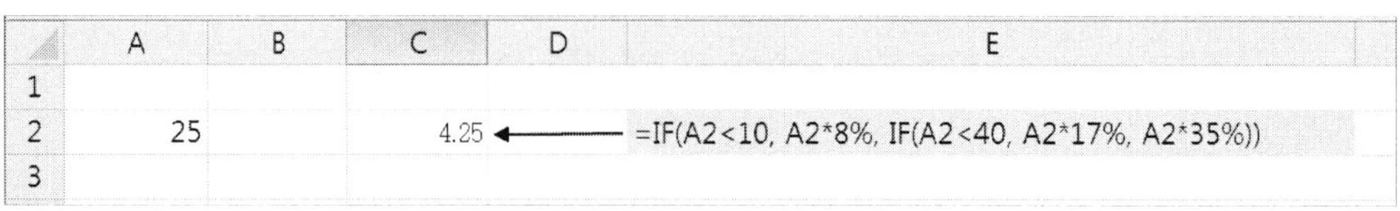

실습문제 2-1

다음의 예시된 인사급여 데이터를 이용하여 실습하라. (첨부된 '2장. 실습문제1 인사급여 데이터.xlsx' 파일을 참조)

성명	부서	직위	전화번호	근무연한	월급
안상원	구매	과장	3409	6	1,743,000
반디불	구매	직원	5674	3	1,367,000
최명익	영업	대리	5703	4	1,523,000
한병철	회계	과장	6543	5	1,723,000
홍길동	영업	대리	5640	2	1,589,000
호태수	생산	과장	6834	6	1,698,000
황도부	생산	대리	4534	3	1,638,000
임완식	영업	직원	7877	2	1,465,000
장인용	영업	직원	6321	2	1,458,000
강민호	영업	과장	2354	5	1,756,000
김정구	생산	직원	7809	2	1,356,000
이봉진	회계	직원	7645	2	1,402,000
민두호	영업	대리	8745	3	1,567,000
박봉수	생산	직원	6773	3	1,400,000
심현철	회계	대리	5678	4	1,569,000
원숙임	영업	직원	5560	2	1,436,000
이상범	회계	직원	4565	2	1,389,000

요구사항

1) 엑셀 워크시트의 A1 : F18에 위 자료를 입력하라.
2) 전 직원 월급의 합계와 평균을 계산하는 수식을 F19와 F20에 만들어라(합계는 SUM함수, 평균은 AVERAGE함수를 이용).
3) 국민연금과 건강보험료가 각각 월급의 3%와 2%라고 가정하고, 직원별 국민연금 부담액과 건강보험료 부담액을 계산하는 열을 추가하라(국민연금 요율과 건강보험료 요율을 임의의 셀에 독립적으로 기록하고 이 셀 주소를 불러와서 수식에 사용하는 방식으로 만들 것).
4) 간이세율이 8%라고 가정하고 총급여에서 연금과 보험료의 차감액에 이를 적용하여 소득세를 계산하라(간이세율을 임의의 셀에 독립적으로 기록하고 이 셀 주소를 불러와서 수

식에 사용하는 방식으로 만들 것).

5) 직원별 실수령액을 계산하라(실수령액=총급여-연금-보험료-간이세액).

6) 급여데이터를 모두 선택하여(블로킹) 사람별, 과목별로 이름을 정의하라. "=박봉수 실수령액"이라고 입력하여 본다.

7) 삽입 탭의 차트 그룹에 있는 명령 아이콘을 이용하거나 대화상자 표시 아이콘을 클릭하여 나타나는 대화상자를 이용하여 세로막대 차트를 만들어 보라.

8) 차트의 유형을 달리하여 여러 가지 차트를 만들어 보라.

9) 급여보고서 시트를 홈 탭의 각종 명령 아이콘을 이용하여 아름답게 꾸며 보라(제목, 글꼴, 크기, 색깔 등)

10) 홈 탭의 인쇄기능을 이용하여 출력을 해보라.

작성순서

1) 위의 데이터를 먼저 워크시트에 그대로 입력한다(A1셀부터 F18셀까지).

2) 국민연금 요율, 건강보험료 요율, 간이세액 요율을 표 하단부에 만든다(A22셀부터 C24셀까지).

3) G1셀에 "국민연금", H1셀에 "건강보험료", I1셀에 "간이세액", J1셀에 "실수령액"이라 입력한다.

4) G2셀에 "=F2*$C$22"이라고 입력한다.

5) H2셀에 "=F2*$C$23"이라고 입력한다.

6) I2셀에 "=(F2-G2-H2)*$C$24"라고 입력한다.

7) J2셀에 "=(F2-G2-H2-I2)"라고 입력한다.

8) F2셀부터 J2셀까지 범위를 지정한 후, 자동 채우기 핸들을 사용하여 J18까지 드래그한다.

9) E19셀에 "합계"라고 입력한다.

10) F19셀에서 홈 탭의 자동합계 아이콘을 클릭한다(또는 "=SUM(F2:F18)"을 입력한다).

11) 자동 채우기 핸들을 사용하여 F19셀을 그대로 J19셀까지 복사한다.

12) E20셀에 "급여평균"이라고 입력한다.

13) F20셀에 "=AVERAGE(F2:F18)"을 입력한다.

14) 수식 탭의 정의된 이름 그룹에서 선택 영역에서 만들기 명령 아이콘을 클릭하여, 대화상자가 나오면 첫 행, 왼쪽 열을 체크한 후 확인을 클릭한다.

15) A26셀에 "=박봉수 실수령액"이라 입력한다.

17) 차트 만들기

- A1:C18과 F1:J18을 모두 블로킹 한다.(Ctrl 키 이용)
- 삽입 탭의 차트 그룹에서 세로막대형 아이콘을 클릭한 다음 표의 종류를 선택한다(이렇게 하면 차트가 작성된다).

- 작성된 차트가 선택된 상태에서 리본 메뉴에 나타나는 차트도구의 디자인 탭에서 차트 이동위치 명령 아이콘을 클릭한다. 이 때 나타나는 대화상자에서 새 시트를 선택하고 확인을 클릭한다.
- 차트도구의 레이아웃 탭에서 레이블 그룹의 차트 제목 명령 아이콘을 클릭한다. 이때 만들어진 차트 제목에 "급여보고서"라고 입력한다.

실습문제 2-2

다음의 워크시트를 이용하여 실습하라. (첨부된 '2장. 실습문제2 판매보고서.xlsx'를 참조)

품목	1월	2월	3월	4월
오디오1	1,279,800	178,960	342,570	245,390
오디오2	760,870	890,900	1,328,450	239,450
냉장고1	234,000	170,000	425,790	265,470
냉장고2	467,800	354,000	231,500	486,700
냉장고3	235,900	253,500	197,000	395,100
TV1	129,000	344,300	179,400	243,980
TV2	75,900	118,970	74,960	210,080
TV3	285,600	98,700	65,000	213,300
비디오1	129,000	587,090	176,704	214,800
비디오2	54,609	210,970	97,500	76,780
비디오3	44,000	345,890	67,530	899,640

요구사항

1) 서울사업부의 판매보고서의 첫 행(품목, 1월, …)을 이름으로 정의하라.
2) 월별 합계를 이름을 정의하여 작성하라.
3) 품목별 합계, 평균, 구성비 및 누적 구성비를 자동합계, 함수마법사, 절대주소 및 자동채우기 핸들 등을 이용하여 작성하라.
4) 홈 탭의 표서식을 사용하여 서식을 변경하라.
5) 서울사업부 판매보고서 차트를, 3차원 꺾은선형 그래프로 그려라.
6) 차트를 각종 차트서식을 이용하여 보기 좋게 꾸며라(마우스 오른쪽을 클릭하면 해당부분

의 단축 메뉴가 나타나므로 이를 이용).

7) 시트탭 명칭을 알맞은 이름으로 변경하라(예 : sheet1을 "판매보고서－서울"로).

8) 각 시트의 배경색 및 글자 색을 서식도구를 이용하여 아름답게 꾸며보라.

※ 학습내용 : 이름정의, 절대주소, 자동 채우기 핸들, 누적 통계 만들기 등

작성순서

1) A1셀에 "1/4분기 전자제품판매보고서(서울사업부)"라고 입력하여 제목을 만든다. A1셀에 셀 포인터를 위치시킨 후 글꼴은 돋음체, 글꼴 크기는 20, 굵기는 굵게로 한다. 셀 범위를 (A1:H1)으로 블럭을 지정한 후 오른쪽 마우스 버튼을 클릭하여 나타나는 단축 메뉴에서 셀서식을 선택하면 대화상자가 나타난다. 이 대화상자의 맞춤 메뉴 텍스트 맞춤이 이 있으므로, 여기에서 가로에 해당하는 항목 중 '선택영역의 가운데로'를 선택하고 확인을 클릭한다.
2) 셀 A4부터 데이터를 입력한다. 월의 경우는 자동 채우기 핸들을 이용한다. 1월을 입력 후 자동 채우기 핸들을 드래그하여 우측으로 이동하면 자동 복사가 된다.
3) 품목별 합계와 평균은 자동합계를 이용하든지 아니면 수식을 직접 입력하여 A열과 G열에 작성한다. 오디오1에 대한 합계와 평균을 계산하는 수식을 먼저 만들고 타 품목의 합계와 평균도 자동 채우기 핸들을 이용하여 복사한다.
4) 월별 판매액에 대한 합계액은 각 월을 이름으로 정의하고 이를 이용하여 수식을 구성한다. A4:G15를 블로킹하여 선택하고 선택 영역에서 만들기 아이콘을 클릭하여 나타나는 대화상자에서 첫 행을 체크하고 확인한다. 이 때 이름은 숫자로 시작될 수 없으므로 엑셀에서는 숫자로 시작되는 이름 앞에 '_'를 붙여서 이름을 정의한다. 즉, 1월, 2월, 3월, 4월은 각각 "_1월", "_2월", "_3월", "_4"월을 이름으로 하여 정의된다. 따라서 B16셀에는 "=SUM(_1월)"이라고 입력하여 월 합계를 계산하도록 한다. 같은 방법으로 C16셀에서 G16셀까지 합계를 계산하는 수식을 입력한다.
5) 제품별 구성비는 절대주소를 이용하여 작성한다.
   H5셀에 "=F5/$F$16"라고 입력하여 오디오1의 구성비를 계산하고 나머지 품목은 자동 채우기 핸들을 이용하여 복사한다. I5셀에 "=SUM(H$5:H5)"라고 입력하여 오디오1의 누적 구성비를 계산하고 나머지 품목은 자동 채우기 해들을 이용하여 복사한다.
6) A4:I16을 블로킹하여 영역을 선택하고 홈 탭의 스타일 그룹에서 표서식 명령 아이콘을 클릭하여 나타나는 서식 목록에서 적절한 서식을 선택하여 표를 보기 좋게 만든다.
7) 워크시트 이름 바꾸기 : 시트탭 중 Sheet1을 선택하여 지금 작업 중인 시트의 이름을 "판매보고서－서울사업부"라고 바꾼다.
8) 워크시트 꾸미기 : 홈 탭의 각종 명령 아이콘을 이용하여 워크시트를 보기 좋게 만든다.

9) 차트 만들기 : A4:E15를 블로킹하여 영역을 선택하고 삽입 탭의 차트 그룹에서 꺾은선형 아이콘을 클릭하여 나타나는 차트의 종류 중 3차원 꺾은선형을 선택한다. 이렇게 하여 작성된 차트를 선택한 상태에서 마우스의 오른쪽 단축 메뉴를 사용하거나 리본 메뉴에 나타나는 차트도구 탭을 이용하여 차트를 편집한다(차트의 작성과 편집에 대해서는 장을 달리하여 설명하므로 여기에서는 간단하게 차트의 개념만 이해할 수 있도록 한다.).

실습문제 2-3

다음은 주식회사 백마의 3월 달 오메가1 제품의 재고자산수불부 기록이다(첨부된 '2장. 실습 문제3 재고자산수불부.xlsx' 참조). 이 회사는 월별로 총평균법을 적용하여 재고자산을 평가한다고 가정한다. 회사는 월 중에 입고 때에는 입고수량과 입고금액을 기록하고, 출고 시에는 출고 수량만 기록하였다가, 월 마감 때 총평균법으로 출고단가를 계산하여 매출원가를 산정 및 기록한다. 3월 중 입출관련 기록은 다음과 같다. 3월 중에는 입출관련 기록만을 하다가, 월말이 되면 자동적으로 출고 및 재고 관련 기록을 해주는 엑셀 프로그램을 구현하여 보라.

일자	적 요	입고			출고		
		입고수량	단가	금액	출고수량	단가	금액
1	전기이월	45	12,560				
2							
3	㈜신구	75	11,500				
4							
5	백합상사				100		
6							
7							
8							
9	㈜동서울	115	12,800				
10							
11	가나안상회				50		
12							

일자	적 요	입 고			출 고		
		입고수량	단가	금액	출고수량	단가	금액
13							
14	㈜경원	82	13,400				
15							
16	판교물산				50		
17							
18							
19	㈜서울	120	12,900				
20							
21	송파상사				100		
22							
23							
24	㈜신구	250	12,500				
25							
26	남성대클럽				210		
27							
28							
29							
30	㈜동서울	95	12,900				
31							

※ 이름 정의하기, COUNT함수 등을 익힌다.

작성순서

1) A1셀에 "품목별 재고자산수불부"를 입력하고, 병합하고 가운데 맞춤으로 서식을 지정하여 제목을 만든다. 글씨 폰트는 14로, 굵기는 굵게로 설정한다.
2) B4셀에 3을, C4셀에 월을, D4셀에 품명을, E4셀에 오메가1을 입력한다.
3) A6:M7에 재고자산수불부의 머리글을 다음과 같이 입력한다.

날짜		적요	입고			출고			이월잔액			비고
월	일		입고수량	단가	금액	출고수량	단가	금액	재고수량	단가	금액	

4) 날짜 열에 3월 1일부터 31일까지를 입력한다.
5) 입출관련 기록을 날짜별로 입력한다.
6) 이름 정의하기
입고수량 ⇨ D8:D38 입고금액 ⇨ F8:F38
출고수량 ⇨ G8:G38) 출고금액 ⇨ I8:I38
7) 입고금액 첫 행인 F8셀에 "=IF(D8>=1,D8*E8,"-")"를 입력한다. 자동 채우기 핸들로 F38셀까지 복사한다.
8) 출고단가 첫 행인 H8셀과 출고금액 첫 행인 I8셀에 다음과 같이 입력한 후 38행까지 복사한다.
H8:=IF($D$45="예",IF(G8>=1,$D$43,"-"),"-")
I8:=IF($D$45="예",IF(G8>=1,G8*H8,"-"),"-")
9) 이월잔액란에는 각각 전기이월 주소를 입력한다. J8셀에는 "=D8", K8셀에는 "=E8", L8셀에는 "=F8"을 입력한다.
10) C39셀에 "차기이월"을 입력한다.
11) J39셀:=SUM(입고수량)-SUM(출고수량)
K39셀:=IF(D45="예",L39/J39,"-")
L39셀:=IF(D45="예",SUM(입고금액)-SUM(출고금액),"-")
12) C40셀 : 합계
C42셀:=B4&"월 입고회수"
C43셀:=B4&"월 평균단가"
D42셀:=COUNT(입고금액)&"회"
D43셀:=SUM(입고금액)/SUM(입고수량)
F40셀:=SUM(입고금액)
I40셀:=SUM(출고금액)
13) C45셀 : "월마감 여부"
C46셀 : (월마감이라면 "예"를 치시오.)
14) D40셀 : 예

실습문제 2-4

다음은 정확히세무회계사무소 고객들의 법인세 과세표준 자료이다(첨부된 '2장. 실습문제4 법인세과세표준.xlsx' 참조). 세무회계사무소의 고객들의 산출세액을 계산하라. 동 산출세액의 계산을 위해서 다중 IF 를 사용한다(초과누진세율을 적용하되, 세율은 과세표준 1억원까지는 10%, 1억원 초과 2억원 이하는 20%, 2억원 초과는 30%인 것으로 가정한다).

순번	법인명	과세표준	산출세액
1	나도가	200,000,000	
2	너도가	350,000,000	
3	잘했엉	124,512,000	
4	이따봐	457,851,200	
5	갈꼬얌	980,320,012	
6	이리와	12,451,200	
7	한잔더	450,000,000	
8	끝까지	32,541,210	
9	우쭈주	2,000,000	
10	냠냠냠	154,874,200	
11	시간아	654,257,100	
12	천천히	235,157,800	
13	마음대로	114,523,651	
14	치어리더	32,154,782	
15	사랑해	47,821,230	
16	노바디	312,151,200	
17	썸바디	98,151,213	
18	낫씽	10,021,003	
19	썸씽	903,210	
20	장그래	21,484,421	
21	뭘그래	455,482,210	
22	다그래	32,323,645	
23	밝그래	5,411,026	
24	나이스	954,112	
25	스펙스	100,215,000	
26	타이거	515,451,200	
27	아디오스	65,123,510	
28	아티스	3,215,480	
29	범아	33,321,520	
30	아식수	2,154,120	

작성순서

1) 다음과 같이 3단계를 통해 다중 IF 문을 구성할 수 있다.

단계	과세표준 크기	2억원 초과분	1억원 초과분	1억원 이하분
1단계	2억원 초과시	2억원 초과분*30%	1억원*20%	1억원*10%
2단계	1억원 초과 2억원 미만	해당없음	1억원 초과분*20%	1억원*10%
3단계	1억원 이하	해당없음	해당없음	과세표준*10%

2) D5 셀에 다음과 같은 수식을 입력한다(아래에는 3줄이나, 모두 연결하여 한줄로 입력함).

=IF(C5>$F$7, (C5-$F$7)*$H$7+$F$6*$H$6+$F$5*$H$5,	1단계
IF(C5>$F$6, (C5-$F$6)*$H$6+$F$5*$H$5,	2단계
C5*$H$5))	3단계

1단계 : IF(C5>$F$7 → 2억원을 초과한다면
(C5-$F$7)*$H$7 → 초과분에 30% 세율 적용
$F$6*$H$6 → 1억원에서 2억원 사이 금액인 1억원에 대해 20% 세율 적용
$F$5*$H$5 → 1억원이하 금액인 1억원에 대해 10% 세율 적용

2단계 : IF(C5>$F$6 → 1억원을 초과한다면,
다만 1단계에서 2억원 초과분을 걸러냈으므로 여기에서 1억원을 초과하는 금액은 1억원을 초과하고 2억원 이하인 금액만 해당하는 것임
(C5-$F$6)*$H$6 → 1억원을 초과하는 금액에 대해 20% 세율 적용
$F$5*$H$5 → 1억원이하 금액인 1억원에 대해 10% 세율 적용

3단계 : C5*$H$5 → 1억원 미만인 경우 그 금액에 대해 10% 세율 적용

3) D5 셀의 수식을 복사하여 D6:D34까지 붙여 넣는다.

Tip!

복사하고 붙여넣을 때의 다양한 방법

엑셀의 데이터나 수식을 복사하는 경우에 복사되는 내용은 수식 혹은 값과 셀서식 등이 모두 복사된다. 엑셀 사용자는 경우에 따라 복사되는 내용 중 일부만을 셀에 붙여넣고자 할 때가 있는데 자주 쓰는 '선택하여 붙여넣기'를 위해 필요한 기능을 알아보자. 먼저 아래와 같이 복사를 실행하고, 마우스 우클릭 등을 실행하여 보자.

임의의 셀을 복사 → 마우스 우클릭

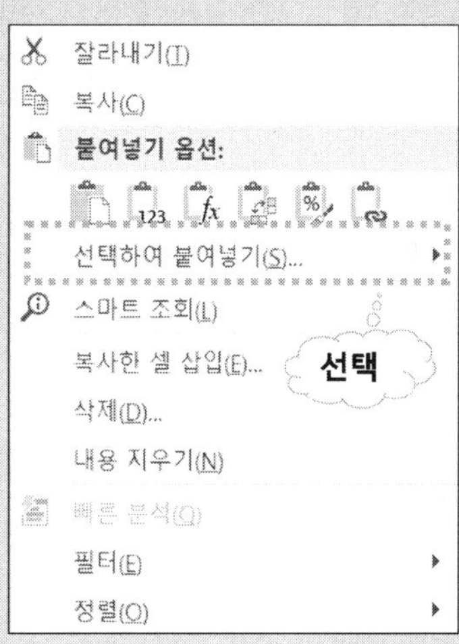

→

선택하여 붙여넣기 메뉴

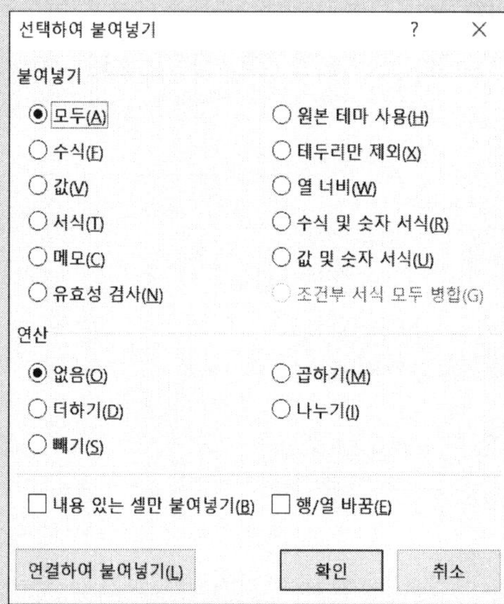

- 자주쓰는 선택하여 붙여넣기 ❶ : 수식 복사(F)
  본 기능을 선택하면 붙여넣기 시에 셀의 수식만 복사된다.
- 자주쓰는 선택하여 붙여넣기 ❷ : 값 복사(V)
  본 기능을 선택하면 붙여넣기 시에 셀의 값만 복사된다.
- 자주쓰는 선택하여 붙여넣기 ❸ : 행열/바꿈(E)
  표 자료의 행과 열을 바꾸어 배치할 필요성이 있는 경우에 사용한다.

Tip 사용 연습문제

연습문제를 풀기 위해서 Tip2.선택하여붙여넣기팁.xlsx 파일을 열어준다.

❶ 20×4(예상) 수치가 입력되어 있는 B7:K7 셀의 내용을 B8:K8셀로 복사하려 한다. 복사 및 붙여넣기 시에 B8:K8셀의 색이 노란색이 아닌 현재의 색을 유지할 수 있도록 붙여넣기 하려면?

❷ B7:K8 셀의 수식을 모두 없애고 수치 값만 유지할 수 있도록 붙여넣는 방법은?

3 현재 가로로 배열되어 있는 계정과목을 세로로 배열하고, 연도를 가로로 배열하려고 한다. 어떻게 하면 빠르게 할 수 있을까?

연습문제 권장답

1. B7:K7 셀의 내용을 복사 → B8셀로 이동 → 마우스 우클릭을 통해 '선택하여 붙여넣기' 선택 → 붙여넣기–수식(F) 선택
2. B7:K8 셀의 내용을 복사 → 마우스 우클릭을 통해 '선택하여 붙여넣기' 선택 → 붙여넣기–수식(V) 선택
3. A3:K8 셀의 내용을 복사 → 마우스 우클릭을 통해 '선택하여 붙여넣기' 선택 → 붙여넣기–행/열바꿈(E) 선택

메모

chapTer

03

데이터 검색 관련 워크시트 함수들

제03장 데이터 검색 관련 워크시트 함수들

1. INDEX함수

INDEX함수는 표나 데이터베이스에서 지정한 행과 열이 교차하는 셀의 값을 찾아내는 함수이다. 사용하는 방법은 '=INDEX(범위, 행번호, 열 번호)'이다. [그림 3-1]과 같이 "=INDEX(A1:F7, 2, 4)"라고 입력하면, 그 결과값으로 3,000을 나타낸다.

그림 3-1

	A	B	C	D	E	F	G
1	제품명	거래처	전화번호	단가	재고수량	재고금액	
2	한라봉	신구상회	111-1111	3,000	250	750,000	
3	수박	동서울식품	222-2222	2,000	350	700,000	
4	메론	경원농원	333-3333	1,500	150	225,000	
5	사과	중앙식품	444-4444	2,000	500	1,000,000	
6	포도	서울식품	555-5555	2,700	350	945,000	
7	참외	보건물산	666-6666	1,500	450	675,000	
8							
9							
10							
11	1) INDEX함수		3,000 ←	=INDEX(A1:F7,2,4)			
12							

2. MATCH함수

MATCH함수는 표나 데이터베이스에서 지정한 행 범위 또는 지정한 열 범위에서 검색하는 값이 몇번째 위치에 있는 지를 나타내는 함수이다. 사용하는 방법은 '=MATCH(검색값, 범위, 검색유형)'이다. 검색값은 범위에서 찾을 값으로 조건에 해당한다. 범위는 찾을 값이 포함된 단일 행 또는 단일 열을 지정한다. 검색유형은 생략하거나 1, 0, -1의 값 중에서 입력한다. 검색유형이 1일 경우는 범위의 값이 오름차순으로 정렬되어 있다고 가정하고, 검색값보다 같거나 작은 값 중 가장 큰 값의 첫 번째 위치를 나타낸다. 검색유형이 0일 경우는 범위에서 검색값 있는 첫 번째 위치를 나타낸다. 검색유형이−1일 경우는 범위의 값이 내림차순으로 정렬되어 있다고 가정하고, 검색값보다 같거나 큰 값 중 가장 작은 값의 첫 번째 위치를 나타낸다. [그림 3−2]에서와 같이 B14셀에 수박을 입력하고 B2셀을 검색값으로 하여 "=MATCH(B14, A2:A7, 0)"이라고 입력하면, 그 결과값으로 2가 표시된다.

그림 3−2

	A	B	C	D	E	F	G
1	제품명	거래처	전화번호	단가	재고수량	재고금액	
2	한라봉	신구상회	111-1111	3,000	250	750,000	
3	수박	동서울식품	222-2222	2,000	350	700,000	
4	메론	경원농원	333-3333	1,500	150	225,000	
5	사과	중앙식품	444-4444	2,000	500	1,000,000	
6	포도	서울식품	555-5555	2,700	350	945,000	
7	참외	보건물산	666-6666	1,500	450	675,000	
13							
14	2) MATCH함수	수박		2 ◀—	=MATCH(B14,A2:A7,0)		
15							

3. VLOOKUP함수

VLOOKUP함수는 검색할 범위의 가장 왼쪽 열에서 검색값과 일치하는 값 또는 근사값을 찾아, 그 셀부터 오른쪽 열 방향으로 주어진 수만큼 셀을 이동하여 해당 셀에 있는 값을 나타내는 함수이다. 이 함수의 사용법은 다음과 같다.

=VLOOKUP(검색값, 범위, 열번호, 검색유형)

위의 제품정보 데이터 중에서 제품명을 입력하면 그와 관련된 제품정보를 나타내는 프로그램을 만들어 보자.

그림 3-3

	A	B	C	D	E	F	G
1	제품명	거래처	전화번호	단가	재고수량	재고금액	
2	한라봉	신구상회	111-1111	3,000	250	750,000	
3	수박	동서울식품	222-2222	2,000	350	700,000	
4	메론	경원농원	333-3333	1,500	150	225,000	
5	사과	중앙식품	444-4444	2,000	500	1,000,000	
6	포도	서울식품	555-5555	2,700	350	945,000	
7	참외	보건물산	666-6666	1,500	450	675,000	
16							
17	3) VLOOKUP함수	제품명을 입력하시오.	포도				
18		거래처	서울식품	←	=VLOOKUP(C17,A2:F7,2,FALSE)		
19		재고수량	350	←	=VLOOKUP(C17,A2:F7,5,FALSE)		
20		재고금액	945,000	←	=VLOOKUP(C17,A2:F7,6,FALSE)		
21							

[그림 3－3]은 C17셀에 임의의 제품명을 넣으면, C18셀에 거래처, C19셀에 재고수량, C20셀에 재고금액이 자동으로 나타나도록 만든 프로그램이다. 이 때 검색 값은 C17셀에 입력된 값이며, C18셀에는 “＝VLOOKUP(C17, A2:F7, 2, FALSE)”라고 입력한다. 이 뜻은 C17셀에 입력된 값을 검색 값으로 A2에서F7까지의 범위의 왼쪽 첫 번 째 열에서 맞는 값을 찾아서 일치하는 값을 만나면, 그 열부터 2번째 열의 값(즉 해당 거래처명)을 나타내라는 뜻이다. 마지막의 FALSE는 검색 값과 왼쪽 열에서 정확하게 일치하는 값을 찾으라는 옵션이다. FALSE 대신에 TRUE나 생략을 하면, 근사값을 찾는데, 작은 값 들 중 가장 큰 값을 찾게 된다.

마찬가지로, C19셀에는 “＝VLOOKUP(C17, A2:F7, 5, FALSE)”을 입력하면 5번 째 열인 해당 재고수량을 찾아낸다. C20셀에는 “＝VLOOKUP(C17, A2:F7, 6, FALSE)”라고 수식을 입력하면 6번 째 열인 재고금액을 찾아내는 프로그램이 된다.

4. HLOOKUP함수

HLOOKUP함수는 검색할 범위의 가장 첫 번 째 행에서 검색 값과 일치하는 값 또는 근사값을 찾아, 그 값이 존재하는 셀부터 아래 쪽 행 방향으로 주어진 횟수만큼 이동하여 해당 셀에 있는 값을 나타내는 함수이다. 이 함수의 사용법은 다음과 같다. VLOOKUP함수와 기본 개념은 같으나, 다만, 행과 열이 바뀌어 찾는 개념이다.

=HLOOKUP(검색값, 범위, 행번호, 검색유형)

제품명을 입력하면 그와 관련된 제품정보를 나타내는 프로그램을 MATCH함수와 HLOOKUP함수를 이용하여 만들어 보자.

그림 3-4

	A	B	C	D	E	F
1	제품명	거래처	전화번호	단가	재고수량	재고금액
2	한라봉	신구상회	111-1111	3,000	250	750,000
3	수박	동서울식품	222-2222	2,000	350	700,000
4	메론	경원농원	333-3333	1,500	150	225,000
5	사과	중앙식품	444-4444	2,000	500	1,000,000
6	포도	서울식품	555-5555	2,700	350	945,000
7	참외	보건물산	666-6666	1,500	450	675,000
22						
23	4) HLOOKUP함수	제품명을 입력하시오.	메론	4	=MATCH(C23,A1:A7,0)	
24		거래처	경원농원	←	=HLOOKUP(B24,$A$1:$F$7,$D$23,FALSE)	
25		재고수량	150	←	=HLOOKUP(B25,$A$1:$F$7,$D$23,FALSE)	
26		재고금액	225,000	←	=HLOOKUP(B26,$A$1:$F$7,$D$23,FALSE)	

[그림 3-4]는 C23셀에 임의의 제품명을 넣으면, C24셀에 거래처, C25셀에 재고수량, C26셀에 재고금액이 자동으로 나타나도록 만든 프로그램이다. HLOOKUP함수를 이용하기 위하여 원하는 제품명의 위치를 알아야 한다. 따라서 D23셀에 "=MATCH(C23, A1:A7, 0)"라고 입력하여 원하는 제품의 위치를 나타내도록 하였다. 예를 들어 메론이라는 제품명은 A1:A7에서 4번째에 위치해 있다는 것이 D23에 표시된다.

C24셀에는 "=HLOOKUP(B24, $A$1:$F$7, $D$23, FALSE)"이라고 입력했는데, 이는 A1:F7의 범위의 첫 번째 행에서 B24셀의 검색값이 위치해 있는 셀이 포함되는 셀을 찾고, 그 셀에서 D23셀에 있는 수만큼 아래쪽 행방향으로 이동한 셀에 있는 값을 나타내도록 한 것이다. 예를 들어 "거래처"를 B24셀에 입력하면, 거래처가 입력되어 있는 B열에서 D23셀에 있는 숫자로 4번째의 값인 경원농원을 출력한 것이다. 검색유형으로 입력된 FALSE는 정확한 값을 찾으라는 것이다. 마찬가지로 C25셀에는 "=HLOOKUP(B25, $A$1:$F$7, $D$23, FALSE)"이라고 입력하여 재고수량을 찾도록 하였으며 C26셀에는 "=HLOOKUP(B26, $A$1:$F$7, $D$23, FALSE)"이라고 입력하여 재고금액을 찾도록 하였다.

5. CHOOSE함수

CHOOSE함수는 주어진 인수들 중의 N번 째 값을 찾는 함수이다. 이 함수의 사용방법은 다음과 같다.

```
=CHOOSE(N, 값1, 값2, 값3, …)
```

예를 들어 설명하여 보자. [그림 3-5]는 앞의 재고 데이터를 재고금액 기준으로 정렬하고, 재고 순위를 입력하면 해당 제품의 제품명, 거래처, 재고수량 및 재고금액을 나타내도록 만든 프로그램이다. C11셀에 재고순위를 입력하도록 하였으며, C12셀에는 재고순위에 해당하는 제품명을 출력할 수 있도록 "=CHOOSE(C11, A2, A3, A4, A5, A6, A7)"로 입력하였다. 첫 번째 인수 C11은 재고순위에 해당하는 값이며, A2부터 A7까지의 인수는 각 제품명을 나타내는 셀들을 인수로 한 것이다. 예를 들어 C11에 3이 입력되면 그 뒤부터 세 번째 인수인 A4의 값을 나타내게 된다. 같은 방식으로 C13셀, C14셀, C15셀에 재고순위에 해당하는 거래처, 재고수량, 재고금액을 나타낼 수 있도록 CHOOSE함수를 이용하여 수식을 입력하였다.

그림 3-5

	A	B	C	D	E	F
1	제품명	거래처	전화번호	단가	재고수량	재고금액
2	사과	중앙식품	444-4444	2,000	500	1,000,000
3	포도	서울식품	555-5555	2,700	350	945,000
4	한라봉	신구상회	111-1111	3,000	250	750,000
5	수박	동서울식품	222-2222	2,000	350	700,000
6	참외	보건물산	666-6666	1,500	450	675,000
7	메론	경원농원	333-3333	1,500	150	225,000
8						
9						
10						
11	5) CHOOSE함수	재고순위를 입력하시오.	3			
12		제품명	한라봉	←	=CHOOSE(C11,A2,A3,A4,A5,A6,A7)	
13		거래처	신구상회	←	=CHOOSE(C11,B2,B3,B4,B5,B6,B7)	
14		재고수량	250	←	=CHOOSE(C11,E2,E3,E4,E5,E6,E7)	
15		재고금액	750,000	←	=CHOOSE(C11,F2,F3,F4,F5,F6,F7)	

6. 최대값, 최소값 구하기

여러 개의 값 중에서 최대값을 구하거나, 최소값을 구할 때에는 Max와 Min함수를 사용한다. 이 함수들의 사용방법은 다음과 같다.

(1) 최대값 찾기

이 함수는 여러 개의 인수들 중에서 최대값을 찾는 함수이며, 사용 방법은 다음과 같다. 각 인수는 개별 값이나 셀 주소 또는 셀 범위로도 입력할 수 있다.

```
=Max(값1, 값2, 값3, …)
```

(2) 최소값 찾기

이 함수는 여러 개의 인수들 중에서 최소값을 찾는 함수이며, 사용 방법은 다음과 같다. 각 인수는 개별 값이나 셀 주소 또는 셀 범위로도 입력할 수 있다.

```
=Min(값1, 값2, 값3, …)
```

그림 3-6

	A	B	C	D	E	F
1	제품명	거래처	전화번호	단가	재고수량	재고금액
2	사과	중앙식품	444-4444	2,000	500	1,000,000
3	포도	서울식품	555-5555	2,700	350	945,000
4	한라봉	신구상회	111-1111	3,000	250	750,000
5	수박	동서울식품	222-2222	2,000	350	700,000
6	참외	보건물산	666-6666	1,500	450	675,000
7	메론	경원농원	333-3333	1,500	150	225,000
17						
18	6) 최대값, 최소값 찾기					
19		가장 비싼 단가는?	3,000 ←		=MAX(D2:D7)	
20		가장 싼 단가는?	1,500 ←		=MIN(D2:D7)	
21						

실습문제 3-1

우리나라 소득세 세율은 다음과 같다고 본다.
(첨부된 '3장. 실습문제1 초과누진세율 계산.xlsx' 참조)

(단위 : 천원)

과세표준	구간 최저금액	적용세율	전단계 세액
0－12,000	0	6%	－
12,000－46,000	12,000	15%	720
46,000－88,000	46,000	24%	5,820
88,000－300,000	88,000	35%	15,900
300,000이상	300,000	38%	90,100

요구사항

1) IF함수를 이용하여 과세표준을 입력하면 자동적으로 산출세액을 계산하는 프로그램을 만들어라.
2) VLOOKUP함수를 이용하여 '1)'과 같은 기능을 하는 프로그램을 만들어라.

작성순서

1) A1셀에 "초과누진세 계산"이라고 입력하고 A1셀부터 G1셀까지를 범위를 지정한 후 셀서식의 맞춤을 '선택영역의 가운데로'로 한다.
2) 문제에 제시된 과세구간을 A3셀부터 입력을 한다. 이때, 최저구간, 최고구간, 적용세율, 전단계 세액을 모두 독립된 셀에다 따로 입력한다. 전단계 세금은 누진세제에서 이전단계까지 발생한 세금을 의미한다. 예를 들어 과세표준이 5,000만원이라면 4,600만원과 8,800만원 구간은 다음과 같은 식으로 산출세액을 계산한다.

산출세액＝(5,000만원－4,600만원)×24%＋582만원＝678만원

   전단계 세금의 첫 번째 행은 0이고, 두 번째 행은 최저구간금액 곱하기 이전단계 적용 세율이 된다 세 번째, 네 번째 행은 (최고구간－최저구간)*적용세율＋바로 직전단계의 전단계 세액이 된다.
3) 과세구간 밑의 임의의 셀(C11)에다 소득세 과세표준을 입력 받는 셀을 만든다.

4) 소득세를 IF함수를 이용하여 만드는 수식을 입력한다.

```
=IF(C11<C5, C11*D5, IF(C11<C6, E6+(C11-A6)*D6,
    IF(C11<C7, E7+(C11-A7)*D7, IF(C11<C8, E8+(C11-A8)*D8,
      E9+(C11-A9)*D9))))
```

이는 다음과 같은 논리로 4차원 다중 IF함수를 이용한 예이다.

```
① C11<C5인가?
  ⇒ Yes : C11*D5    ☞ 1단계
  ⇒ No : ② C11<C6인가?
          ⇒ Yes : E6+(C11-A6)*D6    ☞ 2단계
          ⇒ No : ③ C11<C7인가?
                  ⇒ Yes : E7+(C11-A7)*D7    ☞ 3단계
                  ⇒ No : ④ C11<C8인가?
                          ⇒ Yes : E8+(C11-A8)*D8    ☞ 4단계
                          ⇒ No : E9+(C11-A9)*D9     ☞ 5단계
```

5) VLOOKUP함수를 이용한 수식을 입력한다.

```
=VLOOKUP(C10, A5:E8, 5)                ⇒ 전단계 세액
 +VLOOKUP(C10, A5:E8, 4)               ⇒ 과세표준 최대구간 세율
 *(C10-VLOOKUP(C10, A5:E8, 1))         ⇒ 과세표준 최대구간 금액
```

실습문제 3-2

다음의 세무조정 사항을 활용하여 법인세과세표준 및 세액의 계산내역이 나오는 법인세 과세표준 및 세액조정계산서와 소득금액조정 합계표를 엑셀 프로그램을 이용하여 만들어라(첨부된 '3장. 실습문제2 세무조정서식.xlsx'참조).

세무조정 내역은 다음과 같다.

항목	금액	합계
(1) 사업연도소득		
가. 결산서상당기순이익		345,000,000원
나. 익금산입 및 손금불산입		241,269,777원
1. 법인세비용	77,229,000원 (기타사외유출)	
2. 전기적송품매출원가	40,000,000원 (유보)	
3. 출자임원상여금	12,000,000원 (상여)	
4. 퇴직급여충당금	1,000,000원 (유보)	
5. 감가상각비	6,398,750원 (유보)	
6. 벌 금	1,000,000원 (기타사외유출)	
7. 대손충당금	1,540,000원 (유보)	
8. 채권자가 불분명한 사채이자	53,060,000원 (상여)	
9. 자산수증이익	30,000,000원 (기타)	
10. 접대비	9,042,027원 (기타사외유출)	
11. 지정기부금한도초과	10,000,000원 (기타사외유출)	
다. 손금산입 및 익금불산입		116,790,000원
1. 전기적송품매출	50,000,000원 (△유보)	
2. 전기제품평가	2,000,000원 (△유보)	
3. 외화평가손실	8,000,000원 (△유보)	
4. 상각채권추심이익	5,000,000원 (△유보)	
5. 배당금수익	19,930,000원 (△유보)	
6. 이월익금	1,860,000원 (△유보)	
7. 자산수증이익	30,000,000원 (기타)	
라. 사업연도소득(가+나−다)		469,479,777원
(2) 법인세 과세표준		
가. 각 사업연도소득	469,479,777원	
나. 이월결손금	27,000,000원	
다. 비과세소득	1,500,000원	
라. 과세표준(가−나−다)	440,979,777원	

(3) 법인세 산출세액(IF함수 이용)
200,000,000원×10%+240,979,777원×20%=68,195,955원
(4) 법인세 자진납부세액
68,195,955원-2,300,000원(원천납부세액)-29,991,340원(중간예납분)=35,904,615원
(5) 법인세는 가능한 최대금액을 분납한다고 가정한다.

분납계산이 자동적으로 이루어지도록 IF함수를 사용하여 수식을 만들어라.

유의사항

1) 가급적이면 세법의 논리를 그대로 구현하라.
2) 세무조정사항 등이 변동하면 최종세액까지 자동으로 변하도록 수식을 구성하여 만들어라.
3) 법인세액 산출 논리는 IF함수, TRUNC함수 등을 이용하여 자동계산이 되도록 만들어라.

작성순서

1) 소득금액조정합계표
문제의 익금산입과 손금산입의 내용을 소득금액조정합계표의 양식대로 옮겨 적는다. 익금산입 및 손금불산입의 번호는 1부터 20까지 부여하고, 손금산입 및 익금불산입은 51부터 70까지로 부여한다. 20에는 익금산입의 합계를, 70에는 손금산입의 합계를 넣는데, SUM함수를 사용한다. C23셀에는 "=SUM(C4:C22)"를 입력하고, G23셀에는 "=SUM(G4:G22)"를 입력한다.

2) 법인세 과세표준 및 세액조정계산서 작성
과세표준신고서는 크게 5개 부분으로 구성이 되는데, 1번이 각 사업년도소득 계산, 2번이 과세표준 계산, 3번이 산출세액 계산, 4번이 납부할 세액계산, 5번이 세액 계이다. 세액계산을 위한 참조구간으로 G2부터 I6까지 다음을 입력한다.

법인세율	구간 최고금액	전단계 세액
10%	200,000,000	-
20%	20,000,000,000	20,000,000
22%		3,980,000,000
분납기준금액	10,000,000	

① 각사업연도소득계산
- 당기순이익은 345,000,000를 입력
- 익금산입은 소득금액조정합계표시트의 C23셀을 링크시킨다.

=소득금액조정합계표!C23

- 손금산입은 소득금액조정합계표시트의 G23셀을 링크시킨다.

  =소득금액조정합계표!G23

- 차가감소득금액은 =E3+E4−E5
- 기부금 한도초과액은 10,000,000
- 각 사업연도소득금액은 =E6+E7

② 과세표준계산

- 각 사업연도소득금액 =E8
- 이월결손금 27,000,000
- 비과세소득 1,500,000
- 과세표준금액 =E10−E11−E12−E13

③ 산출세액계산

- 과세표준금액 =E14
- 세율 =IF(E16<=H3, G3, IF(E16<=H4, G4, G5))
- 산출세액 =IF(E16<H3, E16*G3, IF(E16<H4, .

  I4+(E16−H3)*G4, I5+(E16−H4)*G5))
- 합계 =E18+E21

④ 납부할 세액계산

- 산출세액 =E22
- 공제감면세액(ㄱ)
- 차감세액 =E24−E25
- 공제감면세액(ㄴ)
- 가산세액
- 가감계 =E26−E27+E28
- 기한내 납부세액
- 중간예납세액 29,991,340
- 수시부과세액
- 원천납부세액 2,300,000
- (　) 세액
- 소계 =E30+E31+E32+E33
- 신고납부전 가산세액
- 합계 =E34+E35
- 감면분추가납부세액
- 차감납부할 세액 =E29−E36+E37

⑤ 세액계

- 차감납부할 세액계 =E38
- 분납세액계산 범위액 =IF(E40>H6, E40, 0)
- 분납할 세액 =TRUNC(IF(E41>2*H6, E41*50%, IF(E41>H6, E40−H6, 0)),−1)
- 차감납부할 세액계 =TRUNC((E42−E42),−1)

실습문제 3-3

다음(첨부된 '3장. 실습문제 3 성과급자료.xlsx' 참조)의 직원별 연봉자료와 평가등급, 그리고 직급 및 평가등급별 성과급 지급율 자료를 이용하여 직원별로 지급할 성과급을 산출하시오. 단, Index와 match 함수를 사용한다.

직원별 성과급 산출표

(단위 : 천원)

성명	직급	연봉	평가등급	지급율	성과급
가가가	부장	74,500	B		
나나나	과장	64,300	C		
다다다	차장	59,400	C		
라라라	과장	65,000	C		
마마마	과장	52,500	C		
바바바	대리	33,700	C		
사사사	대리	39,900	B		
아아아	사원	34,400	C		
자자자	사원	41,200	B		
차차차	대리	55,200	S		
카카카	과장	51,600	C		
타타타	차장	57,800	B		
파파파	부장	69,400	B		
하하하	과장	41,300	B		
거거거	사원	32,300	S		

성명	직급	연봉	평가등급	지급율	성과급
고민아	차장	77,600	B		
나정희	과장	65,200	C		
도민준	과장	68,800	B		
라면땅	대리	56,700	S		
마영선	대리	32,200	S		
박천희	사원	39,900	A		
성회계	사원	39,700	S		
이도봉	사원	33,600	S		
임말순	대리	32,400	S		
장필모	사원	28,300	A		
전우치	과장	67,500	C		
천경민	차장	56,800	S		
조순영	대리	34,700	B		
마차원	사원	23,900	B		
금자유	대리	55,000	A		
방구석	사원	40,400	B		
오이래	사원	46,700	A		
노리터	사원	34,100	C		
조리개	과장	54,800	B		
백만불	대리	57,400	B		
소금국	사원	32,800	A		
고마루	사원	48,100	A		
가물치	대리	38,300	A		
구지뽕	과장	64,600	S		
감성돔	대리	50,000	A		
가물치	과장	41,000	A		
동연어	대리	43,900	A		
고리라	대리	37,600	A		
복어알	과장	47,600	A		

성과급 지급율표(연봉대비)

직급/평가등급	S	A	B	C
부장	50%	30%	20%	10%
차장	40%	30%	20%	10%
과장	30%	25%	20%	15%
대리	25%	20%	15%	10%
사원	20%	15%	10%	5%

작성순서

1) E6 셀에 아래의 수식을 입력한다.

=INDEX($I$5:$M$10,	MATCH(B6,$I$5:$I$10,0),	MATCH(D6,$I$5:$M$5,0))
행/열의 값을 찾아줄 범위	행 값 찾기	열 값 찾기

2) 상기 수식을 복사하여, E7:E49까지 붙여넣기 한다.

3) F6 셀에 '=C6*E6'를 입력하고, 이를 F7:F49에 붙여넣기 한다.

Tip!

워크시트 전반적 기능 관련

엑실시트를 사용하다보면, 시트(sheet)를 추가하여야할 필요성도 생기고 행과열을 삽입, 삭제, 숨기기 등의 기능을 사용할 때가 많다. 또한 작업을 하다보면, 작업 중인 행 제목과 열 제목을 보면서 작업하여할 필요성도 있다. 아래에서는 이와 관련한 기능을 소개한다.

1. 엑셀시트의 추가 및 삭제

<table>
<tr><td>버전1</td><td>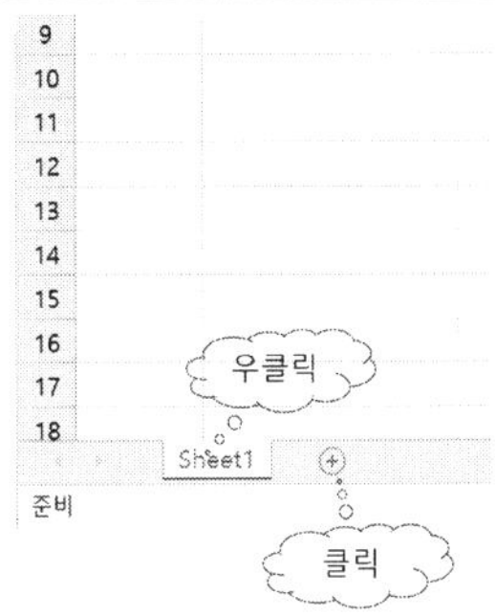
</td><td rowspan="2">
</td></tr>
<tr><td>버전2</td><td>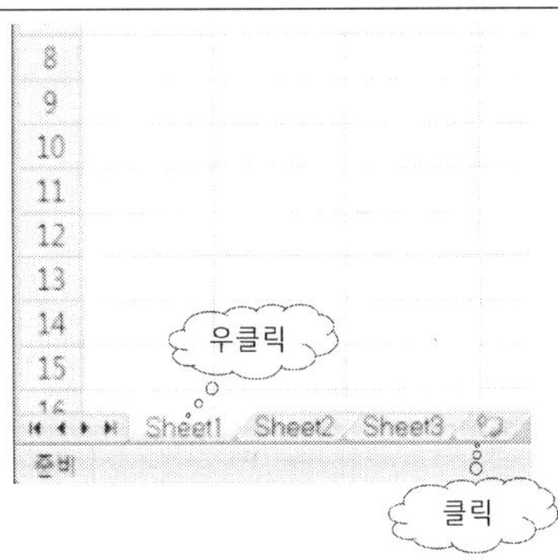
</td></tr>
</table>

워크시트를 추가하는 등의 작업을 하기 위해서는 워크시트 왼편 아래쪽에 sheet1(시트이름)에서 우클릭을 하면, 메뉴가 오른쪽 위와 같이 생성된다. 여기에서 삽입을 누르면 새로운 시트가 생성된다. 버전마다 모양은 다르지만, 버전 1에서는 시트옆의 (+)를 클릭, 버전2에서는 시트옆의 그림 모양을 클릭하면 새로운 시트가 생성된다. 오른쪽의 메뉴에서 보이는 것처럼 시트의 삭제도 가능하며, 시트를 숨기는 기능도 있으니 사용해 보도록 하자.

2. 행과 열의 삽입, 삭제, 숨기기

행의 삽입, 삭제, 숨기기	열의 삽입, 삭제, 숨기기

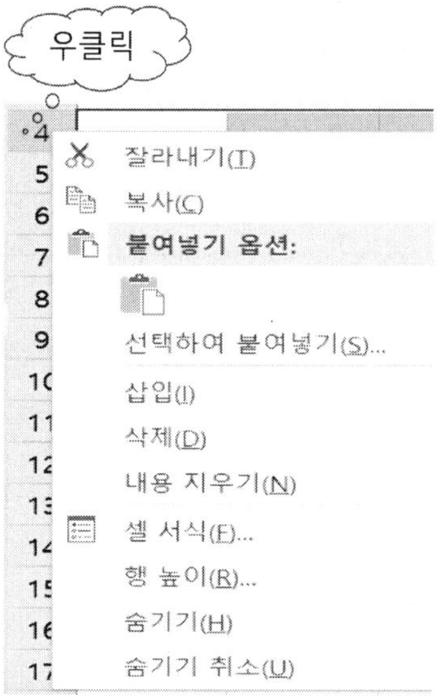

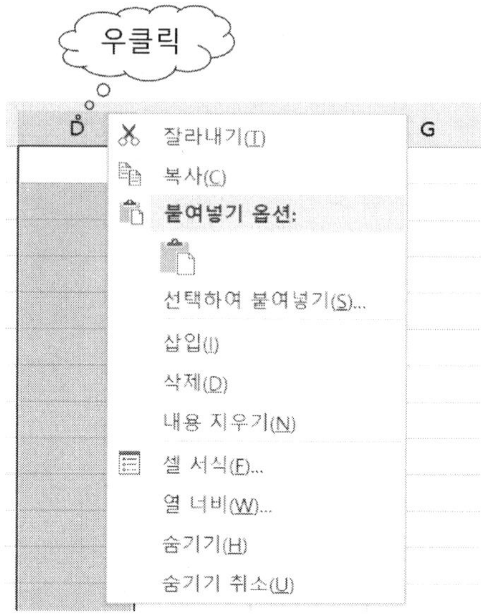

행과 관련한 삽입, 삭제 숨기기 등의 작업을 수행하기 위해서는 행이름(위의 그림에서는 '4')위에 마우스 포인터를 둔 상태에서 우클릭을 통해 작업을 진행할 수 있으며, 열과 관련하여 동일한 작업을 수행하기 위해서는 열이름(위의 그림에서는 'D')위에 마우스 포인터를 둔 상태에서 우클릭을 통해 작업을 진행할 수 있다.

Chapter

04

각종 재무회계 함수들

제04장 각종 재무회계 함수들

엑셀에는 편리하게 활용할 수 있는 각종의 재무회계 관련 함수들이 있다.

1. 화폐의 시간적가치 관련 함수

(1) NPV함수

이 함수는 주기적으로 발생하는 현금흐름의 현재가치를 구하는 함수이다. 특히 투자 안의 경제성 분석에서 많이 사용되는 함수이다. 사용방법은 다음과 같다.

=NPV(할인율, CF1, CF2, CF3, …)

여기서 'CF1, CF2, CF3, …'으로 입력되는 인수들은 각각 1기간 후, 2기간 후, 3기간 후 등의 현금흐름을 의미한다. 현금흐름의 입력에서 주의해야 할 점은 현금흐름은 일정한 기간단위로 연속적으로 입력되어야 엑셀에서 순차적인 기간으로 인식을 한다는 점이다. 특정기간에 현금흐름이 없다고 해서 입력하지 않으면 안된다. 또한 첫 번째 현금흐름이 현재가 아닌 1기간 후라는 점도 주의해야한다. 기간별 현금흐름은 셀 범위로도 입력할 수 있으며, 이때에는 첫째 행부터 오른쪽 열방향으로 한 기간 씩 순차적으로 인식된다.

예를 들어, 최초 연도에 2억원을 투자하고, 1년 후에 1억원, 2년 후에 1억 2천만원, 3년 후에 1원 3천만원이 회수되는 투자안이 있다. 이 투자안의 할인율은 12%라고 가정하자. 이러한 투자안에 투자를 하여야 할 것인가? 엑셀을 이용하여 이 투자안에 대한 NPV를 계산하는 엑셀 워크시트를 [그림 4－1]에 나타내었다.

그림 4-1

	A	B	C	D	E	F	G
1	1) NPV(net present value) 함수						
2							
3	다음과 같이 현금흐름이 발생하는 투자안은 현재시점에서 2억원의 투자가 필요하다.						
4	투자안의 순현재가치는 얼마인가?						
5							
6	기간	현금유입		할인율	12%		
7	1년후	100,000,000		현재 투자액	200,000,000		
8	2년후	120,000,000		투자안의 가치	277,480,412	←	=NPV(E6,B7:B9)
9	3년후	130,000,000		순현재가치	77,480,412	←	=E8-E7
10							
11	NPV함수의 사용법: =NPV(할인율, CF1, CF2, CF3, …)						

투자안의 현금흐름을 1년 후부터 3년 후까지 B7:B9셀에 입력하고 할인율은 E6셀에, 현재의투자액은 E7셀에 입력하였다. 먼저 NPV함수를 이용하여 투자안의 현재가치를 계산하기 위하여 E8셀에 "=NPV(E6, B7:B9)"으로 입력하였다. 이렇게 계산된 투자안의 가치는 투자금액을 고려하지 않고 투자안의 현금 유입에 대한 현재가치이므로, 순현재가치를 계산하기 투자금액을 차감할 수 있도록 E9셀에 "=E8−E7"을 입력하여 계산하였다. 이와 같은 계산결과 순현재가치가 77,480,412원으로 양수이므로 이 투자안을 채택하는 것이 기업가치 증대에 공헌하게 된다.

(2) PV함수

PV함수는 매기간 동일 금액으로 들어오는 일정 현금흐름에 대하여 현재 투자액을 구하는 함수이다. 주로 확정이율로 동일 금액을 갚아야 하는 장기 주택대출금의 현재가치나, 연금의 현재가치를 구하는데 사용된다. PV함수의 사용법은 다음과 같다.

=PV(이자율, 연금기간, 매기간 연금액, 만기 일시금, 지급조건)

만기 지급액은 매기간 받는 일정금액 외에 만기 시점에서 일시에 받는 금액이 추가적으로 있는 경우 입력된다. 지급조건은 0과 1로, 0의 경우 매기간 연금액의 현금흐름이 매기간 말에 발생할 때 사용되며, 1의 경우 매기간 연금액의 현금흐름이 매기간

초에 발생할 때 사용된다. 매기간 연금액과 만기 지급액이 양수로 입력되는 경우는 미래에 연금을 지급받기 위하여 현재의 투자액을 계산하는 것으로 인식하여 결과값은 음수로 계산된다. 반대로 매기간 연금액과 만기 지급액이 음수로 입력되는 경우는 현재 차입하여 미래에 상환하는 현금흐름을 의미하여, 결과값은 양수로 계산된다.

예를 들어, 회사에서 은퇴 시에 일시에 2억원을 받는 조건과 월 실질 이자율이 1% 일 때, 매월 1,500,000원씩 15년간 받는 연금조건이 있다면 어떤 조건을 택하는 것이 유리할 것인가?

그림 4-2

	A	B	C	D	E	F	G
1	2) PV(present value)						
2							
3	월 이자율이 1%이고, 매월 1,500,000원씩 15년간 들어오는 연금상품의 현재가치는?						
4	연금액	이율	연금기간	연금의가치			
5	1,500,000	1%	180	126,232,321	←	=PV(B5,C5,-A5,0,1)	
6							
7	PV함수의 사용법: =PV(이자율, 연금 기간, 매기간 연금액, 만기 지급액, 지급조건)						
8		지급조건: 0은 1기간 후 부터 지급시, 1은 1기간 초부터 지급시					
9							

연금의 현재가치를 계산해보면 그 답은 쉽게 알 수 있다. 이 때 사용하는 함수가 PV함수이다. [그림 4-2]와 같이 A5셀에 1,500,000원을, B18셀에 1%를, C18셀에 15년 곱하기 12개월인 180을 입력하고, D18셀에 "=PV(B18, C18, -A18, 0, 1)"을 입력하면, 그 결과값으로 126,232,321이 나온다. 따라서 우리는 이 경우에 연금으로 받는 조건 보다 일시불로 2억원을 받는 것이 유리하다는 것을 알 수 있다. 함수에서 연금액을 나타내는 세 번째 인수를 -A5로 입력한 것은 계산된 결과값을 양수로 표시하기 위한 것이다. 또한 마지막 인수에서 1을 입력한 것은 연금 1,500,000원을 최초부터 받는 경우로 가정한 것이다.

(3) FV함수

FV함수는 일정한 금액을 매기간 납입하고, 일정한 이자율을 적용하는 투자안의 미래가치를 계산하는 함수이다. FV함수의 사용방법은 다음과 같다.

=FV(이자율, 납입횟수, 매기간 납입액, 현재 납입액, 지급조건)

위에서 이자율은 납입기간의 이자율이며, 현재 납입액은 매기간 납입액 외에 현재 현재 시점에 납입하는 금액이 있을 경우 그 금액을 입력하면 된다. 지급조건은 0과 1로, 0의 경우 매기간 납입액 현금흐름이 매기간 말에 발생할 때 사용되며, 1의 경우 매기간 납입액 현금흐름이 매기간 초에 발생할 때 사용된다.

예를 들어 현재부터 매월 100,000원을 3년 간 정기적금을 불입한다고 할 때 연이율이 4%라면 만기에 받는 금액은 얼마인가?

그림 4-3

	A	B	C	D	E	F	G
1	3)FV(future value)						
2							
3	현재부터 매월 100,000원을 3년 간 정기적금을 불입한다고 할 때 연이율이 4%라면 만기에 받는 금액은?						
4	적립금	이율	기간	만기금액			
5	100,000	0.3333%	36	3,830,883		=FV(B5,C5,-A5,0,1)	
6			=4%/12				
7							
8	사용법: =FV(이자율, 납입횟수, 매기간 납입액, 현재 납입액, 지급조건)						
9	지급조건: 0은 1기간 후부터 적금시, 1은 현재부터 적금시						

A5셀에 100,000을 입력하고, B5셀에는 연 이자율이 4%이므로 월간 이자율로 계산하기 위하여 4%/12를 입력하였다. C26셀에는 3년간 납입 횟수 인 36을 입력하였으며, D6셀에는 "=FV(B26, C26, −A26, 0, 1)"이라고 입력을 하여, 그 결과값이 3,830,883원으로 나타났다. 세 번째 인수를 음수(−A5)로 입력한 것은 현재 불입하는 현금 유출로 처리하여 결과값을 양수로 나타내도록 하기 위해서이다. 마지막 인수인 지급조건은 기초부터 적금이 불입되므로 1로 입력하였다.

(4) NPER함수

NPER함수는 정기적으로 일정 금액을 불입하고 일정한 이자율을 적용하는 투자에 대하여 만기에 목표 금액을 받기 위하여 소요되는 기간을 구하는 함수로 사용법은 다음과 같다.

=NPER(이자율, 매기간 불입액, 현재 불입액, 미래 목표금액, 지급조건)

위에서 이자율은 기간 단위에 대한 이자율을 의미하며, 현재 불입액은 매기간 불입액 외에 추가적으로 현재 불입액이 있는 경우 입력한다. 미래 목표금액은 매기간 불입액과 현재 불입액으로 미래에 받을 수 있는 금액을 의미하며, 따라서 매기간 불입액 및 현재 불입액과는 반대의 현금흐름을 가져야 한다. 지급조건 1은 매기 납입액이 기초에 불입되는 경우이며, 지급조건 0은 매기간 납입액이 기말에 불입되는 경우이다.

예를 들어 연 이자율이 5%일 때, 현재부터 매월 10만원씩 적금을 불입하여 1억원을 만들려면 소요되는 기간은 얼마인가?

그림 4-4

	A	B	C	D	E	F	G
1	4)NPER(소요기간)						
2							
3	매월 10만원씩 적립하여 1억원을 만들려면 소요되는 기간은 얼마인가?(년이자율5%)						
4	적립금액	이율	목표금액	소요기간(월)	소요기간(년)		
5	100,000	0.42%	100,000,000	394.15	32.8		=D5/12
6							
7			=5%/12		=NPER(B5,-A5,0,C5,1)		
8							
9	사용법: =NPER(이자율, 매기간 불입액, 현재 불입액, 미래 목표금액, 지급조건)						

이 문제는 엑셀의 NPER함수를 사용하면 간단히 알 수 있다. A5셀에는 100,000을 입력하고, B5셀에는 5%/12를 입력한다. C5셀에는 100,000,000을 입력하고, D5셀에는 "=NPER(B5,−A5, 0, C5,1)"을 입력하면, 그 결과값으로 394.15가 나온다. 즉, 394.29월이 소요된다는 결과를 얻게 된다. 이를 연으로 환산하면 32.8년이 된다.

(5) PMT함수, IPMT함수, PPMT함수

은행에서 대출받은 금액을 매기 일정하게 상환하는 경우에 그 상환금액을 계산하기 위하여 사용하는 함수들이다. PMT함수는 매기 일정금액을 계산하는 함수이고, PPMT함수는 이중 원금 부분만을 계산하는 함수이며, IPMT함수는 이중 이자 부분만을 계산하는 함수이다. 이들 함수들의 사용방법은 다음과 같다.

> =PMT(이자율, 총기간, 차입원금, 미래추가지급액, 지급조건)
> =IPMT(이자율, 지급회차, 총기간, 차입금, 미래추가지급액, 지급조건)
> =PPMT(이자율, 지급회차, 총기간, 차입금, 미래추가지급액, 지급조건)

위에서 미래추가지급액은 매기간 동안 상환하는 금액 외에 만기시점에 일시에 상환하는 금액이 있다면, 그 금액을 입력한다. 지급조건 0은 매기간 말 상환, 지급조건 1은 매기간 초 상환을 의미한다.

예를 들어, 주택을 구입하면서 차입금 1억원을 20년간 매월 균등상환 조건으로 갚으려고 한다면 매월 상환해야 할 균등상환액(연이자율 10%일 때)을 알고 싶을 때 위의 세 가지 함수를 사용할 수 있다

그림 4-5

	A	B	C	D	E	F	G
1	5)PMT, PPMT, IPMT						
2							
3	주택을 구입하면서 차입금 1억원을 20년간 매월 균등상환 조건으로 갚으려고 한다면 매월						
4	상환해야할 균등상환액은?(년이자율 10%)						
5	차입금액	이율	기간	균등상환금액	상환회차	회차상환이자	회차별상환원금
6	100,000,000	0.83%	240	965,022	1	833,333	131,688
7					2	832,236	132,786
8		=PMT(B6,C6,-A6,0,0)			3	831,129	133,892
9					240	7,975	957,046
10							
11						=IPMT(B6,E6,C6,-A6,0,0)	
12	사용법:=PMT(이자율,총기간,차입원금,미래추가지급액,지급조건)						
13	=IPMT(이자율,지급회차,총기간,차입금,미래추가지급액)					=PPMT(B6,E6,C6,-A6,0,0)	
14	=PPMT(이자율,지급회차,총기간,차입금,미래추가지급액)						

A6셀에 100,000,000을 입력하고, B6셀에 10%/12를 입력한다. C6셀에는 240을 입력하고, D45셀에는 “=PMT(B6, C6, −A6, 0, 0)”이라고 입력하면 결과값은 965,022원이 된다. 즉, 1억원을 빌려서 매월 일정금액을 갚는 방식으로 20년(240개월)을 갚는다면 매월 원금과 이자를 포함하여 965,022원을 갚아나가면 20년 후에 원금과 이자를 모두 갚게 되는 상환표이다.

965,022원 중에는 원금 상환 분과 이자상환 분이 포함되어 있다. 이제 이 일정금액 중에서 원금 부분과 이자 부분을 개별적으로 알고자 할 때에는 이자 부분은 IPMT함수로, 원금 부분은 PPMT함수로 알아낼 수 있다. 원금 부분과 이자 부분은 상환 회차에 따라 매번 달라지는데. 이를 파악하기 위하여 E45셀에 1, E46셀에 2, E47셀에 3, E47셀에 240을 입력하고, F45셀에 “=IPMT(B6, E6, C6, −A6, 0, 0)”, G45셀에 “=PPMT(B7, E6, C6, −A6, 0, 0)”이라고 입력해보자. 그러면 그 결과값으로 F6셀에는 833,333이 G6셀에는 131,688이 나타난다. 즉, 매월 일정금액으로 갚는 965,022안에는 상환 1회차에서는 이자부분이 833,333원이고, 원금 상환분은 131,688원이라는 것이다. 마찬가지로 상환 2회차, 3회차, 240회차의 스케줄을 만들어 보면 이 둘의 합계는 언제나 965,022원이며, 처음에는 이자상환 부분이 많다가 점차 회차가 거듭될수록 원금 부분이 커지고, 마지막에는 대부분의 금액이 원금을 상환하게 되는 것이다.

(6) IRR함수

IRR은 내부수익률(Internal Rate of Return)을 말하며, 유출되는 현금흐름의 현재가치와 유입되는 현금흐름의 현재가치의 합인 NPV가 0이 되는 할인율을 뜻한다. 엑셀의 IRR함수 사용법은 다음과 같다.

=IRR(CF1, CF2, CF3, …, IRR 추정치)

CF1, CF2, CF3, …은 IRR를 추정하고자 하는 현금흐름으로 일정한 기간단위로 순차적으로 입력되어야 한다. 이 현금흐름은 셀 범위로 입력할 수 있으며, 이때에는 첫째 행부터 오른쪽 열로 순차적인 현금흐름으로 인식된다. IRR 추정치는 함수의 결과값에 대한 근사치로 입력하는 값이며 생략하는 것이 보통이다. 인수에서 IRR 추정치

를 생략하는 경우에는 이를 10%로 인식한다.

예를 들어 현재시점에서 2천만원을 투자하여 [그림 4−6]과 같이 일정 기간 동안 현금흐름이 발생한다면 내부수익률은 얼마인가?

그림 4−6

	A	B	C	D	E	F
1	6) IRR					
2						
3	2천만원을 투자하여, 다음과 같은 현금흐름의 수익을 얻었다면 내부수익률은 얼마인가?					
4						
5	투자금액	-20,000,000		내부수익률	2.69%	
6	1년후 수익금	-2,200,000				
7	2년후 수익금	3,000,000			=IRR(B5:B15)	
8	3년후 수익금	4,000,000				
9	4년후 수익금	3,500,000				
10	5년후 수익금	4,100,000				
11	6년후 수익금	3,700,000				
12	7년후 수익금	-2,100,000				
13	8년후 수익금	4,000,000				
14	9년후 수익금	3,600,000				
15	10년후 수익금	1,800,000				
16						

B5셀에는 투자금액 20,000,000을 마이너스 부호(현금유출)와 함께 입력하고, B6셀부터 B15셀까지 매 년도의 수익 추정 금액을 입력한다. E5셀에 "=IRR(B5:B15)"을 입력하면 그 결과값으로 2.69%가 나온다. 만약 이 투자를 위하여 조달하는 자금의 조달비용이 5%라면, 이 투자안의 내부수익률인 2.69%보다 조달비용이 크므로 투자안을 기각하는 것이 바람직할 것이다.

2. 기타 재무함수

(1) SLN함수와 DB함수

SLN함수와 DB함수는 특정 기간의 감가상각비를 계산해주는 함수들이다. SLN함수는 정액법에 의한 감가상각비를 계산해주며, DB함수는 정율법에 의한 감가상각비를 계산해준다. 사용법은 다음과 같다.

> 정액법:=SLN(취득가액, 잔존가액, 상각기간)
> 정률법:=DB(취득가액, 잔존가액, 상각기간, 대상 기간, 첫 기간의 개월수)

위에서 상각기간은 연 단위로 감가상각비를 계산할 경우 총 내용연수를 의미한다. SLN함수는 정액법을 적용하여 단위 기간(예 : 1년)에 대한 감가상각비를 계산하여 준다. DB함수는 정률법을 적용하여 연차별 감가상각비를 계산하여 준다. 정율법은 매 기간별로 감가상각비가 다르므로 대상 기간을 인수로 입력한다. DB함수에서 첫 기간의 개월수를 입력하면, 기간단위를 1년으로 하여 월단위 계산법에 의한 연차별 감가상각비를 계산한다. 첫 기간의 개월수를 생략하면 12로 간주한다.

그림 4-7

	A	B	C	D	E	F	G	H
1	1) SLN함수와 DB함수							
2								
3	다음자산의 감가상각비를 구하시오.							
4	취득가액	잔존가액	상각기간	감가상각방법	대상기간	감가상각비		
5	1,000,000	0	10	정액법		100,000	←	=SLN(A5,B5,C5)
6	1,000,000	50,000	10	정율법	6	57,862	←	=DB(A6,B6,C6,E6,12)
7								

[그림 4-7]은 SLN함수와 DB함수를 사용하여 감가상각비를 계산한 결과이다. 먼저 정액법은 취득가액이 1,000,000원이고, 잔존가액은 없으며, 상각기간이 10년이이므로 해당 셀들을 링크하여 "=SLN(A5, B5, C5)"라고 입력을 하면 결과값으로 100,000이 나타난다. 정액법은 매기간의 감가상각비가 동일하므로 대상기간을 인수

로 입력하지 않는다.

정율법에서는 정액법에 비하여 감가상각비를 계산할 대상기간을 인수로 입력하여야 한다는 점이 다르다. 또한 잔존가치를 0으로 할 경우 정율법의 계산 논리상 상각률이 1이 되어 모든 감가상각비가 취득가액 전체가 첫 기간의 감가상각비로 계산되므로 주의를 요한다. [그림 4－7]과 같이 정율법 감가상각비를 계산하기 위하여 "=DB(A6, B6, C6, D6, 12)"이라고 입력하면 제 6차 연도의 감가상각비인 57,862가 출력된다. 마지막 인수 12는 생략할 수 있으며, 12 대신 다른 수로 입력하면 매기간 감가상각비를 월단위 계산법에 의하여 안분하여 대상기간별 감가상각비를 계산한다.

(2) 자릿수 관련 함수

특정 자릿수로 수를 어림하는 것과 관련된 여러 가지 함수들에 대하여 알아본다.

1) TRUNC함수

TRUNC함수는 소수 자릿수를 지정하여 버림을 할 수 있다. 홈 탭의 표시형식 그룹에 있는 '자릿수 늘림(←.0 .00)'과 '자릿수 줄임(.00 →.0)'은 데이터를 바꾸지 않고 표시형식만 반올림을 하는 것이나 TRUNC함수는 소수 자릿수를 지정하여 지정된 자릿수 미만의 수는 모두 버리는 기능으로 사용한다. 사용방법은 다음과 같다.

=TRUNC(숫자, 소수 자릿수)

소수 자릿수의 경우 1, 2, 3 등은 각각 소수 첫째 자릿수, 둘째 자릿수, 셋째 자릿수 등을 의미하며, 0,－1,－2 등은 각각 1의 자리, 10의 자리, 100의 자리 등을 의미한다. 소수 자릿수를 지정을 하지 않으면, 자동적으로 0이 부여되어 소수부분은 모두 버려진 정수로 계산된다.

그림 4-8

	A	B	C	D	E
1	1) TRUNC함수				
2		원데이터	TRUNC함수		
3		123.456	100.000	←	=TRUNC(B3,-2)
4		123.456	120.000	←	=TRUNC(B4,-1)
5		123.456	123.000	←	=TRUNC(B5,0)
6		123.456	123.400	←	=TRUNC(B6,1)
7		123.456	123.450	←	=TRUNC(B7,2)
8		-123.456	-100.000	←	=TRUNC(B8,-2)
9		-123.456	-120.000	←	=TRUNC(B9,-1)
10		-123.456	-123.000	←	=TRUNC(B10,0)
11		-123.456	-123.400	←	=TRUNC(B11,1)
12		-123.456	-123.450	←	=TRUNC(B12,2)

2) ROUNDDOWN함수

ROUNDDOWN 함수는 지정한 소수 자릿수까지 표현하기 위해서 0에 가까운 방향으로 버림을 하는 함수이다. 사용방법은 다음과 같다.

=ROUNDDOWN(숫자, 소수 자릿수)

함수를 사용한 결과값은 TRUNC함수와 같지만 인수에서 소수 자릿수를 생략할 수는 없다. 자릿수에 대한 규칙은 TRUNC함수와 동일하다.

그림 4-9

	A	B	C	D	E
14	2) ROUNDDOWN함수				
15		원데이터	ROUNDDOWN함수		
16		123.456	100.000	←	=ROUNDDOWN(B16,-2)
17		123.456	120.000	←	=ROUNDDOWN(B17,-1)
18		123.456	123.000	←	=ROUNDDOWN(B18,0)
19		123.456	123.400	←	=ROUNDDOWN(B19,1)
20		123.456	123.450	←	=ROUNDDOWN(B20,2)
21		-123.456	-100.000	←	=ROUNDDOWN(B21,-2)
22		-123.456	-120.000	←	=ROUNDDOWN(B22,-1)
23		-123.456	-123.000	←	=ROUNDDOWN(B23,0)
24		-123.456	-123.400	←	=ROUNDDOWN(B24,1)
25		-123.456	-123.450	←	=ROUNDDOWN(B25,2)

3) ROUND함수

ROUND 함수는 지정한 소수 자릿수까지 표현하기 위해서 그 아랫자리에서 반올림을 하는 함수이다. 사용방법은 다음과 같다.

=ROUND(숫자, 소수 자릿수)

그림 4−10

	A	B	C	D	E
27	3) ROUND함수				
28		원데이터	ROUND함수		
29		123.456	100.000	←	=ROUND(B29,-2)
30		123.456	120.000	←	=ROUND(B30,-1)
31		123.456	123.000	←	=ROUND(B31,0)
32		123.456	123.500	←	=ROUND(B32,1)
33		123.456	123.460	←	=ROUND(B33,2)
34		-123.456	-100.000	←	=ROUND(B34,-2)
35		-123.456	-120.000	←	=ROUND(B35,-1)
36		-123.456	-123.000	←	=ROUND(B36,0)
37		-123.456	-123.500	←	=ROUND(B37,1)
38		-123.456	-123.460	←	=ROUND(B38,2)

4) ROUNDUP함수

ROUNDUP함수는 0에서 먼 방향으로 수를 올림하는 함수이다. 사용방법은 다음과 같다.

=ROUNDUP(숫자, 소수 자릿수)

예를 들어 123.456에 대하여 소수 자릿수로 1을 지정하여 ROUNDUP함수를 적용하면, 0에서 먼 쪽인 123.5으로 올림을 한다.

그림 4-11

	A	B	C	D	E
40	4) ROUNDUP함수				
41		원데이터	ROUNDUP함수		
42		123.456	200.000	←	=ROUNDUP(B42,-2)
43		123.456	130.000	←	=ROUNDUP(B43,-1)
44		123.456	124.000	←	=ROUNDUP(B44,0)
45		123.456	123.500	←	=ROUNDUP(B45,1)
46		123.456	123.460	←	=ROUNDUP(B46,2)
47		-123.456	-200.000	←	=ROUNDUP(B47,-2)
48		-123.456	-130.000	←	=ROUNDUP(B48,-1)
49		-123.456	-124.000	←	=ROUNDUP(B49,0)
50		-123.456	-123.500	←	=ROUNDUP(B50,1)
51		-123.456	-123.460	←	=ROUNDUP(B51,2)

5) INT함수

INT함수는 인수로 지정한 값을 더 작은 정수 값으로 내림하는 함수이다. 즉, INT함수는 음수와 양수 모두 더 작은 정수로 만든다. 사용방법은 다음과 같다.

=INT(숫자)

그림 4-12

	A	B	C	D	E
53	5) INT함수				
54		원데이터	INT함수		
55		123.456	123.000		=INT(B55)
56		123.556	123.000		=INT(B56)
57		-123.456	-124.000		=INT(B57)
58		-123.556	-124.000		=INT(B58)

실습문제 4-1

(첨부된 '실습문제 4-1 차입금 상환표.xlsx' 참조)

◎ 요구사항

1. 갑동씨는 집을 사려는데 돈이 부족하여 은행에서 6천만원을 대출을 받고자 한다. 그리고 이 대출금은 10년간 매월 일정금액을 갚아나가는 방법으로 원금과 이자를 갚고자 한다. 갑동씨가 매월 일정금액을 얼마씩 갚으면 10년간 대출금이 완납이 되는가? 현재 연 이자율은 10%라고 가정한다.
2. 초기 1년(12개월) 동안의 차입금 상환스케줄을 작성하라. 차입금 상환스케줄에는 대출원금, 연이율, 대상지급기간, 월정 지급액이 나타날 수 있도록 하여야 한다.
3. 만약에 이자율이 점차 상승하는 경우(10%~13%까지 0.5%씩)에 매월 갚는 일정금액이 어떻게 달라지는지를 민감도분석[3])을 하라.
4. 이자율도 점차 상승하고, 대출금액도 늘어난다면, 매월 갚는 일정금액은 어떻게 변화하는지 감도분석을 하라.
5. 이자율과 상환 기간의 변화에 따라 일정금액은 어떻게 변화하는지 감도분석을 하라.

작성순서

1) 첫 행에 차입금상환표라는 제목을 만든다.
2) C3셀부터 대출원금, 연이율, 대상지급기간, 월정 지급액 이라고 순차적으로 셀에다 입력한다.
3) D4셀부터 대출원금 바로 우측 셀에 60,000,000을, 연이율 우측에 10%를, 대상지급기간 옆에 10을, 월정지급액 옆 셀에 "=PMT(D4/12, D5*12,-D3)"이라고 순차적으로 입력한다.
4) A9셀부터 우측으로 기간, 기초잔액, 이자액, 원금상환액, 원리금상환액, 기말잔액이라 입력한다.

---

3) 민감도분석은 What-if분석이라고도 하는데, 수식에 필요한 변수값을 여러 가지로 대입을 하면서 그 결과값이 어떻게 변하는지 그 민감성을 보는 분석이다. 엑셀에서는 데이터 메뉴 중 '데이터 표' 기능을 이용하면 이와 같은 분석을 수행할 수 있다. 1 way분석과 2 way분석이 있는데, 입력되는 변수가 하나일 때는 1 way분석이라 하고, 입력되는 변수가 2개 일 때는 2 way 분석이라 한다. 예를 들면, 임금이 변할 때 당기순이익의 변동 폭을 알고자 한다면 이는 1 way분석이다. 임금과 재료비가 동시에 변할 때 당기순이익이 어떻게 변하는지를 알고 싶다면 이는 2 way 분석이다. 입력변수들의 범위가 행으로 되어있다면, 데이터 표 기능의 대화상자 중 행 입력셀에 그 데이터가 들어가야 할 모델 내의 위치를 지정해주고, 열로 되어있다면 열 입력셀에다 지정해주면 된다. 엑셀의 '데이터 표' 기능의 이용 방법은 제7장에서 자세히 설명한다.

5) A10셀부터 A21셀까지 순차적으로 1부터 12까지를 입력한다.
6) B10셀에는 “=D3”을 입력한다.
7) C10셀에는 “=B10*$D$4/12”를 입력한다(IPMT함수를 이용할 수도 있다).
8) D10셀에는 “=E10−C10”을 입력한다(PPMT함수를 이용할 수도 있다).
9) E10셀에는 “=$D$6”을 입력한다.
10) F10셀에는 “=B10−D10”을 입력한다.
11) B11셀에는 “=F10”을 입력한다.
12) C10부터 F10까지를 범위로 지정한 후 자동 채우기 핸들을 이용하여 한 행 아래로 복사한다.
13) 이후 B11부터 F11까지를 범위로 지정한 후 자동 채우기 핸들을 이용하여 나머지 10기간 모두를 복사한다.
14) 민감도분석1

    A29셀부터 A35까지 10%부터 0.5%씩 순차적으로 늘려서 이자율을 입력한다. B28셀에 “=D6”을 입력한다. A28부터 B35까지의 범위를 지정한 후 데이터 탭의 데이터 도구 그룹에서 가상분석 명령 아이콘을 클릭하여 데이터 표를 선택한다. 이 때 나타나는 대화상자에서 열 입력셀 란에 D4를 지정한다.
15) 민감도분석2

    A41셀에 “=D6”을 입력한다. A42셀부터 아래로 10%에서 0.5%씩 증가하는 이자율의 추세를 13%까지 입력한다. B41셀부터 우측으로 55,000,000에서 5,000,000씩 증가하는 대출금 증가표를 만든다. A41부터 F48까지 범위를 지정한 후 데이터 탭의 데이터 도구 그룹에서 가상분석 명령 아이콘을 클릭하여 데이터 표를 선택한다. 이 때 나타나는 대화상자에서 행 입력셀은 D3, 열 입력셀은 D4를 입력한다.
16) 민감도 분석3

    A53셀에 “=D6”을 입력한다. A54셀부터 아래로 10%에서 0.5%씩 증가하는 이자율의 추세를 13%까지 입력한다. B53셀부터 우측으로 7에서 12까지 1씩 증가하는 대출금 기간 증가표를 만든다. A53셀부터 G60셀까지 범위를 지정한 후 데이터 탭의 데이터 도구 그룹에서 가상분석 아이콘을 클릭하여 데이터 표를 선택한다. 이 때 나타나는 대화상자에서 행 입력셀은 D5, 열 입력셀은 D4를 입력한다.

실습문제 4-2

(첨부된 '4장. 실습문제2 NPV 계산.xlsx' 참조)

신구제약회사는 신약 '니나노'를 개발하여 시장에 출시하려고 한다. 신구제약은 이 약의 연 생산량을 얼마로 할지를 고민하고 있다. 신구제약은 시장에 출시하기 전에 이 약의 적정 생산량을 파악하고자 한다. 이 약이 일단 출시되면 정부의 규제 때문에 추가로 공장을 짓기는 어려운 상황이다. 이 약의 특허는 약 20년간 지속될 것이다. 신구는 다음과 같은 가정 하에 투자분석을 해보기로 하였다.

1. 한 해 수요는 10,000개
2. 처음 2~6년까지는 수요 증가율이 15%이고, 향후 7~20년까지는 5%일 것이다.
3. 제조공장의 취득원가는 5년간 정액법으로 상각되며, 연간 생산 가능량 단위당 6,000원의 건설원가가 발생한다.
4. 신약 니나노는 개당 8,000원에 판매되며, 생산 변동원가는 5,000원이다.
5. 생산시설의 유지보수비는 1차 연도에 생산 단위당 1,000원이다.
6. 판매가, 단위당 변동원가, 생산단위당 유지보수비는 매년 5%씩 증가한다.
7. 법인세율은 40%이다. 이 신약사업에서 손실이 발생해도 회사 전체적으로는 손실이 발생하지 않는다고 가정한다.
8. 건설원가 발생은 현재 시점에 발생하여, 이를 제외한 모든 현금흐름은 연말에 발생한다.
9. 할인율은 10%이다.

요구사항

1. 신구제약의 이번 신약 프로젝트와 관련한 20년 동안의 예상 현금흐름을 스프레드시트 모델로 작성하라.
2. 어떤 생산량을 만드는 공장이 지어져야 하는가? NPV를 계산하여 판단하라.
3. 할인율의 변화가 적정생산량을 결정하는데, 어떠한 영향을 미치는가?
4. 이 모델은 얼마나 현실적인가?

작성순서

1. 모델 구축

1) 주어진 가정요소를 입력변수에다 입력한다. 그리고 다음의 셀 또는 셀 범위를 이름으로 정의한다. (수식 탭 → 정의된 이름 그룹 → 이름정의 명령아이콘)

첫해수요량 ⇨ B4
수요증가율2_6 ⇨ B6
수요증가율7_20 ⇨ B7
생산시설단위당원가 ⇨ B8
감가상각률 ⇨ B9
단위당판매가격 ⇨ B11
단위당변동원가 ⇨ B12
단위당시설유지보수원가 ⇨ B13
물가상승율 ⇨ B14
법인세율 ⇨ B15
할인율 ⇨ B16
생산가능량 ⇨ B19
건설원가 ⇨ B23
현금흐름 ⇨ B39:U39
NPV ⇨ B41

2) 건설원가와 감가상각비

건설원가 셀(B23)에 "=생산가능량*생산시설단위당원가"를 입력한다.
감가상각비 셀(B24)에 "=건설원가*감가상각률"을 입력한다. 그리고 5차 연도까지만 복사한다.

3) 수요와 판매량

B26셀에 "=첫해수요량"을 입력한다.
C26셀에 "=B26*(1+수요증가율2_6)"을 입력하고, G26셀까지 복사한다.
H26셀에 "=G26*(1+수요증가율7_20)"을 입력하고, U26셀까지 복사한다.
B27셀에 "=Min(B26, 생산가능량)"을 입력하고, U27셀까지 복사한다.

4) 판매가격 및 원가 : 단위당판매가격, 단위당변동원가, 단위당유지보수원가는 모두 동일한 물가상승율을 적용한다.

B29셀에 "=단위당판매가격", B30셀에 "=단위당변동원가", B31셀에 "=단위당시설유지보수원가"를 입력한다.
C29셀에 "=B29*(1+물가상승율)"을 입력하고, U31셀까지 복사한다.

5) 수익과 원가

B33셀에 “=B$27*B29”를 입력하고, B33:U34까지 복사한다. (절대주소 이용)

B35셀에 “=생산가능량*B31”을 입력하고, U35셀까지 복사한다.

6) 세전이익, 세후이익, 현금흐름

B37셀에 “=B33−B34−B35−B24”를 입력하고 20년도까지 복사한다.

B38셀에 “=IF(B37<0,B37, B37*(1−법인세율))”을 입력하고, 20년도까지 복사한다.

B39셀에 “=B38+B24”을 입력하고, 마찬가지로 복사한다.

7) 순현재가치(NPV)

NPV 계산장소인 B41셀에 “=NPV(할인율, 현금흐름)−B23”을 입력한다.

2. 생산량변화에 따른 민감도분석

1) 민감도분석을 위하여 생산량 10,000개부터 40,000개까지를 1,000개 단위로 증가하여 모델시트의 A54셀부터 차례로 입력한다.

2) B49셀에 “=B41”을 입력한 후, 전체 범위를 선택하여 데이터 탭의 데이터 도구 그룹에서 가상분석 명령 아이콘을 클릭하여 ‘데이터 표’를 선택한다. 이 때 나타나는 대화상자에서 열 입력셀을 B19 또는 생산가능량으로 지정하면 민감도 분석 결과가 나타난다.

3) NPV가 최대가 되는 생산량은 21,000개일 때이다. 삽입 탭의 차트 기능을 이용하여 꺾은선 그래프를 그려보면, NPV값이 최고점을 지나면서 급격하게 감소하는 것을 알 수 있다. 이러한 감소의 원인은 일정수준을 지나는 생산량 수준에서는 건설단가와 유지보수원가가 증가하기 때문이다. 즉, 수익이 그 생산능력을 뒷받침하지 못하는 경우 과도한 생산능력은 결코 필요치 않은 것이다.

3. 생산량과 할인율의 2차원 민감도분석

1) 이번에는 Two−way민감도 분석을 해본다. 생산량 10,000개부터 40,000만 개 까지를 1,000개 단위로 증가하여 A93셀부터 행을 달리하여 입력한다. 할인율은 5%부터 20%까지 1%씩 증가하여 B92셀부터 열을 달리하여 입력한다.

2) A92셀에 “=B41”을 입력한 후, 전체 범위를 선택하여 데이터 탭의 데이터 도구 그룹에서 가상분석 명령 아이콘을 클릭하여 ‘데이터 표’를 선택한다. 이때 나타나는 대화상자에서 행 입력셀을 할인율 또는 B16, 열 입력셀을 생산가능량 또는 B19로 지정하면 민감도 분석결과가 나타난다.

3) 민감도 분석표를 살펴보면 할인율의 변화에 따라 NPV를 최대로 하는 생산가능량이 달라지는 것을 알 수 있다.

Tip!

행과 열의 크기(높이 및 너비) 조정과 틀고정

엑셀작업 시에 행과 열의 높이 및 너비를 조정이 필요한 경우가 많다. 이를 일일이 마우스 포인터로 조정할 수도 있지만, 미리 수치를 입력하여 조정할 수 있다. 엑셀 표 작업 시에 행머리글과 열머리글을 보면서 작업이 필요한 경우가 있는데, 이를 위한 틀고정 방법을 알아보자.

1. 행과 열의 높이 및 너비 조정

–마우스를 사용하여 조정하는 방법

행 높이 조정의 경우	열 너비 조정의 경우
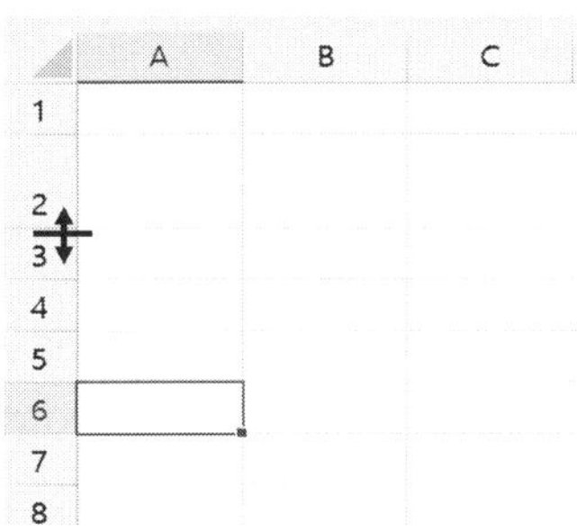	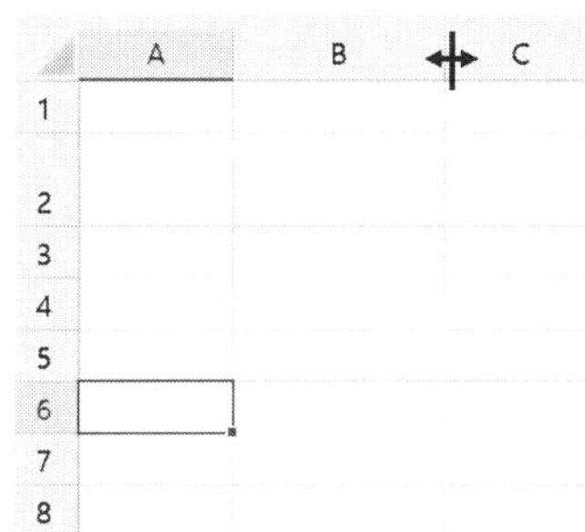

행과 열의 높이를 조정할 때, 행이름의 구분선에 두면 십자 화살표 모양 변하는 것을 볼 수 있다. 이때 클릭 상태에서 행과 열의 높이를 조절할 수 있다. 만일 모든 행의 높이와 열의 너비를 한가지 크기로 조절하려면 행이름과 열이름을 선택한 상황에서 우클릭을 하여 아래 그림과 같이 행 높이 및 열 너비를 입력하여 동일한 크기로 행 높이와 열 너비를 조절 할 수 있다.

동일한 너비를 가지고자 하는 열 선택	조정하고자 하는 너비 입력
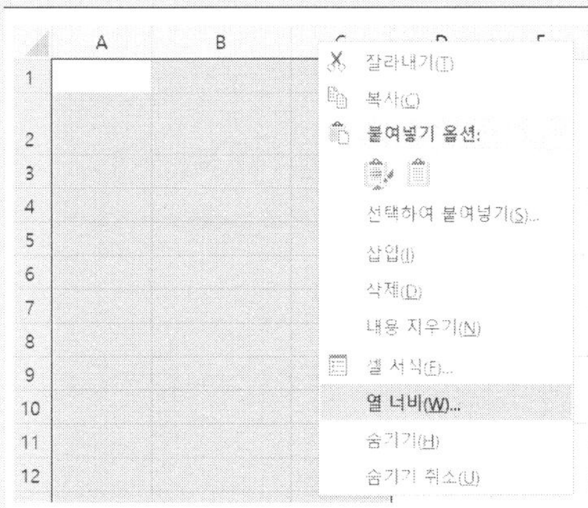	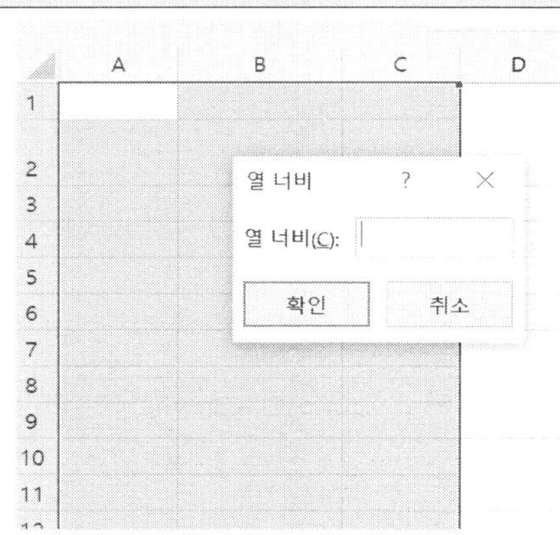

동일한 너비를 가지고자 하는 열 선택	조정하고자 하는 너비 입력
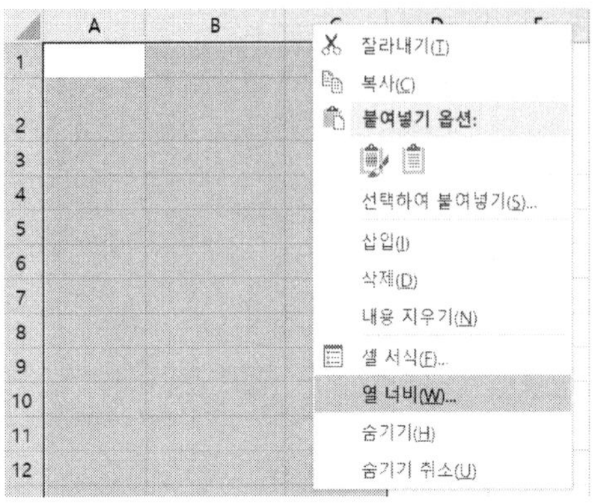	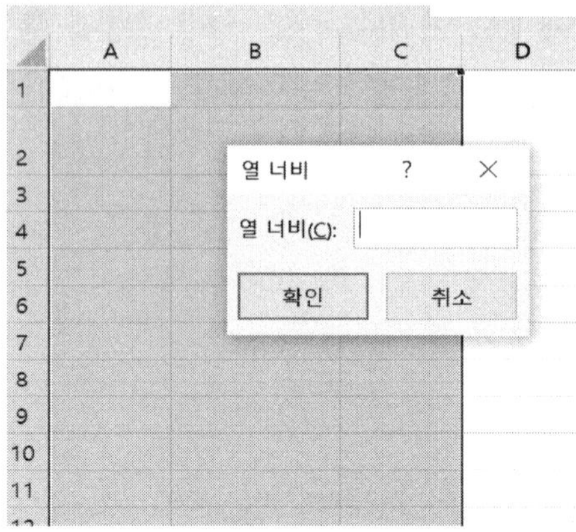

2. 틀고정

엑셀작업을 하다보면, 데이터가 많은 경우 데이터을 오른쪽이나 아래쪽으로 이동할 때, 머리글을 볼 수 없는 경우가 있다. 이때 틀고정을 이용하면 머리글을 보면서 작업할 수 있어 편리하다.

틀고정 메뉴는 아래 그림에서와 같이 '보기' 탭의 메뉴에 있다.

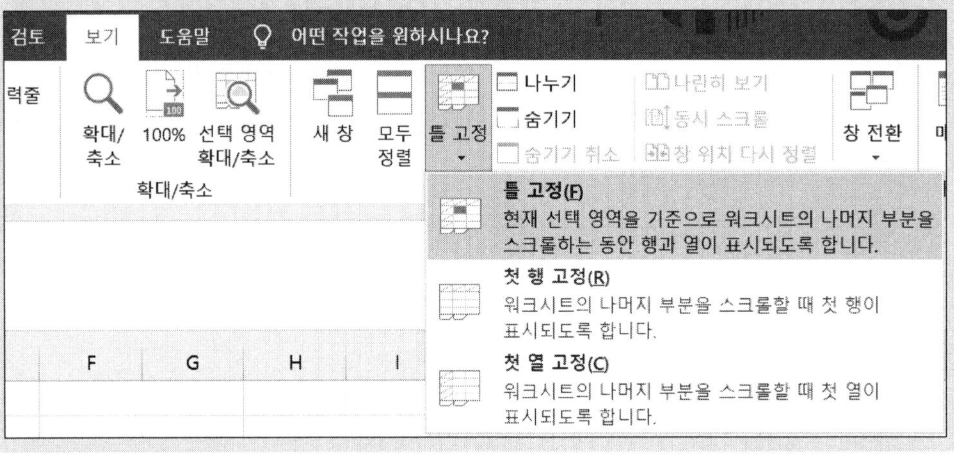

아래 그림은 B2셀에서 틀고정을 한 상태에서 작업하는 경우와 그렇지 않은 경우의 차이를 보여주고 있다.

틀고정을 한 경우

	A	L	M	N
1	YR	REC2	REC2_ALL	INV
14	2003			
15	2003	360,850,000.		15,881,505,000
16	2003	29,245,493,000.	6,026,807,000.	17,846,988,000
17	2003	703,281,000.	73,500,000.	48,176,204,000
18	2003	3,532,392,000.	1,898,689,000.	37,120,159,000
19	2003	474,459,000.	3,511,000.	15,681,716,000
20	2003	2,205,414,000.	521,428,000.	21,031,180,000
21	2003	632,281,000.	734,674,000.	14,614,551,000
22	2003	53,907,000.	2,749,692,000.	25,279,849,000
23	2003	1,228,932,000.		22,627,077,000
24	2003	173,886,000.	1,226,000.	2,435,555,000
25	2003	171,264,000.	1,730,000.	773,447,000
26	2003	2,745,851,000.		13.583.828.000
27	2003			
28	2003	5,754,000.	58,000.	
29	2003	4,418,152,000.	139,720,000.	45,276,474,000
30	2003	25,737,784,000.	22,267,377,000.	319,529,891,000
31	2003	73,058,751,000.	11,260,257,000.	223,969,752,000
32	2003	2,737,908,000.	27,656,000.	104,887,304,000
33	2003	1,622,000.	16,000.	2,214,717,000
34	2003	1,155,903,914,000.	96,017,504,000.	784,141,122,000
35	2003	37,512,641,000.	12,469,947,000.	95,585,469,000
36	2003	64,336,141,000.	2,224,049,000.	378,990,421,000

우측 혹은 아래로 이동하여도 머릿글 열(A)과 머릿글 줄(1)이 계속 보이므로 작업이 용이

틀고정을 하지 않은 경우

	K	L	M
8	96,396,000.	38,305,894,000.	386,619,000.
9	25,633,113,000.	24,132,021,000.	3,825,490,000.
10		2,280,926,000.	2,949,224,000.
11	1,529,276,000.	40,778,000.	389,000.
12	325,520,000.	11,062,002,000.	111,737,000.
13	2,354,156,000.	6,469,333,000.	1,779,534,000.
14			
15	159,400,000.	360,850,000.	
16	7,994,043,000.	29,245,493,000.	6,026,807,000.
17	76,092,000.	703,281,000.	73,500,000.
18	1,901,862,000.	3,532,392,000.	1,898,689,000.
19	161,348,000.	474,459,000.	3,511,000.
20	5,053,245,000.	2,205,414,000.	521,428,000.
21	293,003,000.	632,281,000.	734,674,000.
22	1,838,883,000.	53,907,000.	2,749,692,000.
23	282,563,000.	1,228,932,000.	
24	762,818,000.	173,886,000.	1,226,000.
25	1,114,332,000.	171,264,000.	1,730,000.
26	5,707,535,000.	2,745,851,000.	
27			
28	108,701,000.	5,754,000.	58,000.
29	1,372,952,000.	4,418,152,000.	139,720,000.
30	29,684,893,000.	25,737,784,000.	22,267,377,000.
31	6,407,909,000.	73,058,751,000.	11,260,257,000.

우측 혹은 아래로 이동하므로 머릿글 열과 머릿글 줄이 보이지 않아, 셀 포인터가 있는 곳의 데이터 성격 파악 곤란

메모

CHAPTER 05

차트의 사용

제05장 차트의 사용

1. 차트란?

워크시트의 데이터를 가지고 그래픽으로 표현한 것으로, 차트를 이용하면 데이터를 비교하거나 분석하는데 쉽게 기억할 수 있고, 경향과 연관성의 판별을 더욱 직관적으로 할 수 있다. 계산표를 이용하면 자료를 정확하게 전달할 수 있지만 경향이나 시차 등을 이용하여 한눈에 자료의 문제점을 찾기는 쉽지 않다. 계산표의 데이터를 시각적으로 표현하여 이해를 돕는 수단이 바로 차트이다.

엑셀에서는 용도에 따라 적합하게 사용할 수 있는 여러 가지 차트를 쉽게 만드는 기능을 제공한다.

2. 차트의 종류

(1) 양의 크기를 비교하는 차트

차트에서 가장 많이 사용되는 차트가 양의 비교를 나타내는 막대형 차트이다. 세로막대형, 가로막대형, 입체막대형, 원통형, 원뿔형, 피라미드형 등이 있다.

(2) 추세를 나타내는 차트

추세의 변화를 시간대별로 확인할 때 사용하는 꺾은선형, 입체꺾은선형, 주식형차트 등이 있다.

(3) 비율을 나타내는 차트

구성비 등의 비율을 나타내는 원형차트, 차트의 안쪽을 비운 도넛형 등이 있다.

3. 차트의 구성

차트는 기본적으로 '삽입' 탭의 '차트' 그룹을 이용하여, 간단하게 만들 수 있다. 차트는 다음과 같은 구성요소로 형성되어 있다.

① 차트 영역
② 차트 제목
③ 그림 영역
④ 세로축
⑤ 세로축 레이블
⑥ 가로축
⑦ 가로축 레이블
⑧ 범례
⑨ 데이터 계열
⑩ 데이터 레이블
⑪ 눈금선

각 구성요소는 차트에서 해당 부분을 클릭하여 활성화한 후 편집이 가능하다. 또한 원래의 계산표의 데이터와 차트는 연동되어 있으므로 원본 데이터의 값이 변하면 자동적으로 차트의 모양도 변화된다.

그림 5-1

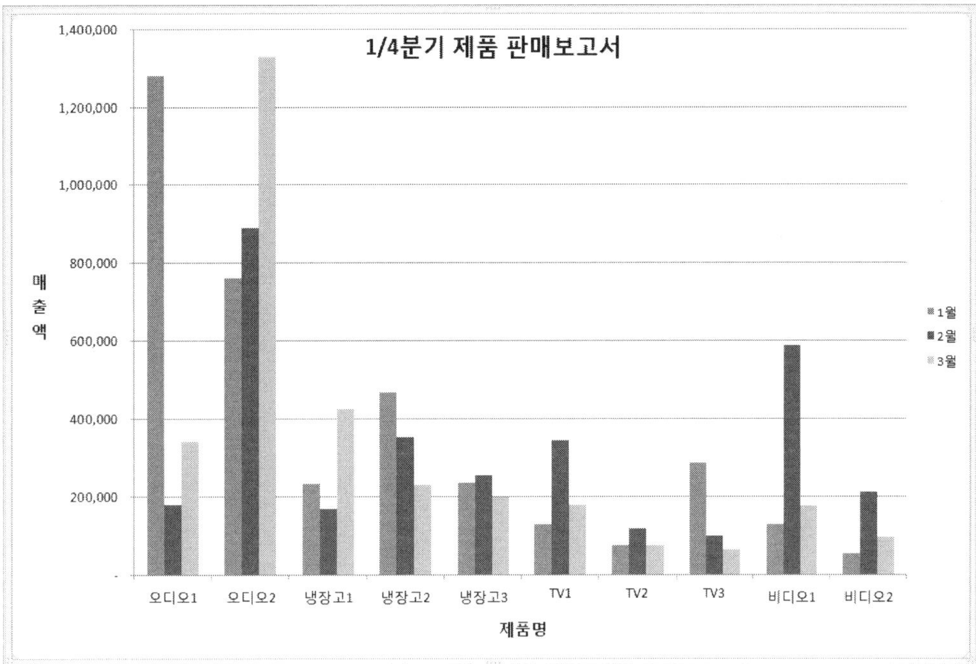

4. 차트의 작성

아래에서는 별첨으로 제공한 '5장. 실습1 차트 실습.xlsx' 파일의 1/4분기 제품판매 보고서에 막대형 차트를 만들어 삽입하는 절차를 예로 들어 차트의 작성방법을 설명한다.

(1) 차트의 생성

차트를 그리고자 하는 엑셀 워크시트의 내용(A4:D14)을 블록으로 지정을 한다. 워크시트의 내용 중에서 계산표 행의 머리글은 차트의 X축 항목이 되며, 열 데이터는 차트의 그래프를 의미하는 데이터 계열이 되므로 이를 고려하여 셀 범위를 지정하여야 한다.

그림 5-2

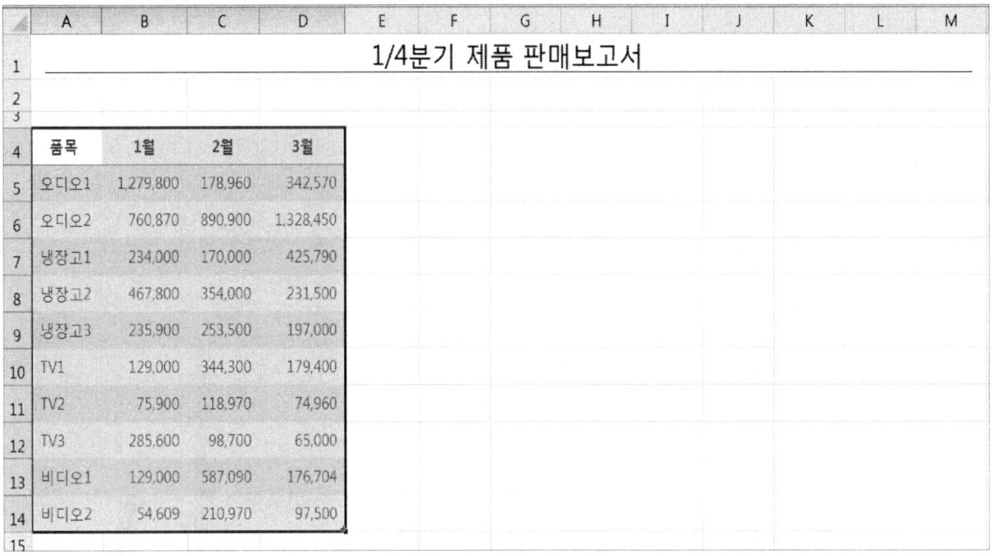

1/4분기 제품 판매보고서

품목	1월	2월	3월
오디오1	1,279,800	178,960	342,570
오디오2	760,870	890,900	1,328,450
냉장고1	234,000	170,000	425,790
냉장고2	467,800	354,000	231,500
냉장고3	235,900	253,500	197,000
TV1	129,000	344,300	179,400
TV2	75,900	118,970	74,960
TV3	285,600	98,700	65,000
비디오1	129,000	587,090	176,704
비디오2	54,609	210,970	97,500

그림 5-3

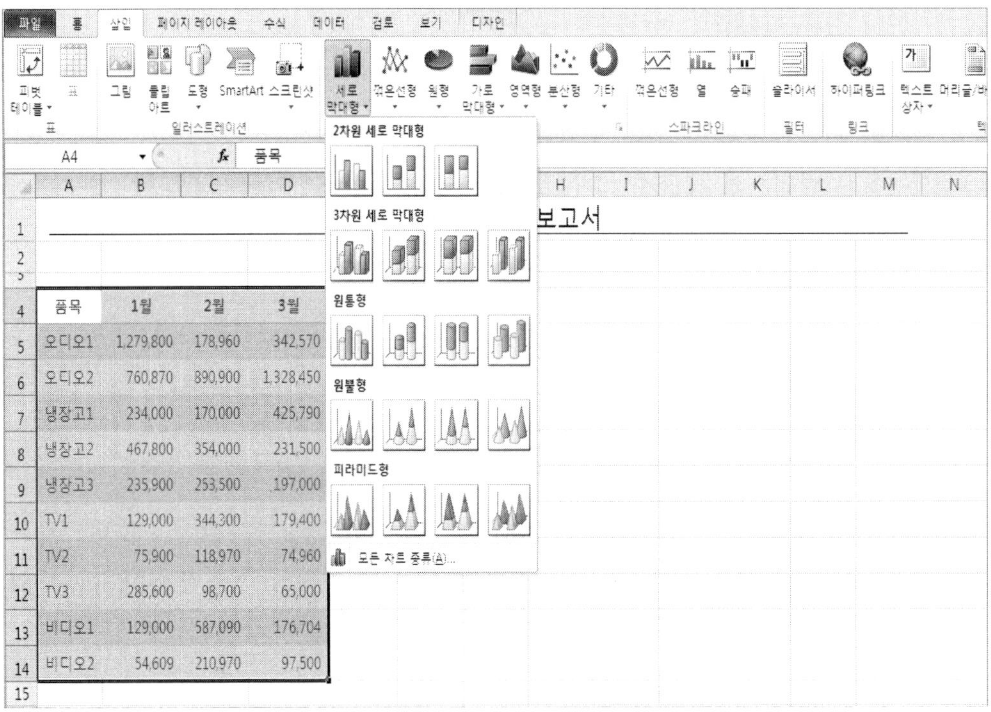

품목	1월	2월	3월
오디오1	1,279,800	178,960	342,570
오디오2	760,870	890,900	1,328,450
냉장고1	234,000	170,000	425,790
냉장고2	467,800	354,000	231,500
냉장고3	235,900	253,500	197,000
TV1	129,000	344,300	179,400
TV2	75,900	118,970	74,960
TV3	285,600	98,700	65,000
비디오1	129,000	587,090	176,704
비디오2	54,609	210,970	97,500

블록이 지정된 상태에서 삽입 탭의 세로막대형 명령 아이콘을 클릭하면 그림 [5-3]과 같이 차트의 종류를 선택할 수 있는 창이 팝업된다. 본 예시에서는 2차원 세로막대형 중에서 묶은 세로 막대형 차트를 선택하였다. 이와 같이 차트를 선택하면 [그림 5-4]와 같은 차트가 만들어진다.

(2) 위치 옮기기 및 크기 변경

생성된 차트를 적절한 위치로 옮긴다. 차트를 선택하고, 차트영역의 테두리에 마우스 포인터를 위치시키면, 마우스 포인터가 십자 모양으로 변경되는데, 이 상태에서 마우스로 드래그해서 원하는 위치로 옮기면 된다.

옮긴 차트의 테두리 영역에서 각 꼭지점 또는 변의 중간 지점으로 마우스 포인터를 옮기면 마우스 포인터가 화살표 모양으로 변경된다. 이 상태에서 마우스로 테두리 영역을 드래그하면 차트의 크기가 변경된다.

이상과 같은 방법을 적절히 이용하여 차트의 위치와 크기를 적절하게 조정한다.

그림 5-4

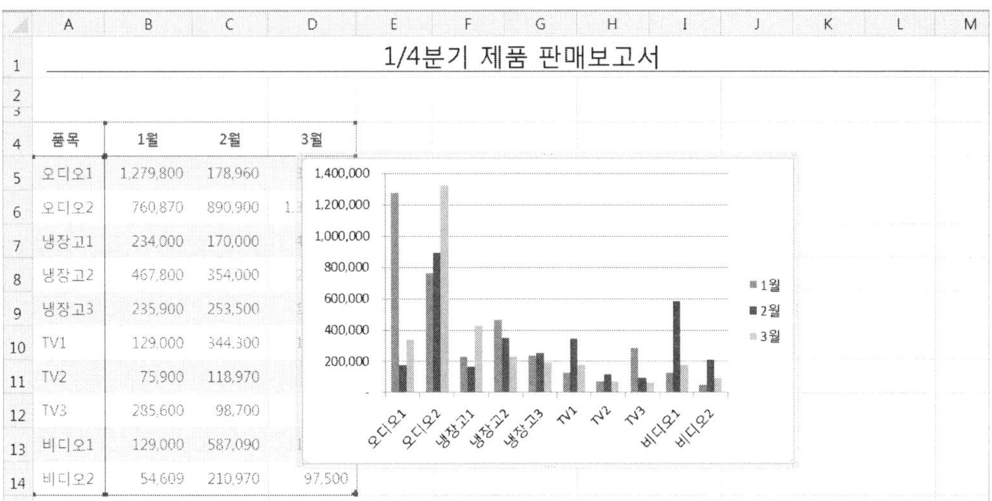

▼ 그림 5-5

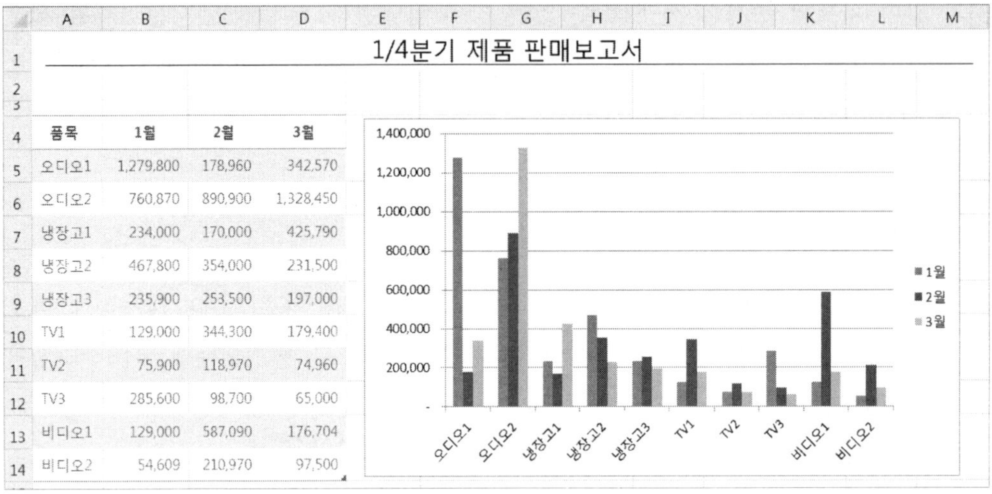

1/4분기 제품 판매보고서

품목	1월	2월	3월
오디오1	1,279,800	178,960	342,570
오디오2	760,870	890,900	1,328,450
냉장고1	234,000	170,000	425,790
냉장고2	467,800	354,000	231,500
냉장고3	235,900	253,500	197,000
TV1	129,000	344,300	179,400
TV2	75,900	118,970	74,960
TV3	285,600	98,700	65,000
비디오1	129,000	587,090	176,704
비디오2	54,609	210,970	97,500

(3) 차트의 옵션 변경하기

차트 영역의 클릭 등으로 차트가 선택되면 리본 메뉴에 차트도구 탭이 활성화된다. 이 차트도구 탭의 각종 명령 아이콘을 이용하여 차트 옵션을 변경할 수 있다. 또는 차트의 각 구성요소를 선택한 상태에서 마우스의 오른쪽 버튼을 클릭하면 팝업되는 단축메뉴를 이용해도 차트 옵션을 변경할 수 있다. 이러한 방법을 통하여 차트의 모양을 적절하게 수정한다. 아래에서는 대표적인 차트 옵션의 변경 방법을 설명한다.

1) 차트 이동

차트가 선택된 상태에서 차트도구의 디자인 탭을 선택하면 차트 이동 명령 아이콘을 사용할 수 있다. 이 차트 이동 명령 아이콘을 클릭하여 나타나는 대화상자에서 차트를 새로운 시트로 옮길 수 있다.

그림 5-6

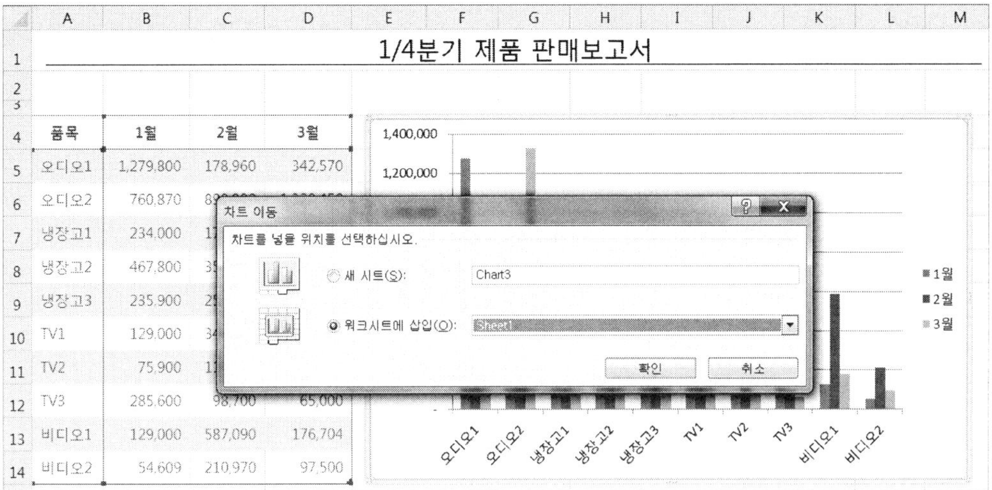

2) 차트 제목 추가하기

차트 도구의 레이아웃 탭에 있는 차트 제목 명령아이콘을 클릭하면 차트 제목에 대한 옵션이 나타난다. 이를 이용하여 차트 제목을 추가할 수 있다. 사례에서는 차트 위 옵션을 선택하여 "1/4분기 제품별 판매보고서"라고 차트 제목을 입력한다.

그림 5-7

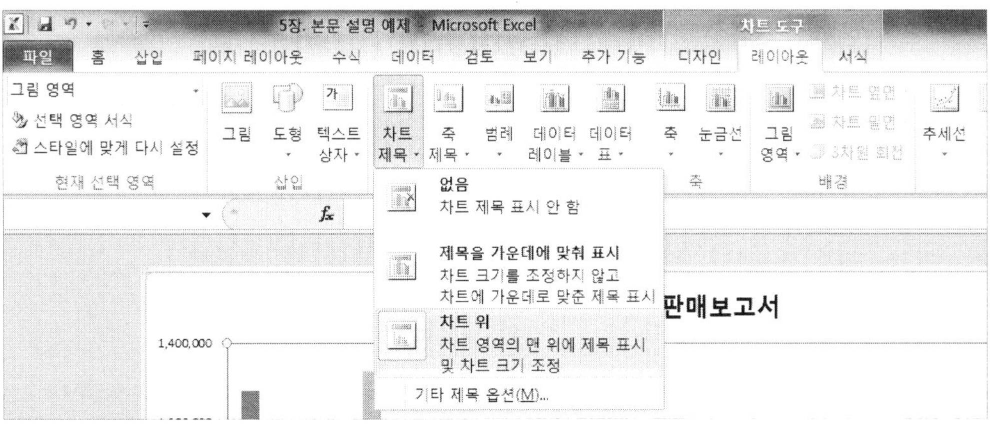

3) 범례 위치 옮기기

기본적인 범례 위치는 그림 영역의 오른쪽인데, 이 위치를 변경할 수 있다. 리본 메뉴의 차트도구 레이아웃 탭의 레이블 그룹에 있는 범례 명령 아이콘을 클릭하여 나타나는 대화상자를 이용하면 된다.

4) 데이터 레이블 표시하기

차트에 표시된 그래프에는 그래프 값, 항목이름, 또는 계열이름 등을 표시할 수 있다. 차트 도구의 레이아웃 탭에 있는 데이터 레이블 명령아이콘을 클릭하면 나타나는 팝업 창에서 기타 데이터 레이블 옵션을 선택하면 나타나는 대화상자를 이용하면 된다.

5) 레이블 등의 글꼴 변경

세로축 레이블, 가로축 레이블, 범례, 차트 제목 등의 각 레이블은 홈 탭의 글꼴 그룹에 있는 명령 아이콘들을 이용하여 변경할 수 있다.

실습문제 5-1

(첨부된 '5장. 실습문제1 재무비율.xlsx' 참조)

1. 다음은 유리병 제조를 하는 삼미유리의 지난 5년간의 요약 재무정보이다.

(단위 : 백만원)

구 분	20×1년	20×2년	20×3년	20×4년	20×5년
[유동자산]	68,752	95,573	90,048	86,422	91,168
당좌자산	45336	73,666	66,907	63,626	65,755
재고자산	23,416	21,907	23,141	22,796	25,413
[비유동자산]	130,681	120,976	119,412	125,794	156,049
투자자산	5,387	3,306	4,293	4,670	32,814
유형자산	125,236	117,619	115,119	121,124	123,235
무형자산	58	51			
자산총계	199,433	216,549	209,460	212,216	247,217
[유동부채]	42,059	65,338	52,733	65,698	60,226
[비유동부채]	63,997	47,449	46,919	35,374	72,133
부채총계	106,056	112,787	99,652	101,072	132,359
[자본금]	24,272	24,272	24,272	24,272	24,272
[자본잉여금]	55,474	55,497	55,909	55,910	56,195
주식발행초과금	8,491	8,492	8,491	8,492	8,492
감자차익	38,795	38,795	38,795	38,795	38,795
합병차익	8,188	8,188	8,188	8,188	8,188
자기주식처분이익		22	435	435	720
[이익잉여금]	15,332	25,418	30,305	31,640	34,391
[자본조정]	−1,701	−1,425	−678	−678	
자본총계	93,377	103,762	109,808	111,144	114,858
매출액	83,890	178,140	162,131	167,508	154,203
영업이익	12,659	18,935	8,998	5,991	6,471
당기순이익	7,844	10,315	5,059	3,322	4,270

아래는 경쟁업체인 금광유리의 지난 5년간의 요약재무정보이다.

(단위 : 백만원)

구분	20×1년	20×2년	20×3년	20×4년	20×5년
[유동자산]	18,758	21,307	33,316	37,263	56,731
당좌자산	15,811	17,228	29,158	34,164	53,374
재고자산	2,946	4,078	4,157	3,099	3,356
[비유동자산]	40,036	44,173	34,242	41,956	37,467
투자자산	12,913	14,067	6,207	10,023	4,878
유형자산	27,121	30,105	28,034	31,932	32,583
무형자산	1	1	1		6
자산총계	58,794	65,480	67,558	79,219	94,199
[유동부채]	17,087	17,003	12,251	10,987	19,507
[비유동부채]	7,711	5,317	4,106	8,755	5,551
부채총계	24,799	22,320	16,358	19,743	25,059
[자본금]	5,000	5,000	5,000	5,000	5,000
[자본잉여금]	13,707	13,707	13,707	13,707	13,707
주식발행초과금	1,300	1,300	1,300	1,300	1,300
감자차익	12,407	12,407	12,407	12,407	12,407
[이익잉여금]	16,639	25,803	34,514	43,616	53,279
[자본조정]	−1,350	−1,350	−2,021	−2,847	−2,846
자본총계	33,995	43,159	51,200	59,476	69,139
매출액	81,706	87,353	93,726	90,613	91,644
영업이익	15,021	14,129	16,896	14,006	15,271
당기순이익	8,276	9,164	9,976	10,287	10,782

◎ 요구사항

1. 엑셀 워크시트를 이용하여 위 두 회사의 다음 재무비율들을 계산하여라.
   유동비율, 당좌비율, 부채비율, 고정장기적합률, 총자산성장률,
   매출성장률, 총자산이익률, 자기자본이익률, 매출액영업이익률,
   매출액순이익률

2. 삼미유리와 금광유리의 5개년간의 다음 비율을 비교하는 꺾은선 그래프를 그려라.
   1) 유동비율, 당좌비율
   2) 부채자기자본비율, 고정장기적합률
   3) 총자산이익률, 자기자본이익률
   4) 총자산성장률, 매출액성장률
   5) 매출액영업이익률, 매출액총이익률
3. 두 회사에 대한 종합평가를 하라.

작성순서

1. 각종비율은 다음의 공식을 엑셀에 수식으로 입력하여 계산한다.

구 분	산 식
유동비율	유동자산/유동부채
당좌비율	당좌자산/유동부채
부채비율	부채/자기자본
고정장기적합률	(비유동자산)/(비유동부채+자기자본)
총자산성장률	(기말자산−기초자산)/기초자산
매출액성장률	(당기매출−전년매출)/전년매출
총자산이익률	당기순이익/총자산
자기자본이익률	당기순이익/자기자본
매출액영업이익률	영업이익/매출액
매출액순이익률	당기순이익/매출액

2. 꺾은선 그래프는 차트도구 탭을 이용하여 작성한다.
   아래에서는 유동비율과 당좌비율에 대한 꺾은선형 그래프 작성절차를 설명하였다. 다른 항목에 대한 꺾은선형 그래프도 같은 방법으로 작성하면 된다.
   1) 연도, 삼미유리의 유동비율과 당좌비율, 금광유리의 유동비율과 당좌비율을 셀 범위로 선택한다.
   2) 삽입 탭의 차트 그룹에서 꺾은선형 명령아이콘을 클릭하여 나타나는 메뉴에서 표식이 있는 꺾은선형을 선택한다.
   3) 작성된 차트가 선택된 상태에서 차트도구 디자인 탭의 데이터 그룹에 있는 데이터 선택 명령아이콘을 클릭한다.
   4) 대화상자에서 범례 항목별로 편집 단추를 클릭하여 범례 계열 이름을 추가 또는 수정한다.(삼미유리 유동비율, 금광유리 유동비율, 삼미유리 당좌비율, 금광유리 당좌비율

을 계열이름으로 입력)

5) 차트제목 등 기타 차트 옵션을 변경한다.

3. 종합평가

1) 유동성(단기안정성) 평가

1, 2차 연도까지는 삼미유리가 금광유리보다 높은 유동성을 가지고 있었으나, 3차 연도를 기점으로 금광유리가 삼미유리 보다 더 높은 유동성을 확보하고 있다. 그러나, 두 회사 모두 단기지급능력에 있어서는 문제가 없는 유동성 지표를 보이고 있다.

2) 장기안정성 평가

1,2차 연도 까지는 두 회사 모두 비슷한 부채비율을 보이고 있었으나, 3차연도 부터는 금광유리가 급격히 낮아지는 경향을 보이고 있다. 그러나 두 회사 모두 상당히 안정적인 부채비율을 유지하고 있다.

3) 자본이익률 평가

금광유리의 자본이익률은 초우량기업일 정도로 높은 수준을 유지하고 있다. 다만, 그 비율이 1차연도 24%대에서 5차연도 15%대로 점차 감소하는 추세를 보이고 있다. 삼미유리는 이에 비하면 1차연도 8%대로 우량한 모습을 보이다가 점차 3%대로 감소하는 모습을 보이고 있다. 금광유리는 총자산수익률도 11%대로 아주 높은 수준임을 보여주고 있다.

4) 성장률 평가

삼미유리는 약간 정체 내지는 하락세를 보이고 있으며, 금광유리는 소폭의 안정적인 증가추세를 보여주고 있다. 삼미유리의 초년도 급격한 상승은 합병에 기인하는 특별현상의 결과로 보인다.

5) 매출액이익률 평가

금광유리의 매출액영업이익률은 16%~18%대의 높은 비율을 보이고 있으며, 반면에 삼미유리는 15%대에서 3%대까지 급격한 하락을 보이고 있다. 전반적으로 금광유리에 비하여 삼미유리가 점차 위축되는 경향을 보이는 것은 바로 이와 같은 영업이익의 축소에서 근본적인 원인이 있는 것으로 판단된다.

실습문제 5-2

투자위험회피를 위한 옵션 모델(첨부된 '5장. 실습문제2 풋옵션 헤지.xlsx' 참조)

◎ 사례설명

1. 2012년 6월 30일 갑동씨는 대신컴퓨터의 주식을 주당 9,425원에 샀다. 그러나 갑동씨는 대신컴퓨터의 주가가 폭락하는 상황이 걱정이 되었다. 그래서 이 주식을 행사가격 8,000원에 팔 수 있는 풋옵션(행사일은 2012년 11월 22일, 행사기간 145일)을 구매하였다.
2. 풋옵션의 현재 가격은 525원이다.
3. 풋옵션 매수 숫자에 따른 2012년 6월 30일부터 2012년 11월 22일까지의 최악의 경우와 최선의 시나리오를 만들라. 갑동씨는 마지막 날 주식을 판다고 가정한다.
4. 갑동씨가 1주가 아닌 100주를 산다면 분석은 어떻게 변하는가?
5. 대신컴퓨터의 주가는 과거 경험으로 볼 때 4,000원에서 15,000원까지 변화할 수 있는 것으로 보인다. 만약에 동사의 주가가 행사일인 11월 22일에 8,000원 이상이라면 이 풋옵션의 가치는 제로이다. 그러나 주가가 7,500원이라면 그는 이 권리를 행사하여 500원을 벌 수 있다. 결국 이 모델은 갑동씨가 구입하는 풋옵션의 숫자와 미래주가의 함수이다. 이제 Two-way 민감도 분석 table을 작성하여 미래주가가 4,000원에서 15,000원 사이에서 변할 때, 또 풋옵션을 0에서 5개까지 구입 갯수에 변화를 줄 때의 민감도 분석을 하라.
6. 민감도분석의 결과를 꺾은선 그래프를 이용하여 그려보라.
7. 참고

> • 투자수익률=(투자회수금액－투자금액)/투자금액
> • 유러피안옵션 : 옵션의 소유자에게 특정 행사가격으로 특정 행사일에 주식을 살 수 있는 권리(콜옵션) 또는 팔 수 있는 권리(풋옵션)를 주는 계약이다.

작성순서

1. 모델구축

1) 다음의 이름을 정의한다. (수식 탭 → 정의된 이름 그룹 → 이름정의 아이콘)

풋옵션가격 ⇨ B5　　행사가격 ⇨ B6
풋옵션숫자 ⇨ B9　　투자금액 ⇨ B12
미래주가 ⇨ B13　　총투자회수금액 ⇨ B16
수익률 ⇨ B17

2) 투자금액 : "=현재주가+풋옵션숫자×풋옵션가격"

투자된 총금액으로 대신컴퓨터사의 1주 금액에 11월에 8,000원에 팔 수 있는 풋옵션의 가격을 더한 금액

3) 회수금액

11월에 갑동씨가 이 주식을 팔고, 11월 주가가 8,000원 이하이어서 풋옵션을 행사하여 회수하는 총 금액

B14셀에 "=미래주가"

B15셀에 "=풋옵션숫자*IF((미래주가>행사가격), 0, 행사가격-미래주가)"

B16셀에 "=SUM(B14:B15)"를 입력한다.

4) 수익률"=(총투자회수금액-투자금액)/투자금액"

2. 데이터 표 기능을 활용하여 민감도분석을 한다.

3. 차트 탭을 활용하여 꺾은선형 차트를 만든다.

4. 결론

옵션을 사지 않으면 최악의 경우 수익률 -57.56%의 손실을 보이나, 옵션을 하나 사면 최악의 경우의 수익률이 -19.6%로 손실이 감소한다. 옵션을 사지 않을 경우, 주가가 100원씩 감소함에 따라 갑동씨의 수익률은 '100/9425=1.06%'씩 감소한다. 만약에 풋옵션을 하나 사면, 주가가 8,000원 이하일 때, 주가가 100원 감소할 때마다 그는 100원씩 손해를 보지만, 풋옵션으로부터는 100원씩 수익이 발생하여 손실을 상쇄한다.

따라서 풋옵션 하나 매입하면, 그는 주가가 8,000원 이하일 때부터는 주가하락 손실로부터 회피가 된다. 그러나 공짜점심이 없듯이 풋옵션을 하나 살 때 그의 최고시점(주가 15,000원일 때) 수익률은 59.15%에서 50.75%로 줄어든다. 즉, 최고시점의 수익률은 풋옵션을 하나도 사지 않았을 때 59.15%이나, 풋옵션을 매입함으로써 점차 감소하는 것이다. 중요한 점은 그의 상황은 미래의 주가의 확률분포에 좌우된다는 점이다. 또 그의 위험에 대한 태도에 달려있다.

Tip!

셀 단위 데이터의 추출

엑셀의 데이터는 셀 단위로 데이터가 입력되고, 이를 기반으로 검색하여 사용할 수 있도록 되어 있다. 그러나 다양한 자료의 데이터를 가공하기 위해서는 셀 단위 데이터를 분리하거나 추출하여 사용이 필요한 경우가 있는데, 이러한 셀 단위 데이터를 분리 혹은 추출하는 방법에 대해서 설명한다.

1. 데이터의 추출

1) 셀 좌측의 데이터 추출 : LEFT 함수

LEFT 함수는 셀 데이터의 좌측으로부터 시작하여, 지정하는 개수의 데이터를 추출하는 함수이다. 이의 사용방법은 아래와 같다.

=LEFT(추출하고자 하는 데이터셀, 추출하고자 하는 데이터 개수)

	A	B	C	D	E
2	1) LEFT 함수				
3					
4		학번	LEFT함수		
5		2024118008	2024		=LEFT(B4,4)
6		2024132012	20241		=LEFT(B5,5)
7		2024118001	202411		=LEFT(B5,6)
8		2025118056	2025118		=LEFT(B5,7)
9		2025618003	20256180		=LEFT(B5,8)
10		2025618087	202561808		=LEFT(B5,9)
11		2026118003	2026118003		=LEFT(B5,10)

2) 셀 우측의 데이터 추출 : RIGHT 함수

RIGHT 함수는 셀 데이터의 우측으로부터 시작하여, 지정하는 개수의 데이터를 추출하는 함수이다. 이의 사용방법은 아래와 같다.

=RIGHT(추출하고자 하는 데이터셀, 추출하고자 하는 데이터 개수)

	A	B	C	D	E
15	2) RIGHT 함수				
16					
17		학번	RIGHT함수		
18		2024118008	8008		=RIGHT(B18,4)
19		2024132012	32012		=RIGHT(B18,5)
20		2024118001	118001		=RIGHT(B18,6)
21		2025118056	5118056		=RIGHT(B18,7)
22		2025618003	25618003		=RIGHT(B18,8)
23		2025618087	025618087		=RIGHT(B18,9)
24		2026118003	2026118003		=RIGHT(B18,10)

3) 셀 중간의 데이터 추출 : MID 함수

MID 함수는 셀 데이터의 중간에 지정하는 위치부터 지정하는 개수의 데이터를 추출하는 함수이다. 이의 사용방법은 아래와 같다.

=MID(추출하고자 하는 데이터셀, 추출 시작 지점, 추출하고자 하는 데이터 개수)

	A	B	C	D	E
27	3) MID 함수				
28		학번	MID 함수		
29		2024118008	11	←	=MID(B29,5,2)
30		2024132012	132	←	=MID(B30,5,3)
31		2024118001	1180	←	=MID(B31,5,4)
32		2025118056	11805	←	=MID(B32,5,5)
33		2025618003	618003	←	=MID(B33,5,6)
34		2025618087	256	←	=MID(B34,3,3)
35		2026118003	261180	←	=MID(B35,3,6)

2. 데이터의 분리

아래의 알파벳은 부서이름이다. 부서별로 실적을 합산하기 위해서는 부서이름을 추출하여야 한다. 그러나 부서이름의 길이가 다르기 때문에 부서이름을 추출하기 위해서 LEFT함수를 사용하기 어렵다. 이러한 경우에 텍스트 나누기를 사용한다.

구분	실적
AK(1분기)	23
B(1분기)	32
C(1분기)	22
H(1분기)	23
IC(1분기)	37
G(1분기)	33
AK(2분기)	44
F(1분기)	18
IC(1분기)	77
K(1분기)	22
H(2분기)	35
IC(2분기)	56
G(2분기)	78
AK(3분기)	28
F(2분기)	55
IC(3분기)	36
K(2분기)	72

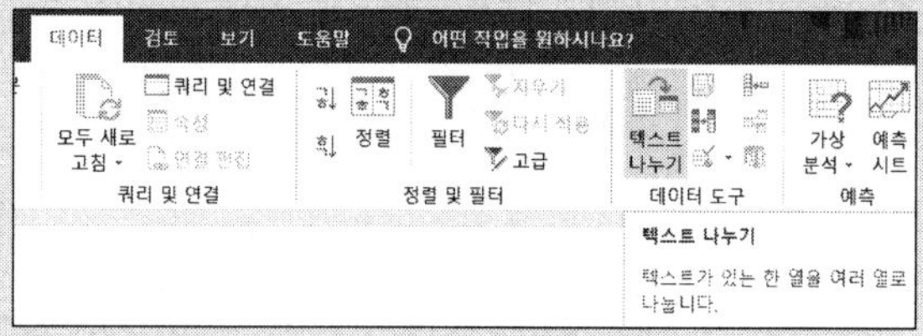

• 텍스트 나누기 사용법

－텍스트를 나누기 위해서는 다음 열을 비워두어야 함(좌측 그림)

－텍스트를 나눌 열을 선택하고, 텍스트 나누기 아이콘 클릭(중간 그림)

－부서 다음에 '('가 오므로 이를 구분기호로 기타에 입력(오른쪽 그림)

구분		실적
AK(1분기)		23
B(1분기)		32
C(1분기)		22
H(1분기)		23
IC(1분기)		37
G(1분기)		33
AK(2분기)		44
F(1분기)		18
IC(1분기)		77
K(1분기)		22
H(2분기)		35
IC(2분기)		56
G(2분기)		78
AK(3분기)		28
F(2분기)		55
IC(3분기)		36
K(2분기)		72

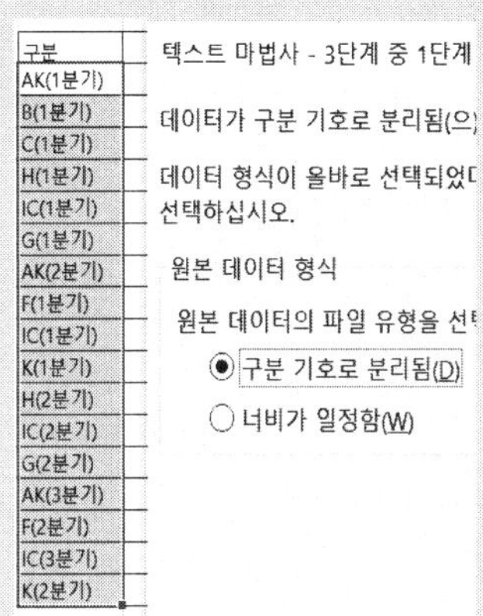

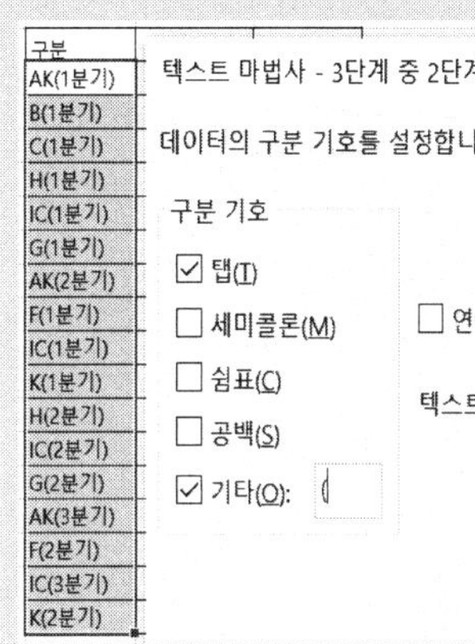

이러한 텍스트 나누기를 실행하면, 다음과 같이 표시된다.

구분		실적
AK	1분기)	23
B	1분기)	32
C	1분기)	22
H	1분기)	23
IC	1분기)	37
G	1분기)	33
AK	2분기)	44
F	1분기)	18
IC	1분기)	77
K	1분기)	22
H	2분기)	35
IC	2분기)	56
G	2분기)	78
AK	3분기)	28
F	2분기)	55
IC	3분기)	36
K	2분기)	72

메모

chapTer

06

데이터베이스

제06장 데이터베이스

데이터베이스란 필드와 레코드로 구성된 다양한 데이터를 논리적 · 체계적으로 구축해 놓은 데이터의 집합체이다.

1. 워크시트와 데이터베이스

워크시트의 열은 데이터베이스의 필드, 행은 레코드의 개념으로 이용할 수 있으므로, 엑셀은 데이터베이스 관리기능을 포함하여 데이터베이스 관리 S/W로 사용할 수 있도록 하고 있다.

(1) 데이터베이스의 구성요소

① **필드** : 데이터베이스에서 하나의 의미 있는 데이터가 들어 있는 열을 의미한다. 예를 들면 어음관리 대장에서 거래처명, 금액, 만기일, 발행일 등이 필드이다('6장. 실습1 데이터베이스 실습.xlsx' 참조).
② **필드명** : 필드의 데이터 목록을 식별하는 문자열이다.
③ **레코드** : 여러 개의 필드들이 모여서 구성된 고유의 독립된 정보이다. 예를 들면 어음관리 대장에서 필드명을 제외한 데이터베이스 내의 각 행을 레코드라고 한다.

(2) 필드명 지정하기

필드명은 문자열을 사용하여야 하며, 2이상의 필드에 같은 이름을 사용할 수 없다. 또한 마침표(.), 콜론(:), 세미콜론(;), 하이픈(−), 틸트(~), 느낌표(!), 빈칸, 수학 연산자 등도 사용할 수 없다.

2. 엑셀을 활용한 데이터베이스 관리

(1) 레코드 관리 명령의 추가

엑셀의 기본 화면에는, 리본 메뉴와 빠른 실행 도구 모음에 '레코드 관리' 명령 아이콘이 포함되어 있지 않다. 따라서 레코드 관리를 사용하기 위해서는 빠른 실행 도구 모음이나 리본 메뉴에 레코드 관리 명령이 표시되도록 수정해야 한다. 여기서는 빠른 실행 도구 모음에 레코드 관리 명령 아이콘을 추가하는 방법을 설명한다.

그림 6-1

먼저 파일 탭의 옵션 메뉴를 클릭하면 엑셀 옵션을 변경할 수 있는 대화상자가 나타난다. 이 대화상자에서 빠른 실행 도구 모음 메뉴를 선택하면 사용자가 빠른 실행 도구 모음을 지정할 수 있는 대화상자로 화면이 변경된다.

이 화면의 명령 선택 창에서 모든 명령을 선택하면, 빠른 실행 도구 모음에 추가할 수 있는 명령들이 나타난다. 이중에서 '레코드 관리'를 추가하고 확인을 클릭하면 빠른 실행 도구모음에 레코드 관리 명령 아이콘이 생성된다.([그림 6-1] 참조)

(2) 레코드의 관리

포인터를 데이터베이스 내의 아무 셀에 위치시킨 후 빠른 실행 도구 모음에서 레코드 관리 명령 아이콘을 클릭하면 대화상자가 표시되고, 여기서 레코드의 변경, 추가, 삭제, 검색 등을 할 수 있다.

그림 6-2

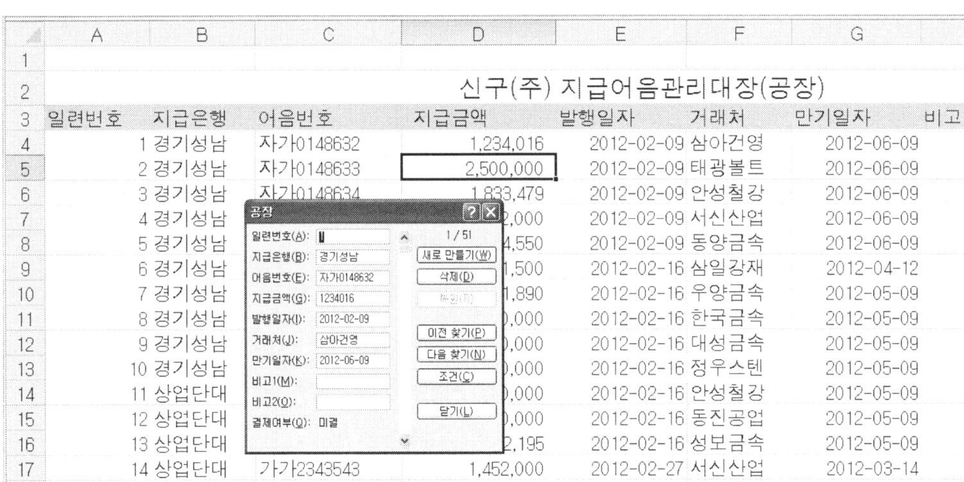

1) 레코드 찾기

레코드 관리 대화상자의 조건 버튼을 누른 후 조건 필드에 찾는 조건을 입력한다. 이후 다음 찾기 버튼을 누르면 조건에 맞는 새로운 레코드가 표시된다.

데이터베이스의 찾기 기능 대신에, 함수 VLOOKUP(검색값, 범위, 열번호)를 이용하여도 찾을 수 있다. 이때 주의하여야 할 점은 제일 왼쪽 끝의 열(1번열)은 오름차순으로 레코드가 배열되어 있어야 한다.

그림 6-3

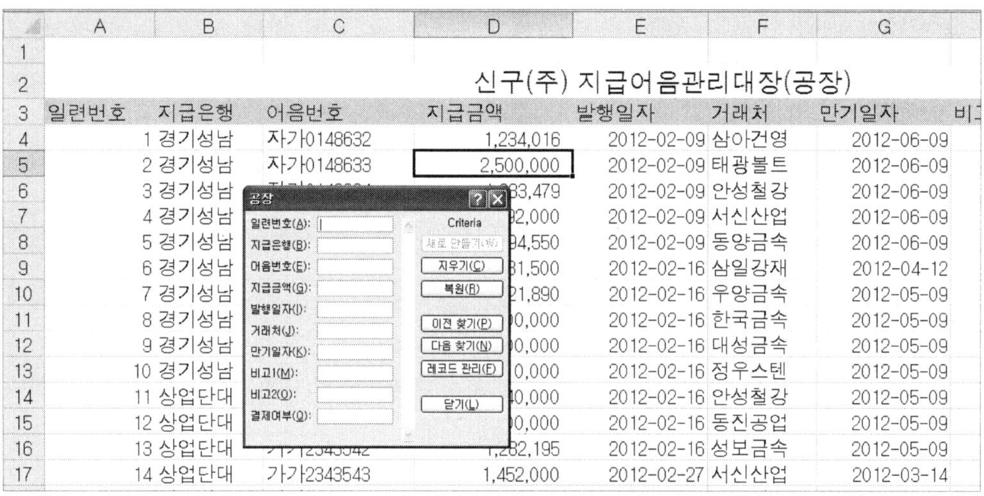

2) 레코드 추가

레코드 관리 대화상자의 추가 버튼을 누르고 새로운 레코드의 필드 데이터를 입력한다.

3) 레코드 삭제

삭제하려는 레코드를 레코드 대화상자를 통하여 찾은 후 삭제 버튼을 누르면 삭제된다. 워크시트에서 직접 해당 행 삭제를 하여도 된다.

4) 데이터의 정렬

레코드를 정렬하여 엑셀의 데이터베이스를 변경할 수 있다. 셀 포인터를 데이터베이스 내의 임의의 셀에 위치시킨 후, 데이터 탭의 정렬 및 필터 그룹에서 '정렬' 명령 아이콘을 클릭하면 나타나는 대화상자에서 원하는 필드를 기준으로 데이터베이스를 정렬(Sort) 할 수 있다(정렬 기준은 최대 64개 까지 가능하다). 정렬방식은 다음과 같이 오름차순과 내림차순이 있다.

- 오름차순 : 국문자는 ㄱ → ㅎ, 영문자는 A → Z, 숫자는 작은 수 → 큰 수로 정렬됨
- 내림차순 : 오름차순의 반대로 정렬됨

그림 6-4

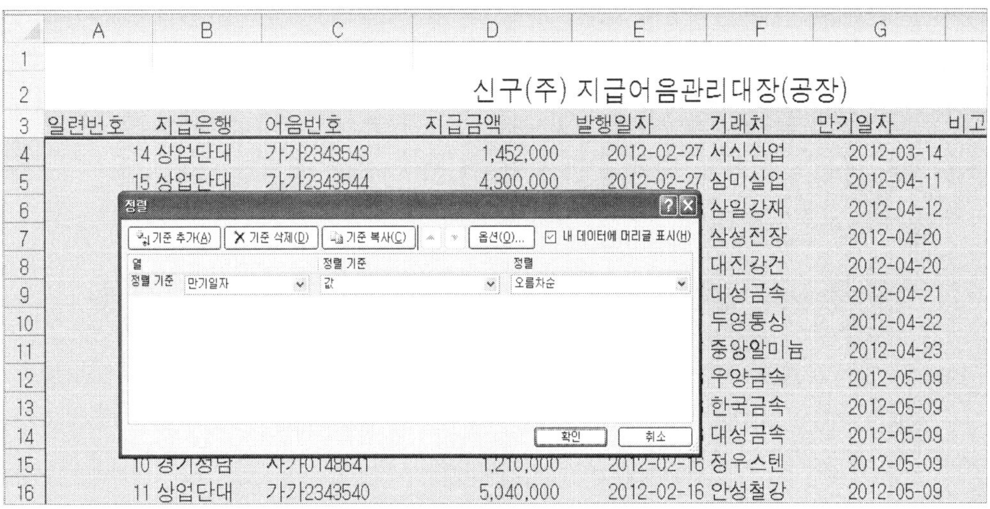

5) 데이터의 필터

필터는 데이터베이스 중에서 특정 조건에 합당한 레코드 집합만을 추출할 때 사용하는 기능이다.

가. 자동필터

셀 포인터를 데이터베이스 내에 위치시킨 후 데이터 탭의 정렬 및 필터 그룹에서 '필터' 명령 아이콘을 선택하면 열 필드 명에 화살표 버튼이 표시된다. 이 화살표를 클릭하면 필터 목록이 나타나는데, 여기에서 원하는 내용을 선택하면 해당 필드에서 원하는 값을 가진 레코드들만 추출되어 화면에 나타난다. 화살표 버튼을 클릭할 때 나타나는 필터 목록은 필드의 데이터 형식에 따라 일부 다르게 나타난다.

예를 들어 [그림 6−5]와 같이 필드가 날짜 값을 갖는 경우는 레코드에 포함된 레코드의 해당 필드 값을 자동적으로 '연−월−일' 방식으로 그룹화하여 표시하며, 날짜 필터의 조건을 선택할 수 있는 메뉴가 나타난다. 필드가 텍스트 값을 갖는 경우는 데이터베이스에 포함된 레코드의 해당 필드 값을 그룹화한 목록과 함께 텍스트 값에 대한 필터 조건을 선택할 수 있는 메뉴가 나타난다. 또한 필드가 숫자 값을 갖는 경우에는 숫자를 필터하기에 적합한 필터 목록이 나타난다.

나. 사용자 지정 자동필터

자동필터를 실행한 다음 필드 열을 화살표 단추를 선택하면 필터목록이 나타난다. 이중 필터 조건을 선택하는 메뉴가 나타난다. 이 필터 조건은 필드의 데이터 형식에 따라 숫자 필터, 텍스트 필터 및 날짜 필터로 나타나는데 이를 선택하면 하위 필터조건을 선택할 수 있으며, 이 중 마지막 목록에 있는 사용자 지정 필터를 선택하면 대화상자가 나타난다. 이 대화상자에 찾을 조건을 부여하여 이에 맞는 레코드만을 추출할 수 있다.

그림 6-5

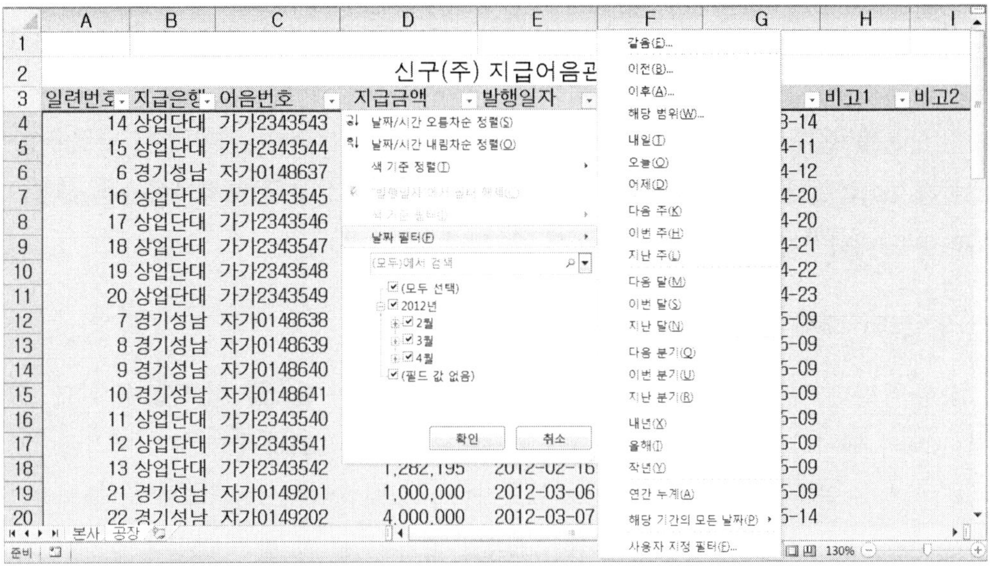

그림 6-6

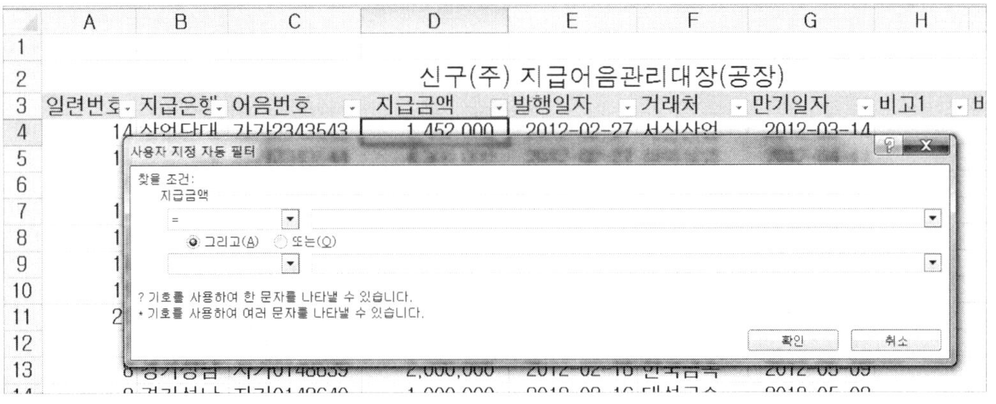

다. 고급필터

자동 필터는 미리 정의된 조건을 선택하여 데이터를 추출하나, 고급 필터는 직접 원하는 조건을 입력하여 데이터를 추출하는 기능이다. 찾을 조건이 복잡한 경우 따로 조건 필드명 행과 찾을 조건을 정의하는 행을 빈 셀에 입력하고, 고급필터 명령을 수행한다. 고급 필터는 데이터 탭의 정렬 및 필터 그룹에서 고급 명령아이콘을 클릭해 나타나는 대화상자를 이용하여 사용할 수 있다.

라. 필터 해제

수행한 필터 작업 중에서 특정 필드의 필터 또는 모든 필터를 해제할 수 있다. 여러 필드의 데이터베이스에서 특정 필드에 대한 필터를 해제하려면 해당 머리글에서 필터 버튼을 클릭하고 모두 선택에 체크하거나 '<열이름>에서 필터해제'를 클릭하면 된다. 모든 필터를 해제하기 위해서는 데이터 탭의 정렬 및 필터 그룹에서 '지우기' 명령 아이콘을 클릭하면 된다.

그림 6-7

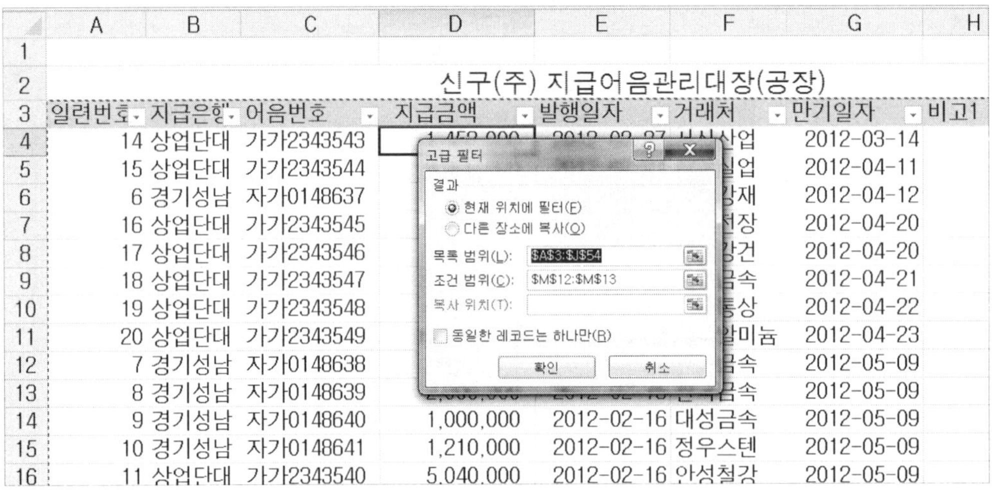

6) 부분합

부분합이란 데이터베이스에서 특정 필드의 항목을 기준으로 데이터를 요약하는 기능으로, 표를 요약하거나 특정 항목별 요약 값을 구하고자 할 때 활용된다. 부분합을 이용하기 위해서는 먼저 부분합을 구하고자 하는 필드를 기준으로 데이터를 오름차순 또는 내림차순으로 정렬해야 한다. 이후 데이터 탭의 윤곽선 그룹에서 부분합 명령 아이콘을 클릭하여 나타나는 대화상자를 이용하여 그룹화할 항목과 사용할 함수 및 부분합 계산 항목을 지정하면 된다.

> ※ 부분합과 유사한 기능을 수행하는 함수로 DSUM함수, DCOUNT함수, DMAX함수, DAVERAGE함수 등이 있다.

그림 6-8

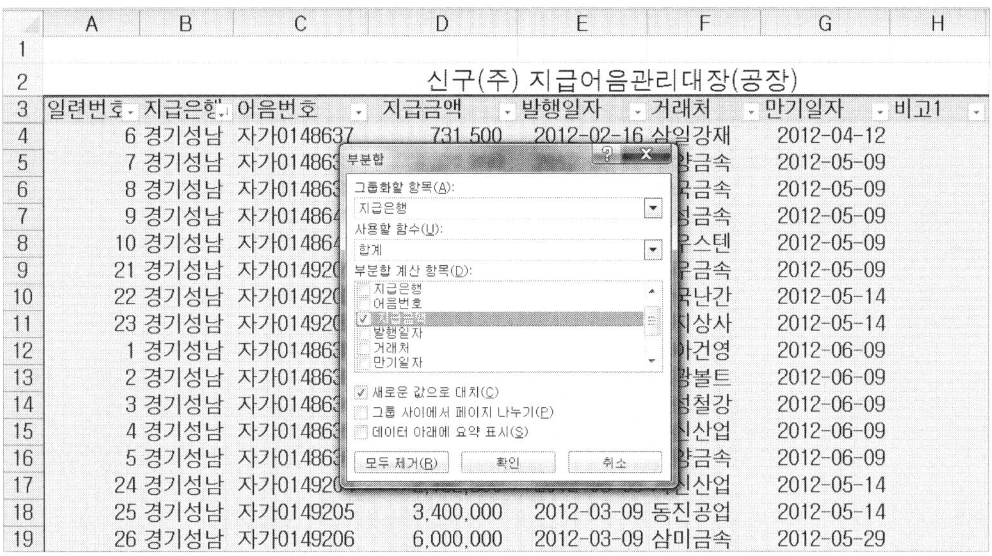

3. 피벗 테이블

피벗 테이블의 뜻은 회전하는 표라는 의미인데, 원래 표의 필드를 사용자의 구미에 맞게 재구성 해주는 기능을 말한다. 즉, 엑셀 데이터베이스나 외부 데이터를 이용해 빠르게 분석, 요약해주는 일종의 정리 워크시트이다. 이 때 원본 데이터는 반드시 데이터베이스의 형식으로 체계적으로 정리되어 있어야 한다. 엑셀에서 피벗테이블은 '피벗 테이블 만들기' 대화상자를 이용하여 쉽게 작성할 수 있다. 피벗 테이블을 작성하는 절차는 다음과 같다.

(1) 피벗 테이블 생성하기(Ⅰ)

삽입 탭의 표 그룹에서 '피벗 테이블' 명령 아이콘을 클릭한다. 그러면 [그림 6-9]와 같이 피벗 테이블 만들기 대화상자가 표시된다. 이 대화상자를 이용하여 현재 피벗테이블로 정리하려고 하는 데이터 위치와 피벗 테이블 보고서를 넣을 위치를 선택할 수 있다. 셀 포인터가 데이터베이스 내에 위치해 있는 경우는 해당 데이터베이스가 모두 선택된다. 특정 표나 범위를 피벗 테이블로 분석하기 위해서는 그 데이터의 위치를 선택해주면 된다. 피벗 테이블 보고서를 넣을 위치는 기존 워크시트와 새 워크시트 중 선택할 수 있다.

그림 6-9

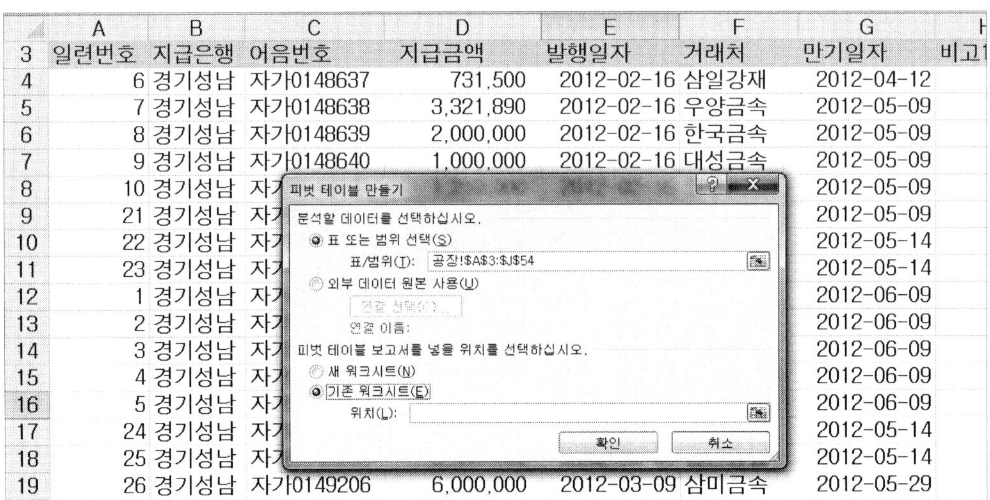

(2) 피벗 테이블 생성하기(Ⅱ)

[그림 6－9]의 피벗 테이블 대화상자에서 '새 워크시트'를 선택하고 확인을 클릭하면 [그림 6－10]과 같이 피벗 테이블을 구성할 수 있는 보고서가 나타난다. 워크시트의 오른쪽에 있는 '피벗 테이블 필드 목록' 작업창은 피벗 테이블 보고서를 구성하는데 사용되며, 왼쪽 피벗 테이블 영역은 피벗 테이블 보고서가 표시되는 영역이다.

그림 6－10

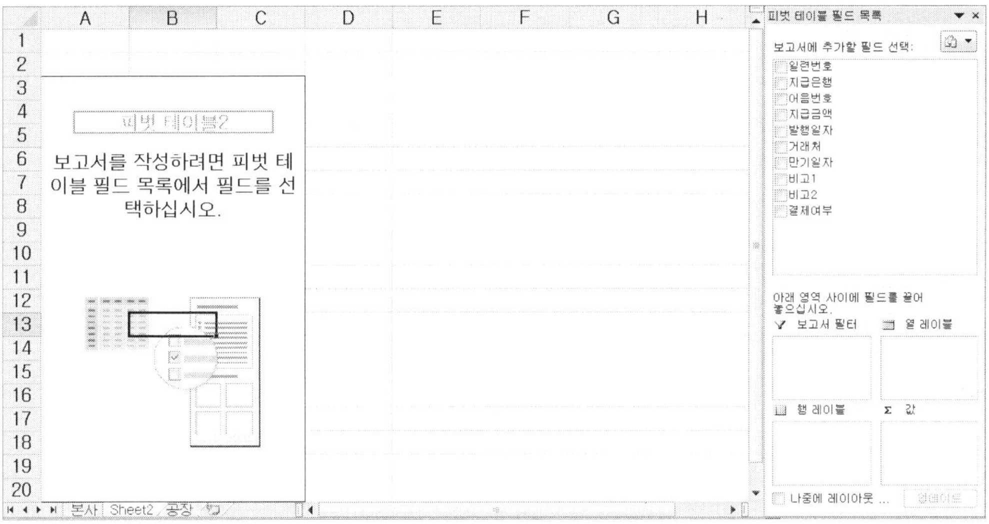

(3) 피벗 테이블 구성하기

워크시트의 오른쪽에 있는 필드 목록 작업창을 이용하여 피벗 테이블을 구성한다. 피벗 테이블 필드 목록 작업창의 상단에는 원본 데이터의 필드 목록이 있다. 이 목록에서 필요한 필드를 체크하면 피벗 테이블 영역에 보고서가 바로 작성된다. 이렇게 작성된 피벗 테이블은 엑셀에서 자동적으로 피벗 테이블의 세부 영역별로 필드들을 배분하게 되는데, 이 필드의 위치를 드래그를 통하여 적절하게 조정하여 원하는 피벗 테이블로 구성할 수 있다.

피벗 테이블의 세부 영역은 보고서 필터, 열 레이블, 행 레이블, 값 등 네 가지가 존재한다. 이 중 보고서 필터 영역은 가장 대분류에 해당하는 필드를 지정하는 것이 보통이다. 피벗 테이블에는 보고서 필드를 통하여 필터된 데이터가 조회된다. 열 레이블과 행 레이블 영역은 여러 개의 필드를 추가할 수 있으므로 열 머리글과 행 머리글로 구성할 항목을 위치시키면 된다. 여러 개의 필드가 추가되는 경우 피벗 테이블 작업창에서 먼저 표시된 순서대로 주종관계가 성립되므로 이를 고려하여 필드를 구성하여야 한다. 값 영역은 피벗 테이블 보고서에서 열 레이블과 행 레이블 영역이 교차하는 위치에 집계될 값을 갖는 필드를 추가한다.

집계된 방식에는 합계, 개수, 평균, 최대, 최소, 곱 등이 있으며, 이미 집계된 결과를 다른 집계방식으로 구하려면 피벗 테이블의 해당 셀에서 마우스 오른쪽 버튼을 클릭하여 나타나는 메뉴에서 '값 요약 기준'을 선택하여 조정하면 된다. 또는 피벗 테이블 작업창의 값 영역에서 해당 필드를 클릭하여 나타나는 메뉴에서 '값 필드 설정'을 클릭하여 조정할 수도 있다. [그림 6-11]에서는 보고서 필터로 지급은행 필드를 지정하였으며, 열 레이블과 행 레이블은 각각 만기일자와 거래처를 지정하였다. 값 영역에는 지급금액을 지정하였으며, 집계방식은 합계로 하였다.

그림 6-11

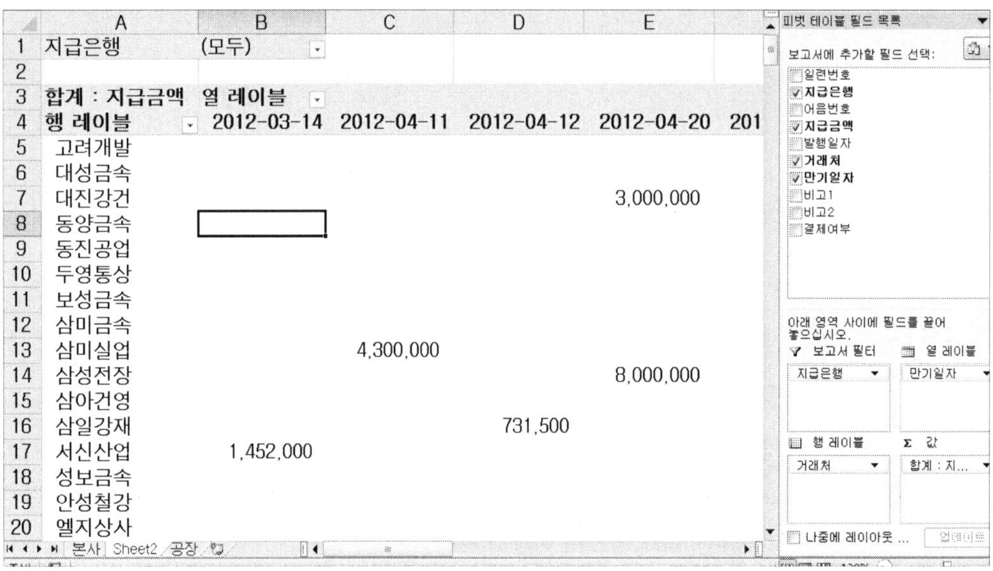

(4) 필드의 정렬 및 데이터 추출

피벗 테이블 보고서는 원본 데이터의 모든 항목이 표시된다. 따라서 원하는 항목만 표시하려면 필드를 정렬하고, 필터 조건을 정렬하여야 한다. 필드를 정렬하고 필터 조건을 지정하는 방법은 앞에서 설명한 정렬 및 필터 방법과 동일하다. [그림 6−12]에서는 보고서 필터에 있는 지급은행에서 상업단대를 필터조건으로 지정하였으며, 열 레이블에서는 만기일자가 2012년 5월인 경우를 필터조건으로 지정한 결과이다.

그림 6−12

	A	B	C	D	E
1	지급은행	상업단대			
2					
3	**합계 : 지급금액**	**열 레이블**			
4	**행 레이블**	**2012-05-09**	**2012-05-29**	**총합계**	
5	동진공업	3,000,000		3,000,000	
6	성보금속	1,282,195		1,282,195	
7	안성철강	5,040,000	2,760,000	7,800,000	
8	정우스텐		5,063,000	5,063,000	
9	**총합계**	**9,322,195**	**7,823,000**	**17,145,195**	
10					

실습문제 6-1

지급어음관리 데이터베이스(첨부된 '6장. 실습문제1 지급어음 데이터베이스.xlsx' 참조)를 이용하여 다음의 실습을 한다. 먼저 통합문서 중 공장부분 시트를 선택한다.

작성순서

1. 레코드 관리

포인트를 워크시트의 데이터베이스 내의 임의의 셀에 위치시킨 후, 빠른 실행 도구 모음에서 '레코드 관리'를 선택하여 작업한다.

1) 레코드 수정/추가

(1) 레코드 수정 : 레코드 일련번호 33을 찾아서 비어있는 필드에 다음의 데이터를 입력한다.(⇆키 사용)

지급금액 : 4,000,000　　발행일자 : 2012－4－12

거래처 : 중앙알미늄　　만기일자 : 2012－7－15

(2) 레코드 추가

레코드를 다음과 같이 추가한다.

일련번호 : 51　　지급은행 : 한일성남

어음번호 : 나다0000001　　지급금액 : 1,000,000

발행일자 : 2012－4－16　　거래처 : 신구조경

만기일자 : 2012－7－16

2) 레코드 찾기

(1) 찾을 조건

1. 거래처 : 대성금속
2. 만기일자 : 2012－5－30

(2) 찾을 조건을 임의로 설정하여 찾아본다.

3) 레코드 삭제

레코드 추가에서 추가시킨 신구조경 건을 삭제한다.

4) 기타 작업

현재 일자 함수(TODAY)를 이용하여 결제란에 결제여부를 표시한다. IF함수를 이용한다.

2. 데이터 정렬 및 필터

데이터 정렬은 데이터 탭의 정렬 및 필터 그룹에서 정렬 명령 아이콘을 선택하며, 필터는 해당 그룹에서 필터 등의 명령 아이콘은 선택하여 실습한다.

1) 정렬

(1) 필드 중 만기일자순으로 데이터베이스를 정렬하여 본다.
(2) 필드 중 만기일자, 거래처 순으로 정렬을 하여 본다.
(3) 필드 중 일련번호 순으로 정렬을 하여 본다.

2) 필터

(1) 자동필터 : 메뉴에서 자동필터를 선택하고, 거래처 중 대성금속을 선택하여 본다.
원상회복은 데이터 탭의 정렬 및 필터 그룹에서 '지우기' 명령 아이콘을 클릭한다.
만기일자 중 2012-6-15를 선택하여본다.
지급금액을 선택하고 사용자 정의를 하여본다. 조건은 5,000,000원 이상으로 한다.

(2) 필터된 레코드 복사 : 필터된 레코드의 복사는 블럭을 지정한 후 필터된 레코드들 아래의 빈칸에서 붙여넣기를 한다.

(3) 고급필터 : 데이터 탭의 정렬 및 필터 그룹에서 고급 필터 명령 아이콘을 선택하면 복잡조건의 레코드를 추출해낼 수 있다. 빈 셀에 다음과 같은 필드명과 조건을 입력한 다음 고급필터를 이용하여 데이터를 필터해본다.

조건1.

거래처명	만기일자
대성금속	2012-5-10

조건2.

만기일자
>=2012-6-1

3. 부분합

데이터 탭의 윤곽선 그룹에 있는 부분합 명령 아이콘을 선택하여 실습한다.

1) 업체별 부분합

업체별 정렬을 한다.
업체별 부분합을 구한다.

2) 만기일자별 부분합

만기일자별 정렬을 한다.
만기일자별 부분합을 구한다.

3) 데이터베이스 함수 이용

DSUM(데이터베이스 범위, 필드명, 조건범위) 함수를 이용하여 오늘 현재의 결제금액, 임의의 미래날짜의 예상결제금액을 계산하는 프로그램을 만든다.

4. 피벗 테이블 작성

1) 삽입 탭의 표 그룹에서 피벗 테이블 명령 아이콘을 클릭하여 피벗 테이블을 선택한다.
2) 피벗 테이블 만들기 대화상자가 나타나면 범위로서 본사시트 중 데이터베이스 범위를 선택하고, 새 워크시트에 피벗 보고서를 넣도록 선택한다.
3) 확인을 클릭하면 나타나는 피벗 보고서 워크시트에서 피벗 테이블 필드 목록 작업창을 이용하여 피벗 테이블을 구성한다(필드명을 각 영역으로 드래그하여 설정함).

- 행 레이블 : 지급은행
- 열 레이블 : 만기일자
- 값 : 지급금액(합계)

실습문제 6-2 피벗 테이블

밀려오네패션(주)는 명동, 동대문, 부천, 분당에 지점을 가지고 있으며, 6가지 패션제품을 판매하고 있다. 현재 매월 지점에서 제품별로, 판매보고가 들어오면 그대로 엑셀에 입력하여 전체 관리를 하고 있으나, 월별보고가 누적되면서 좀 더 효율적인 보고서 관리가 요구되고 있다. 경리담당자 김경리 씨는 피벗 테이블이라는 엑셀 기능이 이와 같은 복잡한 보고서를 잘 정리해주는 기능임을 알고 이를 활용하여 정리 요약하여 사장님께 보고 하려고 한다. 피벗 테이블 대화상자의 기능을 활용하여 이 회사의 보고서를 만들어 보라.(첨부된 '6장. 실습문제2 피벗테이블.xlsx' 참조)

작성순서

삽입 탭의 표 그룹에서 피벗 테이블 명령 아이콘을 클릭하여 피벗 테이블을 선택하면 나타나는 피벗 테이블 만들기 대화상자를 이용하면 된다.

먼저 데이터베이스 위에 셀포인터를 위치시킨다. 다음 삽입 탭의 표 그룹에서 피벗테이블 명령 아이콘을 클릭하여 피벗 테이블을 선택한다. 이러면 피벗 테이블 만들기 대화상자가 나타나는 데, 여기서 원본 데이터의 범위를 지정하고 새 워크시트에 보고서를 넣도록 설정한다. 이후 확인을 클릭하면 피벗 테이블 워크시트가 생성되고 피벗 테이블 필드 목록 작업창이 나타난다. 이를 이용하여 피벗 테이블을 구성한다.

가장 중요한 단계인 피벗테이블 구성 단계에서는 각 필드를 끌어다가 사용자가 원하는 영역으로 옮기면 된다. 행 레이블에는 품명, 열 레이블에는 판매월, 값 영역에는 매출액, 그리고 보고서 필터에는 지점 명을 드래그하면 지점별, 품목별, 월별 판매보고서 피벗 테이블이 완성된다.

Tip!

생성형 AI와 엑셀활용

생성형 AI의 등장은 우리의 생활 전반에 많은 변화를 가져왔다. 생성형 AI는 사용자가 제시한 문장을 이해하고 이에 대한 답변을 제공할 뿐만 아니라, 보고서 작성, 데이터 분석, 이미지 · 동영상 생성 등 다양한 작업을 수행할 수 있다. 특히 엑셀에 데이터가 담겨 있다면, 생성형 AI를 활용해 원하는 형태로 가공 · 분석하는 것도 가능하다. 이 장에서는 생성형 AI인 ChatGPT와 구글의 Gemini를 활용하여, 생성형 AI가 엑셀 작업을 어떻게 지원할 수 있는지 구체적인 사례를 통해 살펴보고 이를 활용하여 실습해 보고자 한다.

1. 생성형 AI와 프롬프트

(1) 프롬프트란?

우리는 생성형 AI에게 지시 혹은 질문을 하고 그 결과를 받는다. 이때의 지시 혹은 질문을 프롬프트(prompt)라고 한다. 프롬프트란, 생성형 AI에게 원하는 작업을 지시하는 문장이다(사전적 의미는 '신속한, 유도하다'지만, AI에서는 '작업을 요청하는 문장'으로 이해하면 된다).

우리가 얼마나 프롬프트를 구체적이고 정확하게 작성하는가에 따라 작업 혹은 검색 결과의 질(Quality)이 달라진다. 이에 최근에는 구체적이고 정확한 프롬프트를 입력하기 위한 기술인 프롬프트 엔지니어링이라는 용어도 등장하였다.

(2) 프롬프트의 구성요소

구체적이고 좀 더 명확한 결과를 얻기 위해서는 프롬프트의 구성요소를 잘 알고 이를 적절히 결합하여야 한다. 이에 프롬프트의 구성요소를 살펴본다.

1) 역할(Role)

이는 생성형 AI가 누구의 입장에서 작업을 수행하는지를 알려주는 것으로서 이에 따라 생성형 AI의 응답수준, 관점 등이 달라질 수 있다.

예시

- 너는 엑셀 초보(중급)자야
- 너는 회계를 공부하는 학생이야
- 너는 대학생을 가르치는 대학교수야

2) 지시사항(Instruction)

이는 생성형 AI가 수행할 작업을 의미하며, 지시사항이 구체적이고 명확할수록 생성형 AI는 지시자의 의도 등을 더 정확히 파악하여 좀 더 정확한 답변 혹은 결과를 생성할 수 있다.

예시

- SUMIF 함수 사용방법을 예시를 사용하여 설명해줘
- 붙임파일 sheet1의 C2에서부터 C10까지의 합계금액을 C11에 기록하고 그 결과를 다운로드할 수 있게 해줘

3) 상황(Context)

질문(지시)자가 어떠한 상황에 있는지 배경 설명을 추가함으로써 더 정확한 답변을 생성하도록 할 수 있다.

예시

- 짧게 발표를 해야 하는 수업시간 중인데 …
- 엑셀 표 작성하는 시험을 보는 중인데 …
- 붙임의 엑셀 데이터를 살펴보고 …

4) 예시(Example)

생성형 AI가 답변하기를 원하는 방식으로 예시를 제공하면, 예시의 형식 등에 맞추어 답변을 생성하게 된다.

예시

- 회계 전공자가 꼭 가봐야 할 세계 여행지를 알려줘. 예를들어 "뉴욕의 증권거래소를 방문하면 좋은데, 이러이러한 이유 때문이야"와 같은 방식으로
- 엑셀에서 공부하기 어려운 함수를 알려줘. 예시 : "1. SUM 2. COUNTIF"와 같이 번호를 붙여서

5) 제약사항 혹은 제약조건(Constraint)

생성형 AI가 답변하여야 하는 형식 및 길이 등을 제한하면 답변내용을 이용하는데 편리하다.

예시

- 형식 제한 : 엑셀의 특징에 대해서 설명하되, 서술형으로 알려줘
- 길이 제한 : 엑셀의 특징을 100자 이내로 설명해줘

2. 생성형 AI를 활용한 엑셀 실습

엑셀의 사용자들은 통상 함수 적용을 어려워 하는데, 생성형 AI를 활용하여 함수를 어떻게 편리하게 사용할 수 있는지 실습을 통하여 알아본다.

1) 데이터의 합산 : SUM 함수 사용 예시

데이터를 사용하여 합계를 구하는 것을 생성형 AI를 이용하여 실행해 보자. 생성형 AI에 파일추가하기 기능을 이용하여 교재의 'tip6. 생성형AI와 엑셀.xlsx' 파일을 추가하고 다음과 같이 프롬프트를 입력해보자.

너는 엑셀 초보자야. 붙임파일의 sheet1 데이터의 합계를 계산해 줘.

이렇게 프롬프트를 입력하더라도 생성형 AI는 합계금액을 구해줄 것이다. 그러나 프롬프트는 최대한 상세하게 기록하는 것이 좋을 것이다. 프롬프트를 다음과 같이 좀 더 상세하게 수정해 보자.

너는 엑셀 초보자야. 붙임파일의 sheet1의 C2부터 C9까지의 합계를 구하고, 이를 C10에 기록한 엑셀파일을 보내줘. 또 C10에 들어갈 엑셀 수식도 알려줘.

위의 프롬프트를 실행하는 경우 합계금액을 구해줄 것인데, 엑셀파일로 작업한 내용의 결과는 주지 않는 경우가 있다. 하지만 수식을 알려달라는 요청은 들어줄 것이다.

2) vlookup 함수의 사용 예시

그럼 vlookup 함수도 사용하여 보자. vlookup을 실행할 데이터는 'tip6. 생성형AI와 엑셀.xlsx' 파일의 sheet2에 들어 있다.

파일 sheet2에 있는 학생들의 G19부터 G28에 있는 평균성적을 vlookup 함수를 이용하여 G4부터 G13까지 채워 넣을 수 있도록 학번을 key값으로 하여 실행하고 그 결과를 보여줘. 또 그 수식도 알려줘

여기서 주의하여야 할 것은 엑셀 파일의 데이터가 어디에 있는지를 명확히 지정하는 일이다. 추가하는 파일의 어디(sheet2)에 데이터의 위치(G19부터 G28)를 명확히 정해줘야 할 것이다.

3) AI를 잘 활용하기 위한 팁!

AI는 우리가 명확하게 지시할수록 결과를 더 정확하게 알려준다. 특히 엑셀 활용에 있어서 AI의 도움이 필요하다면 다음과 같은 팁을 기억해 둘 필요가 있다.

- 구체적인 셀 범위가 값의 명시 : 입력되어 있는 데이터의 범위와 출력하여야 할 범위를 명확히 제시
- 조건을 정확히 제시
- 사용을 원하는 함수이름을 제시
- 계속적인 질문을 통해 원하는 결과를 찾기 위해 개선하기 : 한번에 원하는 결과를 얻지 못할 수 있으니, 질문을 지속적으로 명확하게 하여 원하는 결과를 찾아보자

3. 생성형 AI의 장점과 유의사항

(1) 장점

생성형 AI는 훌륭한 엑셀프로그램 선생님이 되어 줄 수 있다. 엑셀의 함수에 대해 자세한 가르침을 받을 수도 있다. 그리고 몇몇 생성형 AI들은 엑셀파일 작업 결과를 엑셀로 반환해 주는 것들도 있다. 향후 AI가 발전하면 실제 수식도 입력된 엑셀파일을 반환해 줄 수 있을 것이다.

(2) 유의사항

혹시 위의 실습을 진행하면서 생성형 AI가 제시한 결과가 실제 엑셀에서 작업한 내용과 일치하였는가? 실제로 실습파일을 작성하고, 최초로 AI에게 작업을 지시하였을 때 틀린 결과를 반환한 것을 발견하였다. 우리는 생성형 AI를 전적으로 신뢰할 수 있을까?

- 생성형 AI는 틀릴 수 있다는 것을 명심
- 엑셀작업 시 소량의 데이터로 미리 test해 볼 것 : 결과가 맞는지 확인 후 대량의 데이터에 적용
- 민감한 데이터는 AI와 공유하지 말 것 : 보안이 필요한 자료의 AI 공유는 유의할 것

chapTer

07

데이터 표 기능을 활용한 민감도 분석

제07장 데이터 표 기능을 활용한 민감도 분석

엑셀의 '데이터 표(Table)' 기능은 민감도분석(Sensitivity analysis, What－if analysis)을 수행할 수 있는 도구의 중의 하나로, 수식에 필요한 변수 값을 여러 가지로 대입하면서 해당 대입 값에 따라 달라지는 결과 값을 계산하는 기능이다. 본 장에서는 사례를 이용하여 민감도 분석을 방법을 설명한다.

1. 데이터 변수가 하나일 때(One－way analysis)

사례문제

원효(주)의 손과장은 20×1년도 실제손익계산서 자료를 기초로 하여 다음과 같은 가정 하에 향후 5개년 간(20×2년~20×6년)의 추정손익계산서를 작성하려고 한다.
(첨부된 '7장. 실습1 손익 민감도 분석 실습.xlsx' 참조)

1) 20×1년도 실제 자료 (단위 : 백만원)

매출액	42,300
매출원가	25,380*
매출총이익	16,920
판매관리비	6,500
영업이익	10,420
법인세	3,126*
당기순이익	7,294

* 편의상 매출원가율은 60%로 하며, 법인세율은 30%로 한다.

2) 기타 가정 사항

- 향후 5년간의 매출액은 연평균 성장률 5%씩 매년 증가할 것으로 예상한다.
- 향후 5년간의 매출원가는 항상 매출액의 60%로 일정하게 발생될 것으로 예상한다.
- 판매관리비는 고정비로서 향후 5년간 동일하다.
- 법인세율도 향후 5년간 동일하다.

◎ 요구사항

1) 이상의 조건에 따라 향후 5년간의 추정 손익계산서를 작성하여 보자.
매출액성장률, 매출원가율, 법인세율은 입력변수이므로 독립된 셀 주소를 부여 하여야 편하다(이 변수들의 변화에 따른 민감도분석을 위한 목적임).

2) 민감도분석1(변수가 하나인 경우)
만약 매출액성장률이 3.0%에서 7.0%까지 0.5%씩 증가한다면 각 연도별 당기순이익의 변동 폭은 어떻게 변화할 것인가?(데이터 메뉴의 '데이터 표' 기능 이용, 변수가 있는 행 또는 열을 대화상자의 해당 입력 셀에 지정해 준다)

실습방법

1) 추정 손익계산서 작성

① 제목입력

A2셀에 추정손익계산서를 입력하고 G2셀까지 블로킹하여 선택영역의 가운데로 정렬한다(셀서식 기능 활용).

② 입력변수 선정

[그림 7－1]에서와 같이 B5셀에 법인세율, B6셀에 매출액성장률, B7셀에 매출원가율이라고 입력한다. 그리고 가정에서 주어진 대로 C5셀에 30%, C6셀에 5%, C7셀에 60%를 입력한다.

③ 적요 등을 [그림 7－1]과 같이 입력한다.

④ 수식의 입력

20×1년 셀에 다음 수식을 입력한다.

셀위치	입력내용	셀위치	입력내용
B11	42300	B17	+B14−B15
B12	+B11*C8	B18	+B17*C7
B14	+B11−B12	B20	+B17−B18
B15	6500	−	−

⑤ 수식의 일부 변수값을 절대참조로 함

20×1년 셀의 관계식 중 C5, C6, C7을 $C$5, $C$6, $C$7으로 수정한다.

⑥ **복사를 통한 계산**

- 20×2년부터 20×6년까지의 매출액 복사
  셀 C11에 '+B11*(1+$C$7)'를 입력
- D11 부터 G11까지에 C11의 관계를 복사
  나머지 셀에 20×1년 셀 관계식 복사

⑦ 화면표시 형식(Format)을 보기 좋게 편집한다.

그림 7−1

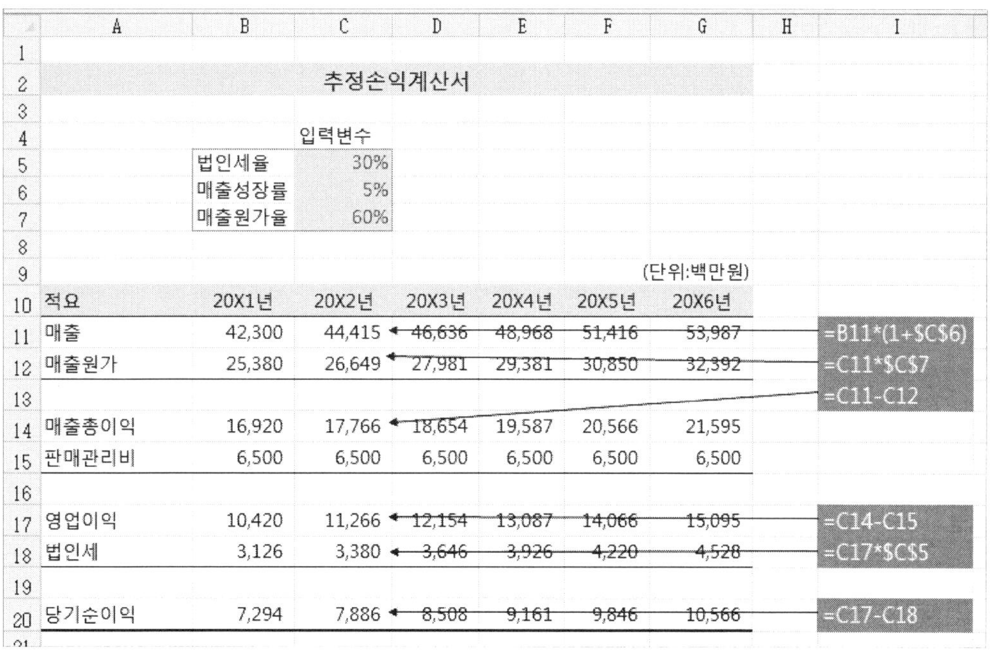

	A	B	C	D	E	F	G	H	I
1									
2	추정손익계산서								
3									
4			입력변수						
5		법인세율	30%						
6		매출성장률	5%						
7		매출원가율	60%						
8									
9							(단위:백만원)		
10	적요	20X1년	20X2년	20X3년	20X4년	20X5년	20X6년		
11	매출	42,300	44,415	46,636	48,968	51,416	53,987		=B11*(1+$C$6)
12	매출원가	25,380	26,649	27,981	29,381	30,850	32,392		=C11*$C$7
13									=C11-C12
14	매출총이익	16,920	17,766	18,654	19,587	20,566	21,595		
15	판매관리비	6,500	6,500	6,500	6,500	6,500	6,500		
16									
17	영업이익	10,420	11,266	12,154	13,087	14,066	15,095		=C14-C15
18	법인세	3,126	3,380	3,646	3,926	4,220	4,528		=C17*$C$5
19									
20	당기순이익	7,294	7,886	8,508	9,161	9,846	10,566		=C17-C18

이상과 같은 절차로 [그림 7−1]과 같이 향후 5개년간의 추정손익계산서가 만들어졌다. 그러나 원효의 손과장은 자신이 추정한 매출액성장률 5%의 가정의 정확도에 대하여 100% 확신을 할 수가 없었다. 그래서 대입 값 중 매출액성장률이 변화할 때 다른 결과 값들이 어떻게 변하는지 민감도분석을 해보려고 한다.

2) 매출액성장률에 대한 당기순이익의 민감도 분석

먼저 행 28에 [그림 7−2]와 같이 그림과 같이 적요를 만들어 넣는다. 다음으로 C29에 "=C20"을 입력하면 그 결과값으로 7,886이 나타난다. 자동 채우기 핸들를 이용하여 G29까지 복사한다. 그러면 20x2년 당기순이익 부터 20x6년 추정 당기순이익 데이터가 복사가 된다. B30부터 B38까지 0.5% 간격으로 3.0%부터 7.0%까지를 차례로 입력한다. 결과적으로 세로축은 3.0%~7.0%까지, 가로축은 20x2년 당기순이익 셀 주소 (=C20)에서 20x6년까지 입력되고 가운데에는 아직 빈 공란으로 되어 있는 상태가 된다.

이후 표를 만들 범위(B29:G38)를 선택(블로킹)한 후 데이터 탭의 데이터 도구 그룹에 있는 가상 분석 명령 아이콘을 클릭하여 '데이터 표'를 선택한다.

그러면 [그림 7−2]와 같은 대화상자가 나타나는데, 이 대화상자의 열입력 셀값에 매출액성장률의 셀 주소 C6을 입력하면 민감도분석이 완성된다.

그림 7−2

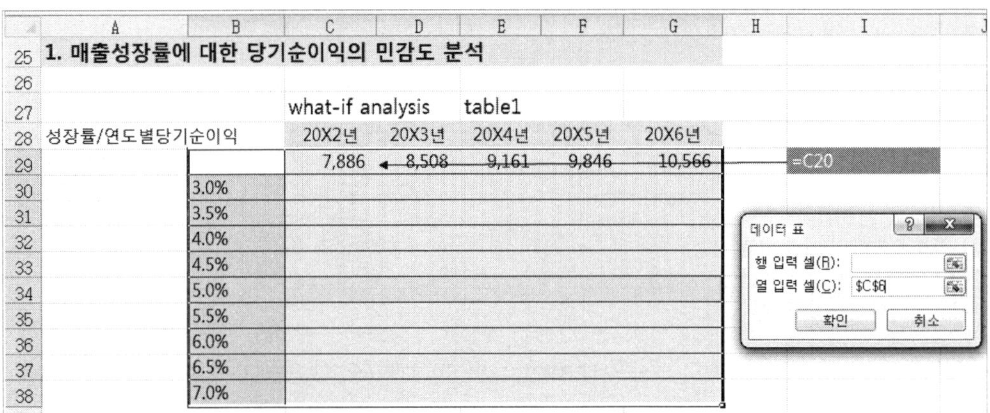

데이터 표 기능을 이용하여 민감도 분석 수행 결과는 [그림 7−3]에 표시하였다. 이 결과 값은 매출액성장률이 3%에서 7%까지 0.5% 단위로 변화할 때 각 연도별 당기순이익 추정치가 어떻게 변화하는지를 일목요연하게 보여준다. 따라서 분석자는 매출액성장률의 불확실성에 따른 오차를 감안할 수 있게 된다.

그림 7−3

	A	B	C	D	E	F	G	H	I
25	1. 매출성장률에 대한 당기순이익의 민감도 분석								
26									
27			what-if analysis		table1				
28	성장률/연도별당기순이익		20X2년	20X3년	20X4년	20X5년	20X6년		
29			7,886	8,508	9,161	9,846	10,566		=C20
30		3.0%	7,649	8,015	8,392	8,781	9,180		
31		3.5%	7,709	8,138	8,582	9,041	9,517		
32		4.0%	7,768	8,260	8,773	9,306	9,860		
33		4.5%	7,827	8,384	8,966	9,574	10,210		
34		5.0%	7,886	8,508	9,161	9,846	10,566		
35		5.5%	7,945	8,633	9,358	10,123	10,930		
36		6.0%	8,005	8,758	9,556	10,403	11,300		
37		6.5%	8,064	8,884	9,757	10,687	11,677		
38		7.0%	8,123	9,010	9,959	10,975	12,062		

2. 데이터 변수가 2개일 때(Two−way analysis)

이번에는 만약 매출액성장률이 위와 같이 변화하면서 한편으로 매출원가율도 2% 단위씩 56%에서 64%까지 변화한다면 20x2연도 당기순이익은 어떻게 변화하는지 민감도분석을 하여 본다. 이와 같이 두 가지 변수의 변화가 결과값에 미치는 영향을 분석하는 것을 two−way analysis라 한다.

먼저 [그림 7−4]와 같이 분석 전에 B 열에는 3.0%에서 7.0%까지 0.5% 단위로 매출액성장률의 변화를 입력하고, 46행에는 C46부터 차례로 56%에서 2% 단위로 64%까지 원가율의 변화를 미리 입력한다. 행과 열의 교점인 B46에는 20x2년의 당기순이익 정보가 있는 "=C20"을 입력한다. 그러면 그 결과값인 7,886이 나타난다.

이제, B46부터 G55까지를 범위지정(블로킹)을 한 후 데이터 탭의 데이터 도구 그룹에서 가상분석 명령 아이콘을 클릭하여 '데이터 표' 기능을 선택한다. 그러면 [그림

7－4]와 같이 데이터 표 대화상자가 나타나는 데, 변수가 두개 이므로 해당되는 열 입력 셀에는 매출액성장률이 있는 C6을, 행 입력 셀에는 원가율이 있는 C7을 입력하고 확인을 클릭한다. 이와 같은 과정을 거치면, [그림 7－5]와 같이 두 가지 변수의 변화에 따른 20x2년 당기순이익의 변화 흐름을 보여주는 표가 완성된다.

민감도분석은 모델 분석이 기본적으로 갖는 예측의 불확실성을 극복하는 수단으로 재무기획 분석자들에게 특히 유용한 수단이라 하겠다.

그림 7－4

	A	B	C	D	E	F	G
41	2. 매출성장률과 원가율에 대한 당기순이익의 민감도 분석						
42							
43							
44	20x2년 당기순이익의 변화		what-if analysis		table2		
45							
46	성장률/매출원가율	7,886	56%	58%	60%	62%	64%
47		3.0%					
48		3.5%					
49		4.0%					
50		4.5%					
51		5.0%					
52		5.5%					
53		6.0%					
54		6.5%					
55		7.0%					

=C20

데이터 표
행 입력 셀(R): $C$7
열 입력 셀(C): $C$6
확인 취소

그림 7－5

	A	B	C	D	E	F	G
41	2. 매출성장률과 원가율에 대한 당기순이익의 민감도 분석						
42							
43							
44	20x2년 당기순이익의 변화		what-if analysis		table2		
45							
46	성장률/매출원가율	7,886	56%	58%	60%	62%	64%
47		3.0%	8,869	8,259	7,649	7,039	6,429
48		3.5%	8,934	8,321	7,709	7,096	6,483
49		4.0%	9,000	8,384	7,768	7,152	6,536
50		4.5%	9,065	8,446	7,827	7,208	6,589
51		5.0%	9,130	8,508	7,886	7,264	6,643
52		5.5%	9,195	8,570	7,945	7,321	6,696
53		6.0%	9,260	8,632	8,005	7,377	6,749
54		6.5%	9,325	8,695	8,064	7,433	6,802
55		7.0%	9,390	8,757	8,123	7,489	6,856

=C20

실습문제 7-1

(첨부된 '7장. 실습문제1 손익분기분석.xlsx' 참조)

지나 의류회사는 수제품 니트를 생산하는 업체이다. 이 회사는 제품 카다록을 고객에게 발송하는 캠페인을 고려하고 있다. 카다록을 인쇄하는 데에는 고정비가 20,000원이 들고, 카다록 하나당 0.10원의 변동비가 발생한다. 발송 비용(우표값, 주문서, 고객명단구입비 등)은 건당 0.15원이다. 추가적으로 회사는 주문반송용 봉투를 위해 건당 0.20원이 발생한다. 고객의 평균 주문금액은 40원이다. 회사의 주문당 변동비(노동비와 재료비 등)는 주문금액의 약 80%이다. 회사는 100,000건의 발송을 계획하고 있다. 다음의 질문에 대한 스프레드시트 모델을 작성하시오.

요구사항

1. 고객응답률이 이익에 미치는 영향은 어떻게 되는가?
2. 어떤 응답률이 손익분기점인가?
3. 회사가 응답률을 3%로 추정한다면 이러한 발송계획을 진행하여야 하는가?
4. 모델의 유용성에 불확실성이 어떤 영향을 미치는가?

작성순서

1) A1셀에 모델의 제목으로 "지나의류회사 DM발송 모델"이라고 입력하고 다음과 같이 필요한 이름을 정의한다.

고정인쇄비 ⇨ B4　　변동발송비 ⇨ B6:B7
발송숫자 ⇨ B8　　평균주문액 ⇨ B11
주문변동비율 ⇨ B12　　회신변동비 ⇨ B13
응답률 ⇨ E4　　응답수 ⇨ E5
매출액 ⇨ E8　　비용 ⇨ E10:E12
총비용 ⇨ E13　　이익 ⇨ E14

2) 다음과 같이 변수명과 값을 입력한다.

A4에 고정비－카다록인쇄, B4에 20,000
A5에 변동비, A6에 인쇄비, B6에 0.1
A7에 고객정보구입비, B7에 0.15
A8에 발송대상숫자, B8에 100,000

A10에 고객주문입력변수

A11에 고객평균주문금액, B11에 40

A12에 주문당변동원가율, B12에 80%

A13에 고객회신변동비, B13에 0.2

3) 고객 응답 모델을 작성

D3에 고객응답모델

D4에 응답률, E4에 3%

D5에 응답수, E5에 응답숫자=발송숫자*응답률

4) 매출액, 비용, 이익모델을 작성한다.

D8에 매출액, E8에=응답숫자*평균주문액

D10에 고정비, E10에=고정인쇄비

D11에 발송관련변동비, E11에=SUM(변동발송비)*발송숫자

D12에 주문관련변동비

E12에=응답률*(평균주문액*주문변동비율+회신변동비)

D13에 총비용, E13에=SUM(비용)

D14에 이익, E14에=매출액−총비용

5) 데이터 테이블 작성(문제 1)

응답률에 따라 변하는 이익수치를 나타내는 데이터 테이블을 만들어야 한다.

(1) A21셀부터 아래로 응답율의 변동폭으로 1%~10%까지를 입력한다.

(2) B20셀에 "=이익"이라고 입력한다.

(3) A20:B30의 범위를 블로킹하여 영역을 선택한다.

(4) 데이터 탭의 데이터 도구 그룹에 있는 가상분석 명령 아이콘을 클릭하여 데이터 표를 선택한다. 대화상자가 나오면 열 입력 셀에 '응답률'이라고 입력하고 확인을 한다.

(5) 꺾은선형 차트를 작성하여 응답률이 변함에 따른 이익의 변화를 확인한다. 결과적으로 응답률 1%증가 당 1,000주문이 증가하며, 주문당 매출액이 40원이 증가하고 변동비가 32원 증가하므로, 결국 1,000 주문당 7,800원의 이익이 증가한다.

6) 손익분기점은?(문제 2)

응답률 변화에 따른 손익분기점은 5%에서 6% 사이이나 데이터 표나 차트로는 정확한 손익분기점을 알 수 없다. 정확한 손익분기점을 찾기 위해서는 목표값 찾기 기능을 이용한다. 데이터 탭의 데이터 도구 그룹에서 '가상 분석' 명령 아이콘을 클릭하여 목표값 찾기를 선택하면 대화상자가 나타난다. 이 대화상자에서 수식 셀에 "이익", 찾는 값에는 "0", 값을 바꿀 셀에는 "응답률"을 입력하면, 해당 셀이 이익이 손익분기점이 되는 응답률로 바꾸어진다. 그 값을 B37에 링크하면 결과값을 볼 수 있다.

7) 의사결정(문제 3)

21,600이 손해이며, 이 같은 발송계획은 더 이상 진행할 수 없다. 그러나 이는 단기적인 판단이며, 장래의 잠재적인 고객들을 감안한 장기적인 판단(예를 들면 광고효과)을 한다면, 단기적인 손실이 있더라도 발송할 수도 있다.

8) 불확실성과 관련된 한계점(문제 3)

우리는 모델이 확실한 것으로 논의를 진행했으나, 사실은 그렇지 않을 수도 있다. 평균주문금액은 40원이라 하였으나, 이와 같은 추정에 불확실성이 높다면, 이것은 모델의 유용성을 저해하게 된다. 정확성에 대한 확률의 문제를 해결해 주는 시뮬레이션과 같은 보다 정교한 모델이 필요하게 된다.

메모

chapTer

08

회귀분석 기능을 이용한 매출예측

제08장 회귀분석 기능을 이용한 매출예측

기업에서의 재무적인 예측의 출발점은 판매예측이며, 판매예측의 정확도는 다른 모든 예측에 영향을 준다. 판매예측을 위해서는 마케팅 담당자나 기획 담당자들의 도움을 필요로 한다.

1. 판매예측 고려사항

판매예측에서는 과거판매량, 시장규모와 시장점유율, 일반적 경제상황과 산업의 상태, GNP 등의 개인소득, 물가, 산업생산 지표들, 가격정책, 광고정책, 판매원의 질, 경쟁 정도, 계절적 변동, 생산능력 등을 고려해야 한다.

2. 판매예측이 잘못되면?

만약 비관적으로 예측했다면, 과잉수요로 인한 주문적체, 출고 및 서비스 지연, 고객의 불만 증대, 시장점유율의 하락, 궁극적인 기회이익의 상실이 발생할 것이다.

만약 낙관적으로 예측했다면, 과잉투자(기계, 인력, 재고자산 등)로 인한 기회손실, 재고 보관비용의 증대, 불필요한 인력보유 등으로 인한 손실 발생 등 기업의 수익의 저해현상의 발생할 것이다.

3. 판매예측 방법

판매예측의 방법은 아래와 같이 여러 가지가 있을 수 있다. 좋은 판매예측 방법은 이중 한가지만을 활용하기 보다는 여러 가지 방법들을 혼합하여 자기 회사에 맞는 방법을 적용하는 것이다.

(1) 경영자 집단의 판단

마케팅은 물론 생산·구매·재무 등의 부문 관리자를 포함하는 경영자 집단이 그들의 경험과 지식을 이용하여 집단적 의견에 따라 판매액을 예측하는 방법이다. 비용이 저렴하고, 신속하게 이루어지는 이점은 있으나, 책임소재가 불분명하며, 근거가 미약할 수 있다.

(2) 판매원의 예측

판매 경험이 풍부한 판매원이나, 지역별 판매 책임자로부터 자료를 수집하여 판매를 예측하는 방법이다. 비용이 저렴하며, 판매현장의 정보를 충분히 이용한다는 이점이 있다. 판매 거래처가 소수인 경우에 유력한 방법이 될 수 있다. 그러나 판매원의 성과평가와 연결되면 잘못된 예측치를 제공 받을 수 있다.

(3) 통계적 방법

통계적 방법은 회귀분석이나, 시계열분석 등과 같은 통계적 방법을 이용하여 판매액을 예측하는 방법이다. 기초 자료가 충분한 경우에 사용 가능하다. 비용 및 시간이 다른 방법에 비하여 많이 들며, 통계적 지식이 요구된다. 과학적이며, 타 방법과 혼합하여 사용하면 그 활용도가 높다. 판매 관련 데이터의 축적이 이루어진 기업에서 활용 가능하다.

4. 매출예측 사례

본 소절에서는 통계적 방법 중의 하나로 회귀분석 기능을 이용한 매출예측의 사례를 살펴본다. 엑셀은 회귀분석과 같은 다양한 통계기법을 쉽게 사용할 수 있도록 한다.

다음은 원효(주)의 과거 10년간의 매출자료 및 기타 관련 자료이다.(첨부된 '8장. 실습1 매출예측 실습.xlsx' 참조)

1) 원효의 과거 10년간 제품별 판매 실적표(종속변수)

(단위 : 백만원)

	×1년	×2년	×3년	×4년	×5년	×6년	×7년	×8년	×9년	×10년
빵	7,210	10,110	12,680	16,670	19,290	20,030	21,340	25,830	32,020	36,420
빙과	2,597	2,801	3,006	3,475	3,158	3,748	4,056	4,714	5,449	5,880
합계	9,807	12,911	15,686	20,145	22,448	23,778	25,396	30,544	37,469	42,300

2) 1인당 국민소득

회사에서는 빵과 빙과의 구매에 영향을 주는 요소로 1인당 국민소득을 가정하였다(독립변수). 한국은행의 예측에 따르면 예측 대상연도인 x11년 국민소득은 10,548달러로 예측이 된다. 과거 10년간의 1인당 국민소득은 다음과 같다.

(단위 : 달러)

구분	×1년	×2년	×3년	×4년	×5년	×6년	×7년	×8년	×9년	×10년
1인당 국민소득	2,923	3,453	4,135	4,657	5,612	6,745	6,988	7,484	8,467	10,037

3) 제품별 계절별 판매비율

이 회사의 제품은 계절별로 위와 같이 안정적으로 판매된다고 가정한다.

구 분	1분기	2분기	3분기	4분기
빵	30%	20%	15%	35%
빙과	15%	30%	45%	10%

4) 제품별 시장의 내년도 경기전망

- 빵의 경우 내년에는 제과점 빵이 강세를 보여 다소 위축될 것으로 추정된다. 다만, 경쟁업체들이 앞으로 이 사업을 축소할 것으로 예측된다.
- 빙과의 경우 올해는 유난히 무더울 것이라는 기상대의 전망이 있어 과거 보다는 매출이 더 활발할 것이다.

5) 내년도 광고 및 대리점 신용정책

- 빵의 경우 예년과 동일한 제품군으로 대처한다.
- 빙과의 경우 자사의 신제품으로 확대될 시장에 공격적으로 대처한다. 광고비를 증액하고, 대리점 외상조건도 확대한다.

Check Point

❖ 회귀분석(Regression)이란?

1) 개념 : 사회현상 또는 자연현상에서 두 개 혹은 그 이상의 여러 변수 사이의 관계를 분석해야 할 때가 있다. 서로 관계를 가지고 있는 변수들 중 다른 변수에 영향을 주는 변수를 독립변수(independent variable)라고 하며, 다른 변수에 의하여 영향을 받은 변수를 종속변수(dependent variable)라고 한다. 회귀분석은 독립변수가 종속변수에 미치는 영향력의 크기를 분석하여 독립변수들의 일정한 값에 대응하는 종속변수 값을 예측하는 기법을 말한다. 일반적으로 표본을 사용하여 종속변수와 독립변수들의 관찰치 사이에 존재하는 최적의 선형(Linear)관계를 도출한다. 예를 들면 독립변수가 하나인 경우 회귀분석 결과는 다음 식과 같이 도출한다.

$$Y = m\ X + b + e$$

Y : 종속변수
X : 독립변수
e : 오차

2) 포인트 : 여러 개의 Y의 관찰치와 X의 관찰치 사이에 존재하는 관계를 알아내는 방법으로 절편값 b와 기울기m을 추정하는 방법이며, 일반적으로 최소자승법이 이용된다. 최소자승법은 추정된 관계식에 의한 Y값과 실제 Y값의 차이의 제곱합이 가장 작도록 b와 m을 추정하는 방법이다.
3) 회귀모형의 추정 : b와 m을 추정하기 위해서는 대량의 데이터를 사용하게 되므로 수작업으로 계산하기는 힘들며, 엑셀의 회귀분석 기능을 활용하거나 통계 프로그램을 활용한다.
4) 주의사항 : 통계적으로 추정된 값의 유의성 검증을 하여 이를 통과한 추정치로서 의미가 있다. 보통 다음의 두 가지 유의성 검증이 사용된다.
   - 모델에 대한 유의성 검증 : F검증
   - F값이 높을수록 모형의 유의성이 높다. 엑셀의 회귀분석 결과에서 '유의한 F'값이 5%(또는 10%, 1%를 기준으로 삼을 수도 있음) 이하일 때 회귀모형이 유의하다고 본다.
   - 계수(b, m)의 유의성 검증 : t검증
   - t값이 높을수록 계수의 유의성이 높다. 엑셀의 회귀분석 결과에서 계수의 'P-값'이 5%(또는 10%, 1%를 기준으로 삼을 수도 있음) 이하일 때 계수가 유의하다고 본다.

요구사항

1) 과거 매출액 자료와 1인당 국민소득 자료를 이용하여 회귀분석을 수행하고 이를 이용하여 1인당 국민소득과 제품별 매출액의 관계식을 추정하라.
2) 위에서 구한 관계식을 이용하여 제품별 내년도 매출예측액을 추정하라(빵과 빙과는 1인당 국민소득에 비례하여 변동하는 경향이 있다고 가정한다).
3) 내년도 분기별 매출예측액을 구하라(분기별 매출비율로 안분할 것).
4) 제품별 시장의 내년도 경기전망과 광고 및 신용정책을 반영하여 내년도 분기별 매출예측액을 산출하라.

실습방법

1) 자료 입력

먼저, 엑셀 시트에 [그림 8－1]과 같이 관련 자료를 입력한다.

그림 8－1

	A	B	C	D	E	F	G	H	I	J	K
1	1) 원효의 과거 10년간 제품별 판매 실적표(Y변수들)									(단위:백만원)	
2		x1년	x2년	x3년	x4년	x5년	x6년	x7년	x8년	x9년	x10년
3	빵	7,210	10,110	12,680	16,670	19,290	20,030	21,340	25,830	32,020	36,420
4	빙과	2,597	2,801	3,006	3,475	3,158	3,748	4,056	4,714	5,449	5,880
5	합계	9,807	12,911	15,686	20,145	22,448	23,778	25,396	30,544	37,469	42,300
6											
7	2) 국민 1인당 소득(X변수)										
8		x1년	x2년	x3년	x4년	x5년	x6년	x7년	x8년	x9년	x10년
9		2,923	3,453	4,135	4,657	5,612	6,745	6,988	7,484	8,467	10,037

2) 데이터의 전치

엑셀의 회귀분석 기능은 열 데이터를 각각의 변수로 인식한다. 따라서 [그림 8－1]과 같이 자료가 정리되어 있는 경우 x1년, x2년 등이 각각 하나의 변수로 사용된다. 이를 방지하기 위하여 데이터를 전치(transpose)한다. 전치하는 방법은 데이터를 복사하여 붙여넣기 할 때 바꾸기 옵션을 적용하면 된다. 먼저 과거 매출액 자료를 전치하기 위하여 A2셀에서 K5셀까지 셀을 선택하여 복사한 다음 B11에 셀 포인터를 위치하고 홈 탭의 클립보드 그룹에서 붙여넣기 명령 아이콘을 클릭하여 나타나는 메뉴에서 바꾸기( )을 클릭한다(또는 마우스 오른쪽 버튼을 클릭하여 나타나는 단축 메뉴에서 붙여넣기 옵션 중 바꾸기를 선택해도 된다). 과거 1인당 국민소득 자료도 같은 방법을 적용하여 전치한다. 데이터를 전치하여 복사한 결과는 [그림 8-3]과 같다.

그림 8-2

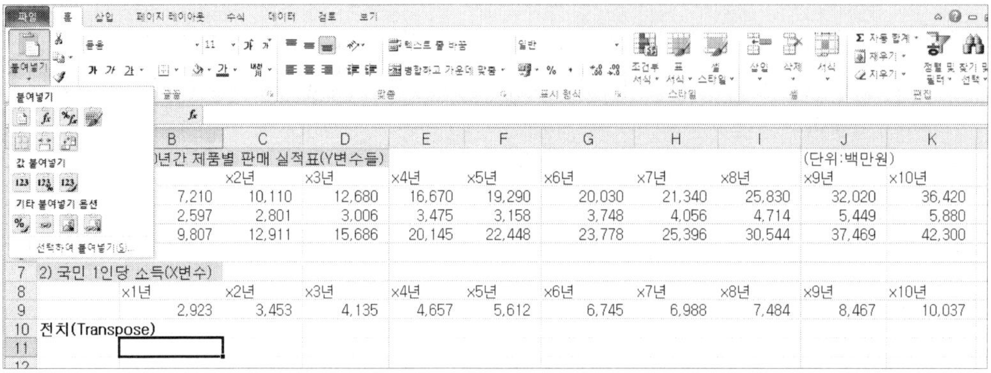

그림 8-3

	A	B	C	D	E	F	G	H	I
10	전치(Transpose)								
11			빵	빙과	합계		국민 1인당 소득(X변수)		
12		×1년	7,210	2,597	9,807			×1년	2,923
13		×2년	10,110	2,801	12,911			×2년	3,453
14		×3년	12,680	3,006	15,686			×3년	4,135
15		×4년	16,670	3,475	20,145			×4년	4,657
16		×5년	19,290	3,158	22,448			×5년	5,612
17		×6년	20,030	3,748	23,778			×6년	6,745
18		×7년	21,340	4,056	25,396			×7년	6,988
19		×8년	25,830	4,714	30,544			×8년	7,484
20		×9년	32,020	5,449	37,469			×9년	8,467
21		×10년	36,420	5,880	42,300			×10년	10,037

3) 회귀모형의 추정과 예측

엑셀의 회귀분석 기능을 이용하여 회귀모형을 추정한다. 데이터 탭의 분석그룹[4]에서 데이터 분석 명령 아이콘을 클릭하면 통계분석 대화상자가 나타난다. 이 대화상자에서 회귀분석을 선택하고 확인을 클릭한다.

4) 데이터 탭에 분석도구 그룹이 없는 경우는 추가기능으로 분석도구를 설치하지 않았기 때문이다. 이럴 때에는 파일 탭에서 옵션 메뉴를 클릭하면 나타나는 대화상자에서 추가기능을 선택한 다음 아랫부분에 나타나는 이동 버튼을 클릭하고 여기서 분석도구를 체크하여 확인하면 된다.

그림 8-4

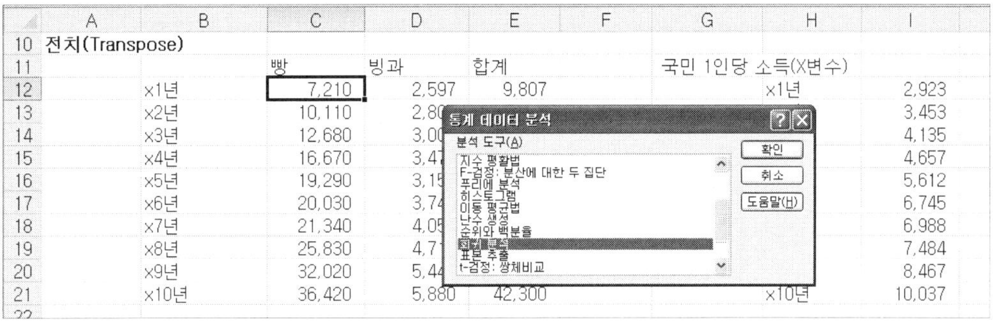

그러면 [그림 8−5]와 같은 대화상자가 다시 나타나는데, 이중 Y축 입력 범위에는 빵의 연도별 데이터 집합인 C12:C21까지를 드래그하고, X축 입력 범위에는 국민소득의 데이터 집합인 I12:I21을 마우스로 드래그하여 지정한 후 확인을 누르면 새로운 시트에 회귀분석 결과가 나타난다.

그림 8-5

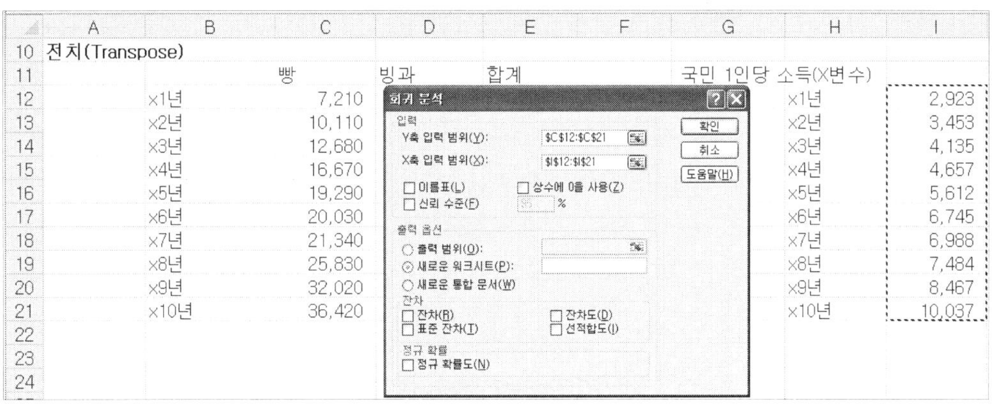

그림 8-6

	A	B	C	D	E	F	G	H	I
1	요약 출력								
2									
3	회귀분석 통계량								
4	다중 상관계	0.9834901							
5	결정계수	0.9672528							
6	조정된 결정	0.9631593							
7	표준 오차	1782.4962							
8	관측수	10							
9									
10	분산 분석								
11		자유도	제곱합	제곱 평균	F 비	유의한 F			
12	회귀	1	750779459	750779459	236.29535	3.187E-07			
13	잔차	8	25418341	3177292.6					
14	계	9	776197800						
15									
16		계수	표준 오차	t 통계량	P-값	하위 95%	상위 95%	하위 95.0%	상위 95.0%
17	Y 절편	-3898.382	1663.4995	-2.343482	0.0471586	-7734.421	-62.34269	-7734.421	-62.34269
18	X 1	3.9765263	0.258688	15.371901	3.187E-07	3.3799903	4.5730623	3.3799903	4.5730623

위의 회귀분석 결과는 다음과 같이 해석한다. 좌상의 다중 상관계수는 X값과 Y값의 상관관계를 말하는데, 그 값이 0.98349로 상당히 밀접한 관계임을 보여준다. 이 값이 0이면 두 변수는 아무런 관계가 없음을 의미하며, 이 값이 1이면 완벽한 관계임을 나타낸다. 결정계수는 모형의 설명력을 의미하는 R^2으로 상관관계의 제곱과 값이 동일하다. Y절편은 선형관계(Y=mX+b)의 절편인 b값을 말한다. 이 값이−3,898.38을 보여주고 있다. X1에 대한 계수는 기울기인 m값을 말한다. 즉, 기울기는 3.976526이다. 따라서 선형식을 만들어 보면, 'Y=3.976526X−3,898.38'이다. 또한 이 식은 X변수가 하나인 단일 회귀식이며, 이에 대한 계수 추정치의 유의성 검증을 위한 t통계량은 15.3719로 P−값은 1%보다 현저하게 작은 값을 나타내고 있다. 이러한 유의성 검증결과는 계수 추정치의 유의성이 매우 높다는 것을 보여준다.

이상의 회귀모형의 추정결과를 이용하여 우리는 빵 제품의 매출액과 1인당 국민소득의 관계식을 도출할 수 있으며, 이를 매출 예측식으로 사용할 수가 있다. 즉, x11년 국민소득 예측치인 $10,548을 위의 식에 X값으로 대입을 하면 x11년 빵 매출예측치가 얻어지게 된다.

Y(빵매출예측액)=3.976526 * 10,548(대입값)−3,898.38
=38,046백만원

이상과 마찬가지로 빙과와 국민소득과의 관계도 위의 과정을 그대로 반복하면 된다. 다만, Y축 입력범위만 위의 예와 다를 뿐이다. 빙과의 경우를 회귀분석한 결과는 [그림 8-7]과 같다.

빙과의 관계식을 만들어 보면, 'Y=0.471864X+1,033.577'이다. 마찬가지로 X계수의 t값은 9.731741로 P-값은 1%보다 작은 수준이므로 계수추정치의 유의성이 높다고 볼 수 있다. x11년의 국민소득인 10,548달러를 대입하면 빙과의 x11년 매출 예측치를 얻을 수 있다.

Y(빙과매출예측액)=0.471864 * 10,548(대입값)+1,033.577
=6,010백만원

그림 8-7

	A	B	C	D	E	F	G	H	I
1	요약 출력								
2									
3	회귀분석 통계량								
4	다중 상관계	0.9602647							
5	결정계수	0.9221084							
6	조정된 결정	0.9123719							
7	표준 오차	334.10156							
8	관측수	10							
9									
10	분산 분석								
11		자유도	제곱합	제곱 평균	F 비	유의한 F			
12	회귀	1	10571536	10571536	94.706777	1.039E-05			
13	잔차	8	892990.84	111623.85					
14	계	9	11464526						
15									
16		계수	표준 오차	t 통계량	P-값	하위 95%	상위 95%	하위 95.0%	상위 95.0%
17	Y 절편	1033.5765	311.79746	3.3148973	0.0106205	314.56984	1752.5832	314.56984	1752.5832
18	X 1	0.4718638	0.0484871	9.7317407	1.039E-05	0.3600523	0.5836754	0.3600523	0.5836754

4) 분기별 안분과 추정치의 수정

앞에서와 같이 x11년의 빵과 빙과의 매출액이 구해졌으므로, 분기별로 주어진 안분비율에 따라 안분하면 분기별 매출액을 구할 수 있다.

이와 같은 계량적 매출 예측치에 경영자가 다년간의 경험에서의 직관력을 가미하여 최종 매출 예측치를 산정한다. 빵의 경우는 시장이 다소 위축될 것으로 판단되어

3%를 매출 예측치에서 감소하기로 하고, 빙과는 신제품도 개발하고, 광고정책도 공격적으로 할 것이므로 5% 정도 상승할 것으로 최종 결정하였다. 그러면 이를 일률적으로 모든 분기별 빵과 빙과의 매출 예측치에 적용하면 된다([그림 8−8] 참조).

그림 8−8

	A	B	C	D	E	F	G
38	5) x11년 제품별,분기별 매출예측치						
39	분기별매출비	1분기	2분기	3분기	4분기		
40	빵	30%	20%	15%	35%		
41	빙과	15%	30%	45%	10%		
42			=$C$35*B40				
43	분기별매출액	1분기	2분기	3분기	4분기	전체	
44	빵	11,414	7,609	5,707	13,316	38,046	
45	빙과	902	1,803	2,705	601	6,011	
46	소계	12,315	9,412	8,412	13,917	44,057	
47							
48							
49	6) 기타변수 감안						
50							
51	빵	시장이 위축될 것으로 예측이되므로			-3%	정도 목표치 낮춤	
52							
53	빙과	공격적마케팅의 영향으로			5%	정도 목표치 높임.	
54							
55	7) 최종매출예측치		=B44*(1+$E$51)				
56	분기별매출액	1분기	2분기	3분기	4분기	전체	
57	빵	11,071	7,381	5,536	12,917	36,905	
58	빙과	947	1,893	2,840	631	6,311	
59	소계	12,018	9,274	8,376	13,548	43,216	

회귀분석방법은 매출예측 뿐만이 아니라, 다양한 재무기획 업무에서 사용이 가능한데, 대표적으로 손익분기분석을 위한 변동비와 고정비 분류에도 사용될 수 있다. 이에 대한 사례는 실습문제를 통하여 살펴본다.

실습문제 8-1

(첨부된 '8장. 실습문제 1 변동원가.xlsx' 참조)

S주식회사의 과거 10년 동안의 요약손익계산서를 보고, 다음의 물음에 답하라.

(단위 : 백만원)

	매출	매출원가	매출총이익	판매관리비	영업이익
20×1년	1,028	447	580	494	87
20×2년	1,703	932	771	607	164
20×3년	1,581	692	890	698	191
20×4년	2,513	1,574	939	694	245
20×5년	3,193	2,093	1,100	848	252
20×6년	4,844	3,384	1,460	1,028	432
20×7년	5,143	3,636	1,507	1,152	355
20×8년	6,249	4,685	1,563	1,165	399
20×9년	6,228	4,422	1,806	1,408	398
2×10년	7,161	5,422	1,738	1,305	433

요구사항

1) 매출액 대비 변동판매관리비와 고정판매관리비의 관계식을 회귀분석 기법을 이용하여 구하고, 통계적 유의성에 대하여 평가하라.
2) 매출액과 매출원가의 관계를 회귀분석 하여 보고, 그 결과에 대한 해석을 하라.

작성순서

1) 먼저, 위의 데이터를 엑셀시트에 그대로 입력한다.
2) 데이터의 임의의 곳에 포인터를 위치시킨 후, 데이터 탭의 분석 그룹에서 데이터분석 명령 아이콘을 클릭한다.
3) 그러면 통계 데이터 분석 대화상자가 나타나는데, 여기서 회귀분석을 선택한다.
4) 이후 나오는 대화상자에 Y축 범위에는 판매관리비의 셀 범위를 지정하고, X축에는 매출의 범위를 지정한다. 이후 확인을 누르면 회귀분석이 완성된다.
5) 같은 절차를 매출액과 매출원가에 대하여 수행한다.

결과해석

1번의 회귀식은 다음과 같다.

$$Y = 397{,}463{,}541 + 0.1368X$$

결국 고정비는 397,463,541원이고, 변동비율은 매출액의 13.68%라는 것이다. 계수의 t값이 11.1588으로 P-값이 1%에 비하여 현저하게 작으므로 이 관계식의 계수 0.1368은 유의적이라고 볼 수 있다.

2번의 회귀식은 다음과 같다.

$$Y = -484{,}176{,}705 + 0.81X$$

계수의 t값이 57.97로 P-값이 1%에 비하여 현저하게 작으므로 이 관계식의 계수 0.81도 유의적이라고 볼 수 있다. 따라서 변동매출원가는 매출액의 약 81% 정도라고 볼 수 있다.

chapTer

09

표준원가계산서 작성

제09장 표준원가계산서 작성

1. 원가의 흐름

제조기업의 경우 제조원가에 관한 자료는 경영활동에 중요한 정보이다. 제조원가는 직접재료원가, 직접노무원가, 제조간접원가의 3 요소로 구성되어있다. 실제 제조원가의 흐름을 보면 다음과 같다.

직접재료원가 ➡ 재공품 ➡ 제품 ➡ 매출원가

직접노무원가

제조간접원가

제조간접원가는 직접재료원가와 직접무원가처럼 제품에 직접적으로 관련되어 있지 않은 제조원가를 말한다. 예를 들면 공장건물의 감가상각비와 같은 것은 제조에 기여하였지만 특정제품에 직접적으로 관련이 되어있음을 추적하기가 쉽지 않다. 따라서 제조간접원가는 보통은 배부기준을 인위적으로 만들어서 이를 제품에 배부하는 것이 일반적인 원가계산 방법이다.

2. 표준원가

표준원가는 실제원가와는 달리 일정한 조업도를 가정하여 산정한 수량표준과 가격표준에 의하여 계산한 원가이다. 따라서 실제원가처럼 복잡한 장부 기록과정은 필요하지 않다. 그러나 표준원가는 전략적 의사결정과 업적평가에 사용되기 때문에 매우 중요하다. 표준원가를 이용한 전략적 의사결정의 예로는 제품 가격결정 및 타당성 검증, 새로운 사업에 참여 여부, 예산 편성 등이 있다. 또한 표준원가와 실제원가를 비교하여 통제목적으로 사용되며, 이러한 정보를 이용하여 조직에 대한 업적평가 목적으로 활용할 수 있다.

표준원가는 기업의 전략적 의사결정에 활용되기 때문에 표준원가가 적절하게 산정되지 못할 경우 잘못된 의사결정을 초래할 수 있으며, 이로 인하여 기업은 심각한 타격을 입을 수 있다. 또한 표준원가는 업적평가에 활용되기 때문에 표준원가가 적절하지 못할 경우 업적평가에 불만이 생길 수 있다. 이처럼 표준원가가 기업경영에 매우 중요하나, 특정 제품에 대한 표준의 설정은 매우 어려운 일이다.

표준직접재료원가와 표준직접노무원가는 과거의 경험치를 통하여 설정하기도 하지만, 흔히 시간연구, 동작연구 등의 공학적인 방법을 사용하여 설정한다. 표준가격이나 표준임률은 노조계약, 물품구입송장에 나타난 금액으로 설정한다.

이러한 표준은 한번 설정된 후에 영구히 사용되는 것은 아니며, 제품의 원가에 영향을 미치는 경제적 변동이나 기술적 변동을 고려하여, 적어도 1년에 한번 이상의 주기로 이를 수정하여야 한다.

원가표준서는 보통 다음과 같이 작성된다.

원가표준	
제품명 : 니나노	
단위원가	
직접노무원가 : 1/2시간 @ 2.50원	1.25원
직접재료원가 :	
밀가루 : 1kg @ 0.50원	0.50원
알코올 : 1리터 @ 0.20원	0.20원
제조간접원가 : 1/2시간 @ 3.00원	1.50원
총단위원가계	3.45원

따라서 생산하여야 할 제품의 수량이 주어진다면, 얼마만큼의 재료비, 노무비, 제조간접비가 발생되어야 하는지를 알 수 있다.

다음 소절부터는 실제 사례를 이용하여 어떻게 표준원가계산서를 작성하는지를 살펴본다.

3. 사례분석

사례분석 (주)원효의 분기별 생산계획 및 표준원가계산

다음은 주식회사 원효의 표준원가계산과 관련된 정보이다.

(첨부된 '9장. 실습1 표준원가계산서 작성.xlsx' 참조)

1) 다음 자료는 제8장에서 매출예측을 통하여 도출된 (주)원효의 내년도 분기별, 제품별 매출액 추정치이다. 과거의 매출자료를 분석한 결과 분기별로는 매월 안정적으로 매출이 발생하였다.

분기별 · 제품군별 매출액 추정치

(단위 : 백만원)

제품군/분기	1분기	2분기	3분기	4분기	계
빵	11,071	7,381	5,536	12,917	36,905
빙과	947	1,893	2,840	631	6,311
계	12,018	9,274	8,376	13,548	43,216

(8장 매출예측 참조)

2) 당사는 빵류 3종류, 빙과류 3종류를 생산하고 있다. 제품 종류별 매출 구성비는 과거 자료를 분석한 결과 매년 일정하게 발생되고 있다. 제품 종류별 판매단가 및 재고에 관한 자료는 다음과 같다.

가) 제품별 판매단가 및 매출구성비(금액기준)

	제품종류	판매단가(원)	전체 매출대비 금액비
빵	A제품	300	50%
	B제품	500	30%
	C제품	1,000	20%
빙과	D제품	200	35%
	E제품	300	45%
	F제품	500	20%

주) 판매단가는 내년에도 당 년도와 마찬가지로 책정하며, 금액 비는 분기별 총매출액 대비율이다.

나) 당년도말 제품별 기말 재고수량(예측기간의 1/4분기 초의 재고수량임)은 다음과 같다.

제품군	제품종류	당기말 재고수량
빵	A제품	664,283
	B제품	212,570
	C제품	81,928
빙과	D제품	364,479
	E제품	259,809
	F제품	90,883

3) 당사는 매 분기말 기말재고(안전재고)로 빵류는 분기별 매출수량의 5%, 빙과류는 분기별 매출수량의 10%로 유지하는 재고정책을 갖고 있다.

4) 당사의 표준원가 자료는 다음과 같다.

가) 직접재료원가 자료

빵	단가	A제품투입량	B제품투입량	C제품투입량
밀가루	0.3원	75	100	120
설탕	2.5원	10	12	15
우유	2원	15	15	15

빙과	단가	D제품투입량	E제품투입량	F제품투입량
우유	2원	20	25	30
설탕	2.5원	12	14	18
초코렛	6원	3	5	10

나) 직접노무원가 자료

		노동투입량	임율(초당)	제품별 직접노무원가 계
빵	A제품	17	3원	51원
	B제품	18	3원	54원
	C제품	21	3원	63원
빙과	D제품	15	3원	45원
	E제품	25	3원	75원
	F제품	35	3원	105원

다) 제조간접원가는 직접재료비의 20%로 안정적으로 발생하고 있다.

◎ 요구사항

1) 위의 자료에 근거하여 (주)원효의 분기별 생산량계획을 엑셀을 이용하여 작성하라.
2) 1분기의 제조원가예산을 엑셀로 만들어 보라.

작성순서

1) 분기별 생산량계획 작성절차

현재 주어진 매출예측액은 제품별 구분과 수량 개념이 파악되어있지 않다. 따라서 주어진 정보를 활용하여 제품별/수량 정보를 구한다.

위의 '가) 제품별 판매단가 및 매출구성비(금액기준)'에는 제품별 전체 제품 대비 구성비와 단가정보가 나와 있다. 이 구성비를 이용하여 먼저 제품별 매출액을 구한다. 즉 '전체 매출액×구성비'는 해당제품의 매출액이다.

그림 9-1

	A	B	C	D	E	F	G
1							
2	1) 분기별 제품군별 매출액추정치				(단위:백만원)		
3	분기별매출	1분기	2분기	3분기	4분기	전체	
4	빵	11,071	7,381	5,536	12,917	36,905	
5	빙과	947	1,893	2,840	631	6,311	
6	소계	12,018	9,274	8,376	13,548	43,216	
7							
8							
9	2) 제품별 판매단가 및 재고에 관한 자료						
10		제품명	판매단가	전체제품대비금액비율			
11	빵	A제품	300	50%			
12		B제품	500	30%			
13		C제품	1000	20%			
14	빙과	D제품	200	35%			
15		E제품	300	45%			
16		F제품	500	20%			
17							
18	주) 금액비는 총매출액대비율						
19				=B$4*$D11			
20	3) 제품별 분기별 매출액 추정치					(단위:백만원)	
21		제품명	1분기	2분기	3분기	4분기	계
22	빵	A제품	5,535.70	3,690	2,768	6,458	18,452
23		B제품	3,321	2,214	1,661	3,875	11,071
24		C제품	2,214	1,476	1,107	2,583	7,381
25		소계	11,071	7,381	5,536	12,917	36,905
26	빙과	D제품	331	663	994	221	2,209
27		E제품	426	852	1,278	284	2,840
28		F제품	189	379	568	126	1,262
29		소계	947	1,893	2,840	631	6,311
30		전체계	12,018	9,274	8,376	13,548	43,216

예를 들면 빵 A제품의 1/4분기 제품매출액은 C22셀인데, "=B$4*$D11"로 수식을 입력하면 1/4분기 빵 전체 매출액 중에서 A 제품 매출액이 구하여진다. 마찬가지로 다른 모든 제품별 매출액은 같은 방법으로 안분이 된다. C22셀을 자동 채우기 핸들을 이용하여 복사를 하면 각 분기별로 쉽게 제품별 매출액이 구하여진다.

이어서 각 제품별 매출액을 해당 단가로 나누면 제품별 판매수량을 구할 수 있다.

그림 9-2

	A	B	C	D	E	F	G
9	2) 제품별 판매단가 및 재고에 관한 자료						
10		제품명	판매단가	전체제품대비금액비율			
11	빵	A제품	300	50%			
12		B제품	500	30%			
13		C제품	1000	20%			
14	빙과	D제품	200	35%			
15		E제품	300	45%			
20	3) 제품별 분기별 매출액 추정치					(단위:백만원)	
21		제품명	1분기	2분기	3분기	4분기	계
22	빵	A제품	5,535,70	3,690	2,768	6,458	18,452
23		B제품	3,321	2,214	1,661	3,875	11,071
24		C제품	2,214	1,476	1,107	2,583	7,381
25		소계	11,071	7,381	5,536	12,917	36,905
26	빙과	D제품	331	663	994	221	2,209
27		E제품	426	852	1,278	284	2,840
28		F제품	189	379	568	126	1,262
29		소계	947	1,893	2,840	631	6,311
30		전체계	12,018	9,274	8,376	13,548	43,216
31					=D22*1000000/$C11		
32	4) 제품별 분기별 판매량추정치					(단위:개)	
33		제품명	1분기	2분기	3분기	4분기	계
34	빵	A제품	18,452,319	12,301,546	9,226,159	21,527,705	61,507,729
35		B제품	6,642,835	4,428,556	3,321,417	7,749,974	22,142,782
36		C제품	2,214,278	1,476,185	1,107,139	2,583,325	7,380,927
37		소계	27,309,431	18,206,288	13,654,716	31,861,003	91,031,438
38	빙과	D제품	1,656,726	3,313,452	4,970,177	1,104,484	11,044,838
39		E제품	1,420,051	2,840,101	4,260,152	946,700	9,467,004
40		F제품	378,680	757,360	1,136,041	252,453	2,524,534
41		소계	3,455,457	6,910,913	10,366,370	2,303,638	23,036,377

[그림 9-2]에서 보듯이 빵 A제품의 단가는 300원이다(C11셀 참조). 따라서 2/4분기 판매량은 "=D22*1000000/$C11"을 입력하면 계산이 된다. 1,000,000을 곱하는 이유는 금액단위가 백만 단위로 되어있으므로 이를 맞추어주기 위함이다. 이와 같은 방법으로 모든 제품별 판매량을 구할 수 있게 된다.

이제 분기별 생산량을 구하여 보자. 당기에 분기별로 생산하여야 할 수량은 다음의 공식과 같이 구할 수 있다.

> 당분기 생산량=당분기 판매량+기말재고수량−기초재고수량

현재 1분기 초의 기초 제품별 재고수량은 가정에서 주어져 있다. ('2)−나' 참조) 기말재고는 매 분기별 판매수량의 빵은 5%, 빙과는10%를 안전재고로 보유하는 전략을 취하고 있으므로 이 안전재고는 당 분기말 재고수량이 되며, 이 기말수량은 동시에 다음 분기 초의 기초수량이 된다. 따라서 분기별 생산수량은 [그림 9−3]과 같이 구할 수 있다.

그림 9−3

	A	B	C	D	E	F	G
44	5) 당기말 현재 제품재고및 안전재고 정책						
45		제품명	당기말재고수량	안전재고요구율			
46	빵	A제품	664,283	5%			
47		B제품	212,570	5%			
48		C제품	81,923	5%			
49		소계	958,781				
50	빙과	D제품	364,479	10%			
51		E제품	259,809	10%			
52		F제품	90,883	10%			
53		소계	715,171				
54							
55	주)안전재고율은 분기별 예산매출량 대비율						
56							=E61-F61
57	6) 분기별 제품별 생산량계획			=C61*D46		=C61+D61	
58		=C34					
59				1분기 제품별생산계획			
60			추정매출수량	분기말제품재고량	당분기제품소요량	기초제품재고량	당기생산요구량
61	빵	A제품	18,452,319	922,616	19,374,934	664,283	18,710,651
62		B제품	6,642,835	332,142	6,974,976	212,570	6,762,406
63		C제품	2,214,278	110,714	2,324,992	81,928	2,243,064
64							
65	빙과	D제품	1,656,726	165,673	1,822,398	364,479	1,457,919
66		E제품	1,420,051	142,005	1,562,056	259,809	1,302,247
67		F제품	378,680	37,868	416,548	90,883	325,665

먼저 이미 구한 제품별 분기별 추정매출수량을 다시 일단 추정매출수량 열에 입력한다. C61셀에 "=C34"라고 입력하면 된다. 분기말 제품재고수량은 당 분기매출수량의 5%이므로 C62셀에 "=C61*D46"라고 입력하면 된다.

당분기 제품 소요량은 추정매출수량과 분기말 제품재고량을 더한 것이다. 수식은 "=C61+D61"이다. 1/4분기의 기초 제품재고량은 기초 가정에서 주어진 정보를 그대로 입력한다. 마지막으로 당기 생산요구량은 당분기 제품소요량(이는 당분기 추정매

출수량+기초제품재고량임)에서 기말제품재고량을 빼면 된다. 따라서 G61셀에는 "=E61−F61"이라는 수식을 입력한다. 나머지 제품도 모두 같은 과정으로 구하면 된다. 자동 채우기 핸들을 이용하여 복사를 하면 쉽게 구할 수 있다.

2/4분기의 제품별 생산량은 마찬가지로 구하면 된다. 1/4분기의 생산량계획과 다른 점은 1/4분기의 기말재고수량이 2/4분기의 기초 수량이 된다는 점이다.

마찬가지로 2/4분기의 기말수량은 3/4분기의 기초 수량이 된다. 이렇게 하면 4분기별 생산 수량을 모두 구할 수 있게 된다.

그림 9-4

	A	B	C	D	E	F	G
57	6) 분기별 제품별 생산량계획						
58							
59				1분기 제품별생산계획			
60			추정매출수량	분기말제품재고량	당분기제품소요량	기초제품재고량	당기생산요구량
61	빵	A제품	18,452,319	922,616	19,374,934	664,283	18,710,651
62		B제품	6,642,835	332,142	6,974,976	212,570	6,762,406
63		C제품	2,214,278	110,714	2,324,992	81,928	2,243,064
64							
65	빙과	D제품	1,656,726	165,673	1,822,398	364,479	1,457,919
66		E제품	1,420,051	142,005	1,562,056	259,809	1,302,247
67		F제품	378,680	37,868	416,548	90,883	325,665
68							
69							
70				2분기 제품별생산계획			
71			추정매출수량	분기말제품재고량	당분기제품소요량	기초제품재고량	당기생산요구량
72	빵	A제품	12,301,546	615,077	12,916,623	922,616	11,994,007
73		B제품	4,428,556	221,428	4,649,984	332,142	4,317,343
74		C제품	1,476,185	73,809	1,549,995	110,714	1,439,231
75							
76	빙과	D제품	3,313,452	331,345	3,644,797	165,673	3,479,124
77		E제품	2,840,101	284,010	3,124,111	142,005	2,982,106
78		F제품	757,360	75,736	833,096	37,868	795,228

2) 1/4분기 제조원가

이제 표준원가 정보를 이용하여 분기별 제품별 제조원가를 구하여 보자. 제조원가는 생산계획과는 별도의 시트에다 작성하여 본다.

가정에서 주어진 제품별 직접재료 소요량 및 단가를 이용하여 제품별 단위당 직접재료원가 합계액을 구한다.

그림 9-5

	A	B	C	D	E	F	G
13							
14	2) 직접재료원가자료						
15			제품1단위당 표준직접재료소료량				
16	빵	단가	A제품	B제품	C제품		
17	밀가루	0.3	75	100	120		
18	설탕	2.5	10	12	15		
19	우유	2	15	15	15		
20							
21	빙과	단가	D제품	E제품	F제품		
22	우유	2	20	25	30		
23	설탕	2.5	12	14	18		
24	초코렛	6	3	5	10		
25							
26		제품1단위당 직접재료원가		=$B$17*C17+$B$18*C18+$B$19*C19			
27	빵	A제품	77.5				
28		B제품	90				
29		C제품	103.5				
30							
31	빙과	D제품	88				
32		E제품	115				
33		F제품	165				
34							

A제품의 표준 직접재료 수량은 단가 0.3원인 밀가루 75그램, 단가 2.5원인 설탕 10그램, 단가 2원인 우유 2 밀리리터가 들어간다. 따라서 이를 식으로 구현하면 C27셀에 수식을 "=$B$17*C17+$B$18*C18+$B$19*C19"로 입력한다. 나머지 제품들은 자동 채우기 핸들을 이용하여 복사하면 쉽게 완성이 된다.

두 번째로 직접노무원가를 제품별로 구한다. 직접노무원가는 제품별 표준 노동투입량에 표준임율을 곱하여 구한다. 따라서 [그림 9−6]과 같이 E38셀에는 "=C38*D38"을 입력하면 단위당 제품별 표준노무비가 계산된다. [그림 9−6]에서 '4) 제조간접원가 자료'는 제조간접원가 계산을 위하여 입력한 것이다.

그림 9-6

	A	B	C	D	E	F
34						
35	3) 직접노무원가자료			=C38*D38		
36			제품1단위당 직접노무원가			
37			노동투입량	임율(초당)	직접노무원가	
38	빵	A제품	17	3	51	
39		B제품	18	3	54	
40		C제품	21	3	63	
41						
42	빙과	D제품	15	3	45	
43		E제품	25	3	75	
44		F제품	35	3	105	
45						
46						
47	4) 제조간접원가자료					
48			직접재료원가 대비 비율			
49	빵	A제품	20%			
50		B제품	20%			
51		C제품	20%			
52						
53	빙과	D제품	20%			
54		E제품	20%			
55		F제품	20%			
56						

그림 9-7

	A	B	C	D	E	F	G
1	1) 분기별제조원가		=생산계획!G61		=C4*C27/1000000		
2	1분기제조원가					(단위:백만원)	
3			생산요구량	직접재료원가	직접노무원가	제조간접원가	제조원가 합계
4	빵	A제품	18,710,651	1,450	954	290	2,694
5		B제품	6,762,406	609	365	122	1,096
6		C제품	2,243,064	232	141	46	420
7							
8	빙과	D제품	1,457,919	128	66	26	220
9		E제품	1,302,247	150	98	30	277
10		F제품	325,665	54	34	11	99
11							
12						총계	4,805

빵 A제품의 1/4분기 제조원가를 구하여 본다. 먼저 앞서의 생산계획 시트에서 해당 생산수량 데이터를 링크시킨다. C4셀에다 "=생산계획!G61"을 입력하면 생산계획 시트의 G61의 데이터가 링크가 된다.

직접재료원가 총액을 보여주는 D4셀에는 "=C4*C27/1000000"을 입력한다. 1,000,000으로 나눈 이유는 단위를 백만 단위로 표시하기 위함이다.

마찬가지로 수량에다 직접노무비 단위당 금액을 곱하면 직접노무비 합계도 구하여 진다.

제조간접원가는 직접재료비의 20%라고 가정하였으므로 직접재료비 총액에다가 20%를 곱하면 산출이 된다. 나머지 5가지 제품도 마찬가지로 구하면 1/4분기의 제품별 제조원가를 모두 구할 수 있게 된다.

실습문제 9-1

위의 사례를 이용하여, 2/4분기, 3/4분기, 4/4분기의 제조원가계산을 하여 보라. 본문에서 설명한 사례의 1/4분기와 동일한 순서로 작성하여본다.

chapTer

10

추정재무제표의 작성

제10장 추정재무제표의 작성

1. 추정재무제표의 의의

기업의 재무계획 결과는 추정재무제표(pro forma financial statements)를 통해 요약된다. 추정재무제표의 작성은 매출액 예측을 출발점으로 하여, 여러가지 핵심적 요인에 대한 가정에 기초하여 수행된다. 추정재무제표를 통하여 기업들은 새로운 사업을 모색한다든지 아니면, 내년도 소요자금예측을 정확하게 수행할 수 있다.

2. 추정재무제표 작성절차

추정재무제표의 작성절차는 다음과 같은 절차를 따르는 것이 일반적이다.

① 매출액 예측

② 예측기간 동안의 매출원가, 판매비와 일반관리비 등과 같은 영업비용과 기타비용을 추정하여 현금예산을 작성한다. 이때 기초 재무상태표 잔액들의 변화와 매출채권, 매입채무 지급기간과 관련된 현금흐름 및 자금 과부족들을 모두 가능한 대안으로 추정한다.

③ 자금흐름의 결과 이자비용과 수입이자 내역이 완성되면, 추정손익계산서를 작성한다.

④ 위의 '②'와 '③'의 결과를 반영하여 추정재무상태표를 작성한다.

3. 현금예산이란?

현금예산이란 미래 일정 기간 동안에 발생하게 될 현금 수입과 현금 지출을 예상하고, 현금 과부족의 투자 및 자금조달에 관한 계획을 수립하는 것이다. 기업회계는 일반적으로 발생주의 회계에 근거하여 재무상태표와 포괄손익계산서를 작성하나, 재무계획에서는 현금 과부족에 관한 예측이 필수적이므로 현금예산을 작성하여 재무계획에 반영한다.

1) 현금예산의 이용방안

- 대출한도의 교섭
- 단기차입 및 투자의 만기 결정
- 배당정책
- 매출채권정책
- 매입채무정책

2) 현금 수입의 주요 원천

- 제품판매
- 차입
- 투자회수

3) 현금지출의 주요원천

- 매입
- 투자
- 차입금 상환
- 법인세 등
- 배당금

4) 현금과부족

계획 기간 별로 현금수입에서 현금 지출을 차감하면 기간 동안의 현금과부족액이 나타난다.

현금수입액 − 현금지출액 = 현금과부족

재무관리자의 역할은 현금부족 시에는 자금조달 비용이 가장 낮은 조달방법으로 부족액 충당방법 제시하고, 현금과다 시에는 투자수익이 높은 투자안에 투자방법 제시하는 것이다. 이러한 원칙을 반영하여 현금과부족액이 발생하지 않도록 자금의 조달과 투자계획을 현금예산에 반영해야한다.

Check Point

❖ 재무관리자의 자금관리의 기본원칙

① 여러 투자안 중 수익성이 높고 위험은 낮은 대안을 선택한다.
② 자금조달은 이자비용이 가장 낮은 조달방법을 선택한다.
③ 자금지출은 가급적 늦게, 자금수입은 가급적 빠르게 한다.
④ 적정한 현금이 계속 보유될 수 있도록 유지한다.

기업은 사업의 규모에 적정한 현금 보유가 중요하다. 따라서 재무관리자는 자금계획 수립 시 다음과 같은 점을 고려하여야 한다.

① 자금의 수입과 자금의 지출을 일치시켜야 한다.

투자 + 차입액상환 = 신규차입액 + 투자회수 + 순현금흐름(영업활동)

② 투자와 자금조달 시 수익성과 위험을 고려

5) 엑셀을 이용한 현금예산

엑셀과 같은 컴퓨터 프로그램을 이용한 현금예산의 이점은 다음과 같다.

① 주요 가정, 변수, 정책의 변화에 따른 현금흐름의 변화(순현금흐름, 부족자금추정치 등)를 빠르게 제시한다(민감도분석).
② 복잡한 변수들을 종합적, 동시적으로 고려하는 모형을 수립할 수 있다.

③ 보다 많은 대안의 탐색이 가능하다.

④ 보다 빠른 의사결정이 가능하다.

⑤ 기업활동에 대한 명료한 이해가 가능하다.

4. 실제 사례를 통한 추정재무제표 작성

(1) 기초자료와 요구사항

(주)원효의 추정재무제표 작성을 위하여 다음과 같은 기초 자료가 제시되어있다.

1) 현금수입

모든 매출은 외상으로 이루어지며, 과거 경험에 의하면 매출채권은 60%가 판매한 분기에 회수되며 40%는 다음분기에 회수된다. 대손상각은 없는 것으로 가정한다.

매출채권 회수경향	
당분기	다음 분기
60%	40%

2) 현금지출

① 직접재료의 구입은 모두 외상으로 이루어진다. 매입채무의 66.7%는 매입 당분기에 지급하며 나머지는 다음분기에 지급한다. 재고자산은 없는 것으로 가정한다.

매입채무지급 경향	
당분기	다음 분기
66.7%	33.3%

② 당사의 현금잔액은 당 분기의 법인세를 제외한 영업현금 지출액의 3%를 보유하는 정책을 취하고 있다. 영업현금지출액은 영업비용 중 현금으로 당분기에 지출되는 비용을 말한다. 매 분기별 현금 부족액은 예금보유액, 은행의 당좌대출 순으로 자동적으로 보충한다. 현금여유분은 단기차입상환, 예금순으로 사용한다.

③ 이자율 가정

현금 필요잔액을 초과하는 현금은 은행에 자동적으로 예금하며, 예금이자율은 10%이다. 부족한 현금은 단기차입금으로 조달하며, 차입이자율은 13%이다. 수입이자 및 지급이자는 분기 중 평균잔액 개념으로 계산한다.

④ 법인세는 1/4분기에 전년도 미지급분을 지급하며, 3/4분기에 중간예납을 한다. 법인세율은 30%이며, 중간예납은 전년도 미지급법인세액와 동일한 금액을 하는 것으로 가정한다.

⑤ 배당금은 1/4분기에 3,647백만원을 전년도 분으로 지급한다.

현금지출경향

법인세율	배당금액
30%	3,647백만원

⑥ 판매관리비

판매관리비는 전액 고정원가로서 매 분기 마다 1,650백만원이 현금 지출된다.

⑦ 감가상각비와 위에서 언급된 사항을 제외한 모든 지출은 발생한 월 또는 분기에 지급한다. 당기에는 추가 퇴직급여충당금 설정액은 없다고 가정한다.

3) 재무상태표

① 당기말 재무상태표 잔액

자　산

현　금	360
예　금	2,570
매출채권	4,230
비유동자산	14,690
자산합계	21,850

② 재무상태표 계정 설명

비유동자산	
토지	8,690
건물	6,000
계	14,690

유동부채	
매입채무	1,903
미지급법인세	3,126
미지급금	3,647
계	8,676

비유동부채	
퇴직급여충당부채	3,329

자 본	
자본금	4,500
잉여금	5,345
계	9,845

4) 차기 분기별 매출과 매출원가

① 차기 분기별 매출 계획

차기의 분기별 매출은 매출액 예측기관에 의뢰하여 아래와 같은 자료를 구하였다. (제8장 매출액예측 참조)

1분기	2분기	3분기	4분기	합계
12,315	9,412	8,412	13,917	44,057

② 차기 분기별 매출원가 계획

매출원가는 생산계획의 결과 다음과 같은 자료가 파악되었다.

(제9장 생산계획 참조)

변동원가	1분기	2분기	3분기	4분기	합계
직접재료원가	6,203	3,158	2,534	4,405	16,300
직접노무원가	1,658	1,231	988	1,717	5,594
제조간접원가	1,861	964	773	1,344	4,942
계	9,723	5,353	4,295	7,466	26,837
고정원가					
감가상각비	150	150	150	150	600
고정노무비	300	300	300	300	1,200
기타간접원가	350	350	350	350	1,400
계	800	800	800	800	3,200
매출원가총계	10,523	6,153	5,095	8,266	30,037

요구사항

1) 차기 분기별 현금예산을 작성하라.
2) 차기 4/4분기말 추정재무상태표를 작성하라.
3) 차기 분기별 손익계산서를 작성하라.

(2) 현금예산 작성

먼저 위에서 언급한 제반 가정요소들을 별도의 시트에 "현금예산가정"이란 시트 이름으로 입력을 한다. 이렇게 함으로써 기본가정 요소들을 편리하게 불러다 쓸 수 있다.

다음으로 [그림 10-1]과 같이 현금예산 작성에 필요한 기본 틀을 엑셀 워크시트에 구성한다.

그림 10-1

	A	B	C	D	E	F	G	H
1				현금예산				
2				1분기	2분기	3분기	4분기	
3	1)	현금수입			=현금예산가정!E41			
4			기초현금	360	356	260	204	
5			매출회수	11,619	10,574	8,812	11,715	
6		=D29	예금인출	-				입력영역
7			단기차입	-		-		
8			수입이자	64	64	64	64	
9		=SUM(D4:D8)	계	12,044	10,994	9,136	11,983	
10								
11	2)	현금지출						
12			매입지급	6,041	4,172	2,742	3,782	
13			기타비용지출	5,819	4,495	4,061	5,361	
14			법인세	3,126		3,126		
15			배당금	3,647				
16			은행예금					입력영역
17			단기차입금상환		-		-	
18			지급이자	-	-	-	-	
19			현금안전보유량	356	260	204	274	
20		=SUM(D12:D19)	계	18,989	8,927	10,133	9,417	=D9-D20
21	3)	현금과부족		- 6,945	2,067	- 997	2,566	
22								

현금예산은 기본적으로 현금수입, 현금지출, 현금과부족 등 3단계로 구성되는 경우가 보통이다. [그림 10-1]의 예에서는 현금수입의 세부요소로서, 기초현금, 매출회수, 예금인출, 단기차입, 수입이자의 항목이 있고, 현금지출로는 매입지급, 기타비용지출, 법인세, 배당금, 은행예금, 단기차입금상환, 지급이자, 현금안전보유량(현금기말재고) 등으로 구성한다. 그리고 현금수입 총액에서 현금지출총액을 차감한 것이 현금과부족이 된다.

[그림 10－1]의 예와 같이 1차적인 자금의 수입과 지출을 반영하여 현금예산서를 작성한 결과, 현금 과부족 금액이 양수로 산출된다면 어떻게 해야 할까? 이 경우에 만약 기초 재무상태표 상 단기차입금 잔액이 있다면 상환을 하고, 만약 단기차입금이 없다면 은행예금을 하면 될 것이다. 앞의 기초자료에서 차입금이자는 13%이고, 예금이자는 10%로 제시되어 있으므로 이렇게 하는 것이 수익성을 최적화 하는 방법이 될 것이다. 또 반대로 현금이 부족하면, 은행의 예금을 인출하고, 예금 잔액이 없다면 단기차입을 하게 된다. 어떻든 재무관리자의 조정 후 현금과부족은 언제나 일치되어야 한다.

[그림 10－1]의 예는 아직 재무관리자의 조정이 있기 전 상태로써, 각 분기별로 현금이 과하거나 부족한 상태를 보이고 있다. 재무관리자의 조정은 이를 제외한 모든 요소가 입력 된 후 한다. [그림 10－1]의 입력영역이라고 박스가 쳐진 부분이 바로 재무관리자의 조정 영역을 보여주는 부분이다.

아래에서는 재무관리자의 조정 전에 먼저 위의 상태로 만드는 과정을 설명한다.

1) 기초현금

현금수입 중 1/4분기의 기초현금은 전년도 재무상태표 상의 기말 현금잔액이다. 이를 현금예산 가정에서 링크시키면 된다. 2/4분기, 3/4분기, 4/4분기의 기초현금은 각 전 분기의 현금안전보유량을 그대로 링크하면 된다.

2) 매출회수

매출회수는 회사의 매출채권 회수정책을 반영시키는 모듈을 따로 작성한 후 그 결과를 링크시킨다. ([그림 10－2])

그림 10-2

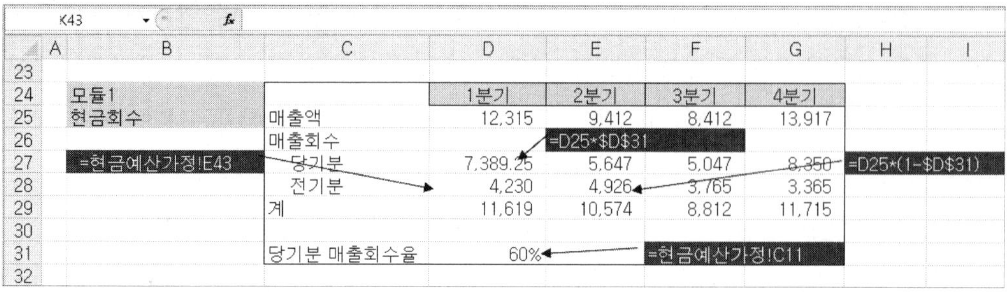

	A	B	C	D	E	F	G	H
23								
24		모듈1		1분기	2분기	3분기	4분기	
25		현금회수	매출액	12,315	9,412	8,412	13,917	
26			매출회수		=D25*$D$31			
27		=현금예산가정!E43	당기분	7,389.25	5,647	5,047	8,350	=D25*(1-$D$31)
28			전기분	4,230	4,926	3,765	3,365	
29			계	11,619	10,574	8,812	11,715	
30								
31			당기분 매출회수율	60%		=현금예산가정!C11		
32								

D25, E25, F25, G25셀에 각각 가정에서 주어진 매출액을 입력한다. 매출회수는 당분기 회수율을 D31셀에 입력한 후 이를 이용하여 구한다. 즉, 1/4분기 매출회수액은 당기분은 1/4분기매출액에 당기회수율을 곱하는 수식(=D25*$D$31)을 D27셀에 입력한다. 그리고 자동 채우기 핸들을 활용하여 E, F, G로 복사한다. 그러면 각 분기별 당기 회수분이 산출된다.

전기분은 1/4분기는 재무상태표 상의 기말 매출채권이 회수된다고 보고, 이를 링크시킨다. 2/4분기는 1/4분기 매출액 중 1/4분기 미회수분이 다 회수되므로, D29셀에는 "=D25*(1−$D$31)"을 입력한다. 이후 3/4분기, 4/4분기는 마찬가지로 자동 채우기로 복사한다. 그리고 합계에는 당기분과 전기분을 합치면(자동합계 이용) 각 분기별 매출채권 현금 회수액이 계산된다. 그리고 이 금액을 현금예산 표의 현금수입 중 매출회수 란에 링크시키면 된다. 즉 현금예산표의 D5셀에 "=D29"라는 수식을 입력하면 링크가 된다.

2/4, 3/4, 4/4분기의 매출채권 회수액은 자동 채우기로 복사를 한다. 입력수식들에서 당기 회수율을 절대주소화한 이유는 이처럼 복사를 하기 위함이다.

3) 수입이자

수입이자는 [그림 10－3]다음과 같은 모듈을 따로 만들어 계산 결과를 현금예산표에 링크시킨다.

그림 10－3

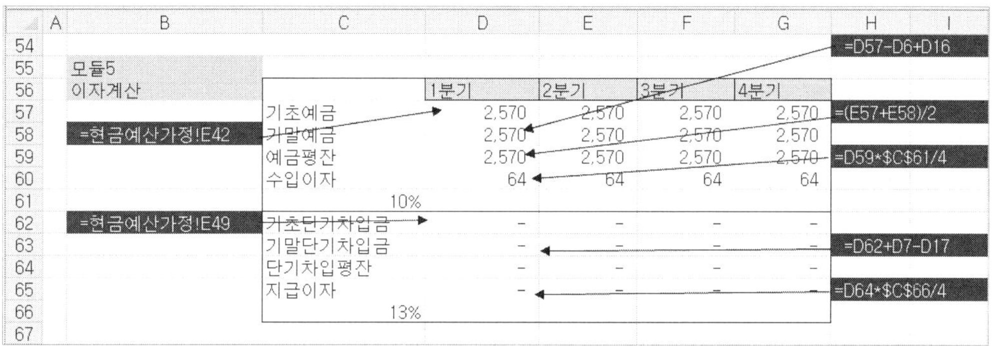

기초가정에서 수입이자는 예금 잔액의 평균에 수입이자율을 곱하여 산출하는 것으로 하였으므로, 먼저 C61셀에 10%를 입력하고, 1/4분기 기초 예금잔액은 기초재무상태표 상의 예금잔액을 링크시킨다. 1/분기 기말 예금잔액은 기초예금＋ 당기예입액－예금인출액 이므로 D58셀에는 "＝D57－D6＋D16"(현금예산표 참조)이라는 수식을 입력한다. 예금평잔은 (기초예금＋기말예금)/2 하여 구한다. 따라서 D59셀에는 "＝(D57＋D58)/2"라는 수식을 입력한다. 수입이자는 예금평잔 곱하기 이자율에다 분기이므로 1/4을 곱하여 구한다. 따라서 D60셀에는 "＝D59*$C$6*1/4"을 입력한다.

2/4분기 기초예금은 1/4분기 기말예금을 그대로 링크시킨다. 다른 사항들은 위에 설명한 바와 같이 구한다. 이후 현금예산표의 수입이자란(D8, E8, F8, G8셀)에 이 결과를 링크시킨다.

4) 매입채무 지급

매입채무 지급도 기본 논리는 매출채권 회수와 같다. 다음의 모듈을 현금예산표 아래에 만들어 계산결과를 현금예산표에 링크시킨다.

가정에서 주어진 당기재료 매입분을 D34셀부터 차례로 분기별로 입력한다. D40셀에 당기지급률 66.7%를 입력한다. 1/4분기 지급액은 당기 매입분 중 66.7%와 전기 미지급분을 더하여 구한다. 이 때 1/4분기 전기 미지급분은 기초 재무상태표상의 매입채무 잔액이다. 따라서 D36셀에는 "=D34*$D$40"을 입력한다.

그림 10-4

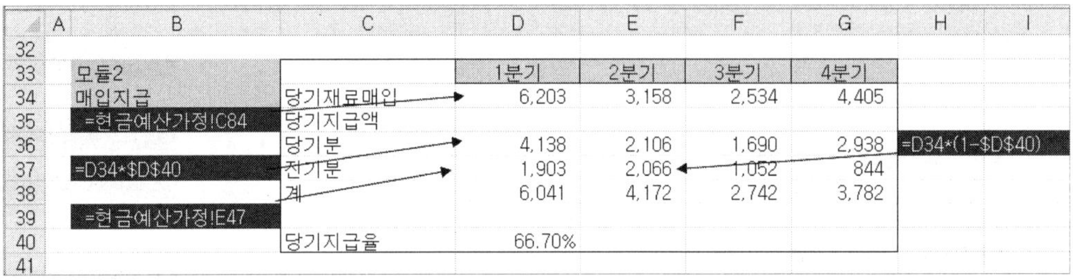

	A	B	C	D	E	F	G	H	I
32									
33		모듈2		1분기	2분기	3분기	4분기		
34		매입지급	당기재료매입	6,203	3,158	2,534	4,405		
35		=현금예산가정!C84	당기지급액						
36			당기분	4,138	2,106	1,690	2,938	=D34*(1-$D$40)	
37		=D34*$D$40	전기분	1,903	2,066	1,052	844		
38			계	6,041	4,172	2,742	3,782		
39		=현금예산가정!E47							
40			당기지급율	66.70%					
41									

D37셀에는 재무상태표 상의 금액을 링크시킨다. 합계는 자동합계 기능을 이용하여 당기분과 전기분을 더하면 된다. 2분기 매입채무 지급금액은 당기분은 1/4분기처럼 2/4분기매출액에 당기지급률을 곱하여 구하고, 전기분은 1/4분기의 미지급액을 지급하면 된다. 즉, E37셀에는 "=D34*(1−$D$40)"을 입력한다. 이후 3/4분기 4/4분기도 2/4분기와 같은 논리로 하거나, 2/4분기 결과를 자동채우기로 복사하면 된다. 당기지급률에 절대주소를 사용한 이유는 이처럼 복사를 하기 위함이다.

이후 각 분기의 지급액 결과를 현금예산표의 매입지급란에 링크시킨다. 즉, D12셀에 "=D38"이라는 수식을 입력하면 링크가 된다.

5) 기타비용지출

기타비용은 매 분기마다 현금으로 지출되는 기타비용을 집계한 것이다. 이는 가정에서 주어진 대로 그대로 입력한 후 그 합계를 현금예산표에 링크시키면 된다. 합계는 자동합계를 사용하면 된다. 이후 D13셀에 "=D48"을 입력하면 링크가 된다. 다른 분기도 마찬가지이다.

그림 10-5

	A	B	C	D	E	F	G	H
41								
42		모듈3		1분기	2분기	3분기	4분기	
43		기타지출	직접노무원가	1,658	1,231	988	1,717	
44			제조간접원가	1,861	964	773	1,344	
45			고정노무비	300	300	300	300	
46			기타간접원가	350	350	350	350	
47			판매관리비	1,650	1,650	1,650	1,650	
48			계	5,819	4,495	4,061	5,361	
49								

6) 법인세와 배당금

법인세와 배당금은 가정대로 현금예산표에 반영한다. 기초 재무상태표 상의 미지급금은 미지급법인세와 미지급배당금이므로 1/4분기에 지출되는 것으로 현금예산표에 반영한다. 또한 3/4분기에 법인세 중간예납액을 지급하는 것으로 되어 있으므로 전년도 미지급액과 동일 금액을 3/4분기에 지급하는 것으로 반영한다. 이는 선납법인세로 본다.

7) 지급이자

지급이자는 기본적으로 수입이자와 같은 논리로 구성한다(수입이자란 참조). 1/4분기의 기초 단기차입금은 기초 재무상태표상의 잔액으로 하며, 이후 1/4분기 기말 단기차입금잔액은 '기초 단기차입금 잔액 + 단기차입액 − 단기차입상환액'이다. 따라서 D63셀에는 "=D62+D7−D17"을 입력한다. 이후 2/4분기, 3/4분기, 4/4분기는 자동 채우기 핸들로 복사를 한다.

8) 현금안전보유량

현금안전보유량은 지급불능 위험에 대비한 안전 현금보유량 개념으로, 현금예산모형에서 기말 현금 보유량에 해당한다. 기초가정에서 현금안전보유량은 영업현금지출액의 3%로 가정했으므로, '매입지급액+기타비용지출액'에 3%를 곱하여 추정한다. 따라서 D52셀은 "=D38+D48"을 입력하며, D53에는 "=D52*$B$52"로 입력한다. B52셀에는 가정대로 3%를 입력한다. 2/4분기, 3/4분기, 4/4분기 모두 마찬가지이다. 이후 이를 현금예산표에 링크시킨다.

그림 10-6

	A	B	C	D	E	F	G	H	I
49									
50		모듈4						=D38+D48	
51		현금보유액		1분기	2분기	3분기	4분기		
52		3%	영업현금지출액	11,860	8,667	6,803	9,143	=D52*$B$52	
53			현금안전보유량	356	260	204	274		
54									

9) 현금과부족

현금과부족은 현금수입 합계에서 현금지출 합계를 차감한 금액이다.

다시 [그림 10-1]의 현금예산 표를 보자.

1/4분기의 현금과부족 을 의미하는 D21셀은 "=D9-D20"을 하여 구한다. 그러면 그림에서 보듯이 -6,945라는 결과값이 나온다. 마찬가지로 2/4분기는 +2,067, 3/4분기는 -997, 4/4분기는 +2,566이 나온다. 이와 같이 현금과부족이 예상이 되면 재무관리자는 이를 어떻게 자금유입과 유출을 일치시켜야 할지를 고민하여야 한다.

가정대로 재무관리자가 행동한다고 보자. 즉, 현금이 부족하면 일단 예금을 인출하고, 그래도 부족하면 단기차입을 한다. 이것이 수익성을 최적화한 방법이다. 반대로 돈이 여유가 있으면, 먼저 단기차입을 갚고 이후 예금을 한다고 본다.

10) 현금예산의 완성

1/4분기에 현금이 예측대로라면 6,945만큼 부족이 예상된다. 먼저 기초 잔액에 예금 잔액이 2,570원이 있으므로 현금예산표의 1/4분기 예금인출란(D6셀)에 2,570을 입력하자. 그러면 현금예산표는 [그림 10-7]과 같이 변한다.

즉, 현금과부족이 -4,407로 변동되며, 이와 관련하여 바로 수입이자도 변동한다(그 이전에는 64였으나 32로 변화함). 이는 예금 평잔에 이자율을 곱하여 수입이자를 계산하는데, 예금 기말 잔액이 0으로 변동되어 예금 평잔에 영향을 주었기 때문이다.

그림 10-7

	A	B	C	D	E	F	G	H
1				현금예산				
2				1분기	2분기	3분기	4분기	
3	1)	현금수입			=현금예산가정!E41			
4			기초현금	360	356	260	204	
5			매출회수	11,619	10,574	8,812	11,715	
6		=D29	예금인출	2,570				입력영역
7			단기차입	-		-		
8			수입이자	32	-	-	-	
9		=SUM(D4:D8)	계	14,581	10,929	9,072	11,919	
10								
11	2)	현금지출						
12			매입지급	6,041	4,172	2,742	3,782	
13			기타비용지출	5,819	4,495	4,061	5,361	
14			법인세	3,126		3,126		
15			배당금	3,647				
16			은행예금					입력영역
17			단기차입금상환		-		-	
18			지급이자	-	-	-	-	
19			현금안전보유량	356	260	204	274	
20		=SUM(D12:D19)	계	18,989	8,927	10,133	9,417	=D9-D20
21	3)	현금과부족		- 4,407	2,002	- 1,061	2,502	
22								

예금을 인출하고도 부족한 현금은 어떻게 해야 할까? 이제는 더 이상 인출할 예금이 없으므로 단기차입금으로 조달하여야 할 것이다[5]. 따라서 4,407만큼 대출하기로 하고, 그 금액을 D7셀에다 입력한다. [그림 10－8]은 4,407을 단기차입에 입력한 결과이다. 그러나 이번에도 현금과부족은 일치하지 않는다. 아직도 72원만큼 현금은 부족하다. 이는 무슨 까닭인가?

이것은 단기차입금을 대출하여 기말 단기차입금 잔액이 늘어나고, 이로 인하여 단기차입금에 대한 평잔이 커져 지급이자 72원이 추가 발생하였기 때문이다. 따라서 그 부분만큼 추가 현금소요 부분이 발생한 것이다.

이렇듯 돈이 부족해서 단기차입을 하면 이로 인한 지급이자가 발생하고, 그에 따라 자금부족이 생기고, 또 단기차입을 하여야 하고, 또 이자가 발생하고, 이와 같이 꼬리를 물고 이어지는 단기차입과 이자의 관계를 이자의 순환성이라 한다.

5) 예금을 인출하고도 현금 부족이 발생할 경우는 그 규모와, 회사의 기타 상황을 고려하여 장기차입금에 대한 조달을 검토할 필요성이 있을 수 있다. 검토결과 장기자금을 조달하는 것이 회사입장에서 바람직할 경우는 먼저 현금 수입에 장기차입을 추가하여 차입금액을 현금예산에 반영해야 한다. 물론 이와 관련하여 이자비용도 조정해야 한다.

그림 10-8

	A	B	C	D	E	F	G	H
1				현금예산				
2				1분기	2분기	3분기	4분기	
3	1)	현금수입			=현금예산가정!E41			
4			기초현금	360	356	260	204	
5			매출회수	11,619	10,574	8,812	11,715	
6		=D29	예금인출	2,570				입력영역
7			단기차입	4,407		-		
8			수입이자	32	-	-	-	
9		=SUM(D4:D8)	계	18,988	10,929	9,072	11,919	
10								
11	2)	현금지출						
12			매입지급	6,041	4,172	2,742	3,782	
13			기타비용지출	5,819	4,495	4,061	5,361	
14			법인세	3,126		3,126		
15			배당금	3,647				
16			은행예금					입력영역
17			단기차입금상환		-		-	
18			지급이자	72	143	143	143	
19			현금안전보유량	356	260	204	274	
20		=SUM(D12:D19)	계	19,060	9,070	10,276	9,560	=D9-D20
21	3)	현금과부족		- 72	1,859	- 1,204	2,359	
22								

그림 10-9

	A	B	C	D	E	F	G	H
1				현금예산				
2				1분기	2분기	3분기	4분기	
3	1)	현금수입			=현금예산가정!E41			
4			기초현금	360	356	260	204	
5			매출회수	11,619	10,574	8,812	11,715	
6		=D29	예금인출	2,570				입력영역
7			단기차입	4,479		-		
8			수입이자	32	-	-	-	
9		=SUM(D4:D8)	계	19,060	10,929	9,072	11,919	
10								
11	2)	현금지출						
12			매입지급	6,041	4,172	2,742	3,782	
13			기타비용지출	5,819	4,495	4,061	5,361	
14			법인세	3,126		3,126		
15			배당금	3,647				
16			은행예금					입력영역
17			단기차입금상환		-		-	
18			지급이자	73	146	146	146	
19			현금안전보유량	356	260	204	274	
20		=SUM(D12:D19)	계	19,061	9,073	10,278	9,563	=D9-D20
21	3)	현금과부족		- 1	1,857	- 1,206	2,356	
22								

다시 72원을 추가차입하자. 즉 4,407+72=4479이므로 단기차입금 규모를 D7셀에 4,479로 입력하자. 그러면, [그림 10-9]에서 보듯이 현금과부족이 1원 만큼 또 존재한다. 이 역시 이자의 순환성에 따른 문제이다.

그러나 그 차이는 점점 줄어든다. 이제 다시 '4,479+1=4,480'이므로 4,480을 D7 셀에 입력하자.

그림 10-10

	A	B	C	D	E	F	G	H
1				현금예산				
2				1분기	2분기	3분기	4분기	
3	1)	현금수입			=현금예산가정!E41			
4			기초현금	360	356	260	204	
5			매출회수	11,619	10,574	8,812	11,715	
6		=D29	예금인출	2,570				입력영역
7			단기차입	4,480		-		
8			수입이자	32	-	-	-	
9		=SUM(D4:D8)	계	19,061	10,929	9,072	11,919	
10								
11	2)	현금지출						
12			매입지급	6,041	4,172	2,742	3,782	
13			기타비용지출	5,819	4,495	4,061	5,361	
14			법인세	3,126		3,126		
15			배당금	3,647				
16			은행예금					입력영역
17			단기차입금상환		-		-	
18			지급이자	73	146	146	146	
19			현금안전보유량	356	260	204	274	
20		=SUM(D12:D19)	계	19,061	9,073	10,278	9,563	=D9-D20
21	3)	현금과부족		- 0	1,857	- 1,206	2,356	
22								

조정 세 번째 만에 비로소 현금과부족이 0이 되었다. 그런데 이상한 점 하나는 0값에 -부호가 붙어있다는 점이다. 이는 현재 현금예산표의 단위가 천원으로 표시되어 있지만 실제 엑셀에서는 원단위를 소수점 이하로 계산하고 있기 때문이다. 보통 예측을 하는데 있어서 천원 단위 미만으로 틀리는 상태는 중요한 오류가 아니므로 이 정도라면 현금과부족이 없는 상태라고 보아도 무방하다. 이제 1/4분기의 현금수지를 맞춘 것이다.

이제 2/4분기를 맞추어 보자. 현재 2/4분기는 현금이 +1,857이다. 또한 지난 분기에 단기차입의 결과로 현재 단기차입금의 잔액은 4,480이다. 단기차입금의 잔액 확인은 아까 만들어 놓은 이자계산 모듈의 기초 단기차입금의 내역을 보면 즉각 확인이 가능하다([그림 10-11] 참조). 자금의 여유가 있을 때에는 먼저 단기차입금을 갚고, 그 후 예금을 하는 것이 수익의 최적화 하는 것이다. 따라서 현금지출란의 단기차입금 상환에 1,857을 입력하여보자.

그림 10-11

	A	B	C	D	E	F	G	H
54								
55		모듈5						=D57-D6+D16
56		이자계산		1분기	2분기	3분기	4분기	
57			기초예금	2,570	-	-	-	=(E57+E58)/2
58		=현금예산가정!E42	기말예금	-	-	-	-	
59			예금평잔	1,285	-	-	-	=D59*$C$61/4
60			수입이자	32	-	-	-	
61			10%					
62		=현금예산가정!E49	기초단기차입금	-	4,480	2,623	2,623	
63			기말단기차입금	4,480	2,623	2,623	2,623	=D62+D7-D17
64			단기차입평잔	2,240	3,552	2,623	2,623	
65			지급이자	73	115	85	85	=D64*$C$66/4
66			13%					
67								

그림 10-12

	A	B	C	D	E	F	G	H
1				현금예산				
2				1분기	2분기	3분기	4분기	
3	1)	현금수입			=현금예산가정!E41			
4			기초현금	360	356	260	204	
5			매출회수	11,619	10,574	8,812	11,715	
6		=D29	예금인출	2,570				입력영역
7			단기차입	4,480			-	
8			수입이자	32	-	-	-	
9		=SUM(D4:D8)	계	19,061	10,929	9,072	11,919	
10								
11	2)	현금지출						
12			매입지급	6,041	4,172	2,742	3,782	
13			기타비용지출	5,819	4,495	4,061	5,361	
14			법인세	3,126		3,126		
15			배당금	3,647				
16			은행예금					입력영역
17			단기차입금상환		1,857		-	
18			지급이자	73	115	85	85	
19			현금안전보유량	356	260	204	274	
20		=SUM(D12:D19)	계	19,061	10,900	10,218	9,502	=D9-D20
21	3)	현금과부족		- 0	30	- 1,146	2,417	
22								

그래도 현금은 여전히 30 이 여유가 있다([그림 10-12] 참조). 이는 단기차입금이 감소됨에 따라 지급이자가 감소되고, 그 결과 필요자금이 감소됨에 기인한 것이다. 다시 30을 추가한 1,887로 단기차입금상환액을 바꾸어 본다. 그러면 비로소 현금과부족이 0이 된다([그림 10-13] 참조).

그림 10-13

	A	B	C	D	E	F	G	H
1				현금예산				
2				1분기	2분기	3분기	4분기	
3	1)	현금수입			=현금예산가정!E41			
4			기초현금	360	356	260	204	
5			매출회수	11,619	10,574	8,812	11,715	
6		=D29	예금인출	2,570				입력영역
7			단기차입	4,480		-		
8			수입이자	32	-	-	-	
9		=SUM(D4:D8)	계	19,061	10,929	9,072	11,919	
10								
11	2)	현금지출						
12			매입지급	6,041	4,172	2,742	3,782	
13			기타비용지출	5,819	4,495	4,061	5,361	
14			법인세	3,126		3,126		
15			배당금	3,647				
16			은행예금					입력영역
17			단기차입금상환		1,887		-	
18			지급이자	73	115	84	84	
19			현금안전보유량	356	260	204	274	
20		=SUM(D12:D19)	계	19,061	10,929	10,217	9,502	=D9-D20
21	3)	현금과부족		- 0	0	- 1,145	2,418	
22								

그림 10-14

	A	B	C	D	E	F	G	H
1				현금예산				
2				1분기	2분기	3분기	4분기	
3	1)	현금수입			=현금예산가정!E41			
4			기초현금	360	356	260	204	
5			매출회수	11,619	10,574	8,812	11,715	
6		=D29	예금인출	2,570				입력영역
7			단기차입	4,480		1,145		
8			수입이자	32	-	-	-	
9		=SUM(D4:D8)	계	19,061	10,929	10,217	11,919	
10								
11	2)	현금지출						
12			매입지급	6,041	4,172	2,742	3,782	
13			기타비용지출	5,819	4,495	4,061	5,361	
14			법인세	3,126		3,126		
15			배당금	3,647				
16			은행예금					입력영역
17			단기차입금상환		1,887		-	
18			지급이자	73	115	103	121	
19			현금안전보유량	356	260	204	274	
20		=SUM(D12:D19)	계	19,061	10,929	10,236	9,539	=D9-D20
21	3)	현금과부족		- 0	0	- 19	2,380	
22								

이제 3/4분기를 맞추어 보자. 3/4분기에는 다시 현금이 1,145만큼 부족하다. 예금 잔액도 없는 상태이므로 우리는 단기차입금을 일단 1,145만큼 차입을 하여야 한다. 3/4분기의 현금 수입의 단기차입란에 1,145를 입력하여보자. 다른 분기와 마찬가지로 한 번에 현금과부족이 없어지지 않는다([그림 10－14] 참조). 이번에도 19가 아직 부족한 상황이다.

그림 10－15

	A	B	C	D	E	F	G	H
1				현금예산				
2				1분기	2분기	3분기	4분기	
3	1)	현금수입			=현금예산가정!E41			
4			기초현금	360	356	260	204	
5			매출회수	11,619	10,574	8,812	11,715	
6		=D29	예금인출	2,570				입력영역
7			단기차입	4,480		1,164		
8			수입이자	32	-	-	-	
9		=SUM(D4:D8)	계	19,061	10,929	10,236	11,919	
10								
11	2)	현금지출						
12			매입지급	6,041	4,172	2,742	3,782	
13			기타비용지출	5,819	4,495	4,061	5,361	
14			법인세	3,126		3,126		
15			배당금	3,647				
16			은행예금					입력영역
17			단기차입금상환		1,837		-	
18			지급이자	73	115	103	122	
19			현금안전보유량	356	260	204	274	
20		=SUM(D12:D19)	계	19,061	10,929	10,236	9,539	=D9-D20
21	3)	현금과부족		- 0	0	- 0	2,380	
22								

다시 1,145에 19를 더한 1,164를 입력하여보자. 비로소 현금과부족이 0이 되었다(그림 [10－15] 참조).

그림 10－16

	A	B	C	D	E	F	G	H	I
54									
55		모듈5						=D57-D6+D16	
56		이자계산		1분기	2분기	3분기	4분기		
57			기초예금	2,570	-	-	-	=(E57+E58)/2	
58		=현금예산가정!E42	기말예금	-	-	-	-		
59			예금평잔	1,285	-	-	-	=D59*$C$61/4	
60			수입이자	32	-	-	-		
61			10%						
62		=현금예산가정!E49	기초단기차입금	-	4,480	2,593	3,757		
63			기말단기차입금	4,480	2,593	3,757	3,757	=D62+D7-D17	
64			단기차입평잔	2,240	3,537	3,175	3,757		
65			지급이자	73	115	103	122	=D64*$C$66/4	
66			13%						
67									

이제 마지막 4/4분기를 맞추어보자. [그림 10－15]와 같이 이번에는 4/4분기에 2,380의 자금이 여유가 생긴다. 또한 단기차입금은 이자계산 모듈을 보면 업데이트된 잔액을 알 수 있는데, 현재 4/4분기초의 단기차입금 잔액은 3,757이다([그림 10－16] 참조). 따라서 여유자금 2,380을 모두 단기차입금을 상환하는데 사용해도 초과 상환의 문제는 발생하지 않는다.

이러한 점을 고려하여 4/4분기 현금지출의 단기차입금 상환 란에 2,380을 입력해보자. 그러면 상환 후에도 다시 38의 여유자금이 남아있다(그림 [10－17]).

그림 10－17

	A	B	C	D	E	F	G	H
1			현금예산					
2				1분기	2분기	3분기	4분기	
3	1)	현금수입			=현금예산가정!E41			
4			기초현금	360	356	260	204	
5			매출회수	11,619	10,574	8,812	11,715	
6		=D29	예금인출	2,570				입력영역
7			단기차입	4,430		1,164		
8			수입이자	32	-	-	-	
9		=SUM(D4:D8)	계	19,061	10,929	10,236	11,919	
10								
11	2)	현금지출						
12			매입지급	6,041	4,172	2,742	3,782	
13			기타비용지출	5,819	4,495	4,061	5,361	
14			법인세	3,126		3,126		
15			배당금	3,647				
16			은행예금					입력영역
17			단기차입금상환		1,687		2,330	
18			지급이자	73	115	103	83	
19			현금안전보유량	356	260	204	274	
20		=SUM(D12:D19)	계	19,061	10,929	10,236	11,881	=D9-D20
21	3)	현금과부족		- 0	0	- 0	38	
22								

다시 2,418을 입력하여 본다. 여전히 아직도 1 만큼 여유자금이 있다. 다시 2,419를 입력해보자. 세 번째 만에 비로소 현금과부족이 0이 되었다. 이제 현금예산은 완성이 되었다. 이를 종합해보면, 1/4분기에 예금 2,570을 찾고, 단기차입금을 추가로 4,480을 차입하여야 한다. 2/4분기에는 1,887을 단기차입금 상환에 쓴다. 3/4분기에는 다시 1,164 만큼 단기차입을 하여야 한다. 4/4분기에는 2,419 만큼 단기차입금을 상환한다. 재무관리자는 내년도 현금예산에 대하여 위와 같은 스케줄 하에 기본적인 자금운영 방향을 설정하고 관리하면 된다.

그림 10-18

	A	B	C	D	E	F	G	H
1				현금예산				
2				1분기	2분기	3분기	4분기	
3	1)	현금수입			=현금예산가정!E41			
4			기초현금	360	356	260	204	
5			매출회수	11,619	10,574	8,812	11,715	
6		=D29	예금인출	2,570				입력영역
7			단기차입	4,480		1,164		
8			수입이자	32	-	-	-	
9		=SUM(D4:D8)	계	19,061	10,929	10,236	11,919	
10								
11	2)	현금지출						
12			매입지급	6,041	4,172	2,742	3,782	
13			기타비용지출	5,819	4,495	4,061	5,361	
14			법인세	3,126		3,126		
15			배당금	3,647				
16			은행예금					입력영역
17			단기차입금상환		1,387		2,418	
18			지급이자	73	115	103	83	
19			현금안전보유량	356	260	204	274	
20		=SUM(D12:D19)	계	19,061	10,929	10,236	11,918	=D9-D20
21	3)	현금과부족		- 0	0	- 0	1	
22								

그림 10-19

	A	B	C	D	E	F	G	H
1				현금예산				
2				1분기	2분기	3분기	4분기	
3	1)	현금수입			=현금예산가정!E41			
4			기초현금	360	356	260	204	
5			매출회수	11,619	10,574	8,812	11,715	
6		=D29	예금인출	2,570				입력영역
7			단기차입	4,480		1,164		
8			수입이자	32	-	-	-	
9		=SUM(D4:D8)	계	19,061	10,929	10,236	11,919	
10								
11	2)	현금지출						
12			매입지급	6,041	4,172	2,742	3,782	
13			기타비용지출	5,819	4,495	4,061	5,361	
14			법인세	3,126		3,126		
15			배당금	3,647				
16			은행예금					입력영역
17			단기차입금상환		1,887		2,419	
18			지급이자	73	115	103	83	
19			현금안전보유량	356	260	204	274	
20		=SUM(D12:D19)	계	19,061	10,929	10,236	11,919	=D9-D20
21	3)	현금과부족		- 0	0	- 0	0	
22								

(3) 추정손익계산서의 작성

추정손익계산서는 그 동안의 제반 추정사항 중에서 손익요소만을 추려 정리하면 된다. (첨부된 '10장. 실습2 추정재무제표.xlsx' 참조)

그림 10 – 20

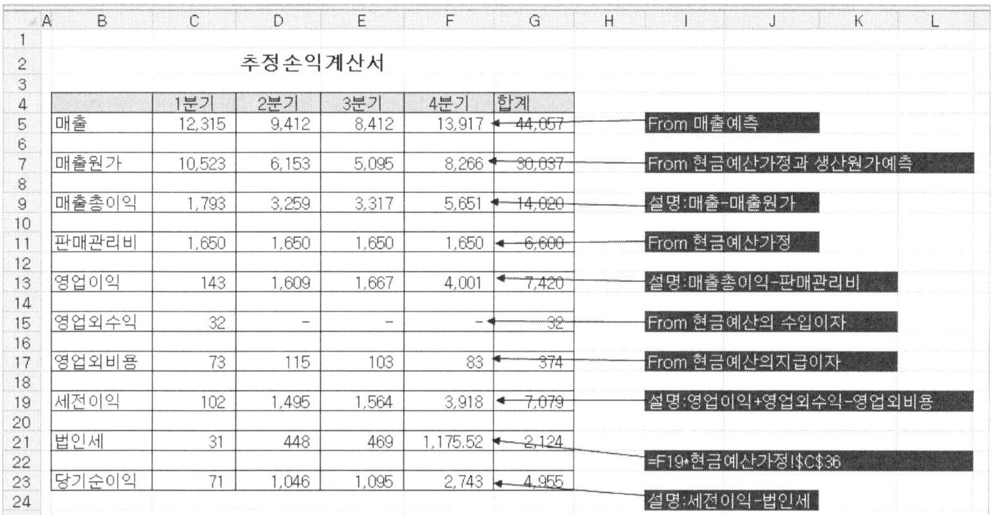

추정손익계산서

	1분기	2분기	3분기	4분기	합계
매출	12,315	9,412	8,412	13,917	44,057
매출원가	10,523	6,153	5,095	8,266	30,037
매출총이익	1,793	3,259	3,317	5,651	14,020
판매관리비	1,650	1,650	1,650	1,650	6,600
영업이익	143	1,609	1,667	4,001	7,420
영업외수익	32	-	-	-	32
영업외비용	73	115	103	83	374
세전이익	102	1,495	1,564	3,918	7,079
법인세	31	448	469	1,175.52	2,124
당기순이익	71	1,046	1,095	2,743	4,955

먼저 매출은 주어진 가정에서 분기별 매출액을 링크시키며, 매출원가는 주어진 가정의 원가정보에서 링크를 시키면 된다. 매출총이익은 매출에서 매출원가를 차감하는 수식을 각 분기별로 입력하면 된다.

판매관리비는 가정에서 주어진 정보를 그대로 1,650씩 매 분기마다 입력한다. 영업이익은 매출총이익에서 판매관리비를 차감하는 수식을 입력하면 된다.

영업외수익은 현금예산표의 수입이자를 링크시키면 된다. 영업외비용은 현금예산표의 지급이자를 링크시키면 된다. 경상이익은 영업이익에서 영업외수익은 더하고 영업외비용은 차감하는 수식을 입력하면 된다.

법인세는 분기별 법인세전이익에 30%를 곱하여 산정한다. 따라서 4/4분기의 법인세란에는 "=F19*현금예산가정!$C$36"을 입력하여 법인세비용을 계산할 수 있도록 한다.[6)]

---

6) 이와 같이 계산되는 법인세는 현금예산의 현금지출에 있는 법인세와는 다르다. 즉, 현금예산에

이상과 같은 절차로 내년도 분기별 추정손익계산서가 완성이 된다([그림 10－20] 참조).

(4) 추정재무상태표의 작성

추정재무상태표는 모든 추정이 완료된 후의 잔액들을 집계하여 작성한다. (첨부된 '10장. 실습2 추정재무제표.xlsx' 참조)

그림 10－21

	A	B	C	D	E	F
1						추정재무상태표
2						
3		자산	현금	274	←	=현금예산!G19
4			예금	-	←	=현금예산!G58
5			선납법인세	1,002	←	=IF(현금예산가정!E72-현금예산!D14-현금예산!F14+추정손익계산서!G21<0, -(현금예산가정!E72-현금예산!D14-현금예산!F14+추정손익계산서!G21),0)
6			매출채권	5,567	←	=현금예산!G25-현금예산!G27
7			비유동자산	14,090	←	=현금예산가정!E44-현금예산가정!G91
8			자산합계	20,934		
9						
10		부채	매입채무	1,467	←	=현금예산!G34-현금예산!G36
11			미지급법인세	-	←	=IF(현금예산가정!E72-현금예산!D14-현금예산!F14+추정손익계산서!G21>0, 현금예산가정!E72-현금예산!D14-현금예산!F14+추정손익계산서!G21,0)
12			기타미지급비용	3,647	←	=현금예산가정!E73
13			단기차입금	1,338	←	=현금예산!G63
14			비유동부채	3,329	←	=현금예산가정!E50
15			부채합계	9,781		
16						
17		자본	자본금	4,500		=현금예산가정!E53
18			잉여금	6,653		=현금예산가정!E54-현금예산!D15+추정손익계산서!G23
19			자본합계	11,153		
20			자본과부채합계	20,934	대차일치	
21					-	대차차이
22						=IF(E19="대차오류",D8-D19,0)
23		=IF(ABS(D8-D19)<1,"대차일치","대차오류")				

자산 계정부터 알아보자. 현금잔액은 현금예산표의 4/4분기 말 현금안전보유량이다. 예금은 현금예산표의 수입이자 계산 모듈에서 가져온다. 선납법인세는 기초 재무상태표의 미지급법인세금액에 현금예산의 1/4분기와 3/4분기 법인세지급액을 차감하고 추정손익계산서의 법인세비용을 가산한 금액이 음수인 경우 그 절대값이 해당되

서는 실제 납부 기간에 법인세를 지출로 처리하여야 하지만, 추정손익계산서에서는 발생기준회계에 따라 이익이 발생하는 기간의 비용으로 처리하기 때문이다. 이때 적용하는 세율의 경우는 법인세법의 세무조정사항과 누진세 구조에 따라 기업마다 다르게 된다.

며, 그 금액이 양수인 경우는 부채인 미지급법인세로 한다. 매출채권은 현금예산표의 4/4분기매출에서 4/4분기 당 분기 매출채권 회수액을 차감한 금액이다. 비유동자산은 기초 재무상태표 잔액에서 가정에서 주어진 감가상각비를 차감한 금액이다. 자산합계는 이들 계정들의 합계이다.

부채계정을 살펴보자. 매입채무는 현금예산표에서 4/4분기 매입액에서 4/4분기 당 분기지급액을 차감한 금액이다. 단기차입금은 현금예산표의 지급이자계산 모듈에 나타나는 4/4분기말 단기차입금 잔액이다. 기타미지급비용은 기초 재무상태표상의 기타미지급비용이며 비유동부채는 기초 재무상태표 상의 퇴직급여충당금 잔액이다. 이들을 모두 더하면 부채합계이다.

자본금계정은 기초와 동일하며, 잉여금은 기초잉여금에 세후 당기순이익을 더하고, 1/4분기에 지급한 배당금을 차감하면 된다. 자본합계는 자본금과 잉여금의 합계이며, 부채합계와 자본합계를 더하면 부채와 자본합계가 되고, 이 금액은 자산합계와 일치한다.

메모

chapter

11

매크로의 사용

제11장 매크로의 사용

매크로는 엑셀의 사용자가 원하는 여러 가지 실행명령들을 순서대로 수행할 수 있도록 프로그램화된 하나의 실행명령이다. 여러 가지 실행명령을 하나의 실행명령으로 수행하기 때문에 여러 가지 절차를 가지고 있으면서 반복되는 회계업무를 편리하게 처리할 수 있도록 도와준다. 본 장에서는 회계 업무에 매크로를 활용하여 복잡하나 반복적인 절차를 단순화하는 과정을 실습한다.

1. 매크로 사용의 준비

(1) 개발 도구 탭의 추가

엑셀 프로그램을 실행하면 기본적으로 파일, 홈, 삽입, 페이지 레이아웃, 수식, 데이터, 검토, 보기 등과 같은 8개의 탭이 화면에 나타나 있으며, 일부 기능은 숨겨져 있다. 매크로를 사용하기 위해서는 리본에 '개발 도구'탭을 추가하여 사용하는 것이 좋다. 개발 도구 탭을 추가하려면 파일 탭에서 옵션 명령을 클릭하여 나타나는 'Excel 옵션' 대화상자에서 '리본 사용자 지정' 메뉴를 선택하여 '개발 도구' 확인란을 체크한 다음 '확인' 버튼을 클릭하면 된다.

▼ 그림 11-1

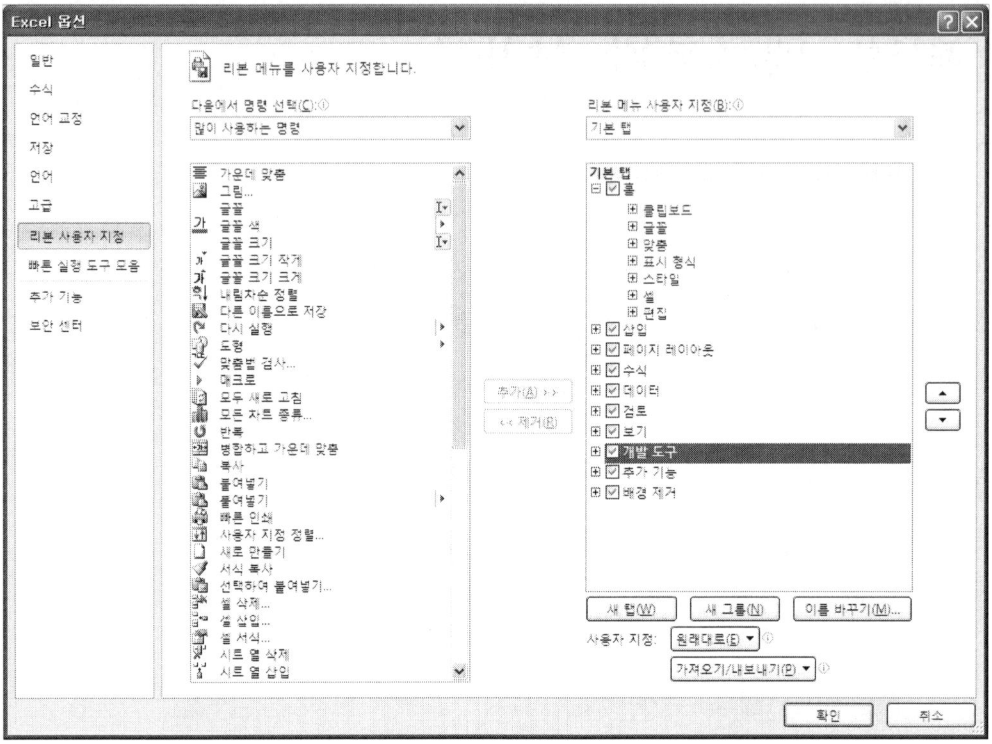

(2) 보안 수준 설정

매크로를 사용하기 위해서는 보완수준을 일정수준으로 설정해야 한다. '개발 도구' 탭의 '코드' 그룹에 있는 '매크로 보안' 명령 아이콘을 클릭하면 '보안 센터' 대화상자가 나타난다. 이 대화상자에서 매크로 설정을 '모든 매크로 제외(알림 표시)'나 '모든 매크로 포함'과 같은 2가지 옵션 중에서 선택해야 한다. '모든 매크로 제외(알림 표시)' 옵션을 선택한 파일은 그 파일을 열 때 보안 경고 메시지 줄이 표시되는데 이 때 '콘텐츠 사용' 버튼을 클릭하여야 매크로를 사용할 수 있다.

▼ 그림 11-2

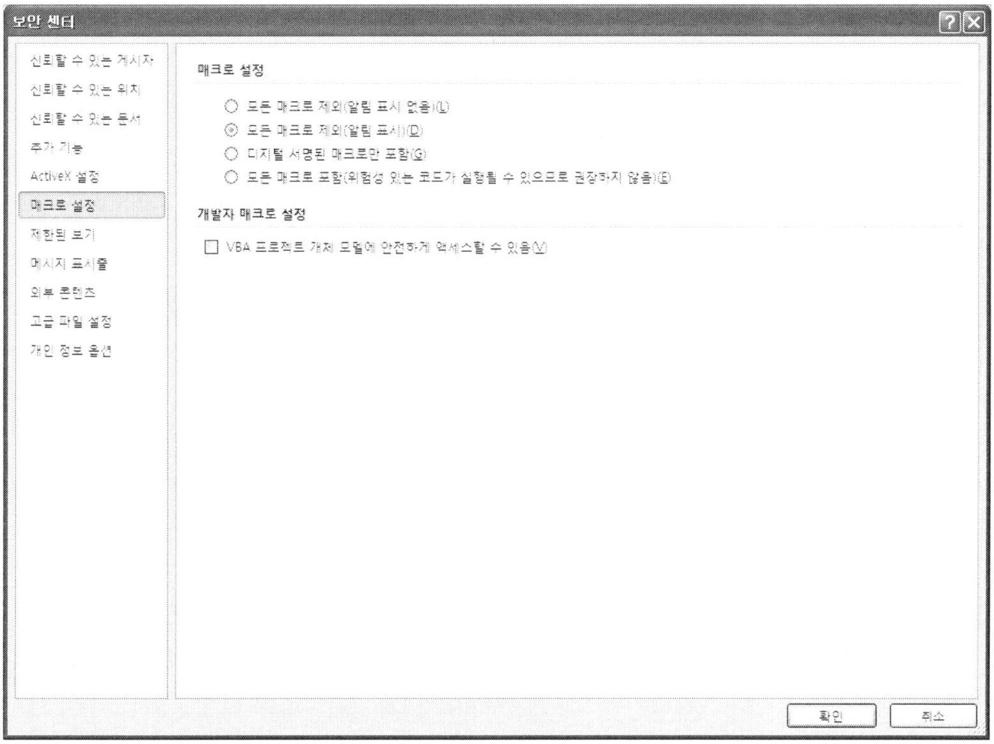

2. 매크로의 기록

동영상을 촬영하여 저장하면 언제든지 해당 동영상을 다시 실행할 수 있다. 엑셀의 매크로 기록도 이와 비슷하다. 즉, 매크로 기록기를 이용하여 엑셀로 수행하는 업무를 기록하고, 이렇게 기록된 매크로를 실행하면 해당 업무가 반복 수행되는 것이다. 따라서 엑셀의 매크로 기록기를 이용하면 VBA(Visual Basic for Applications)라는 프로그래밍 언어를 사용하지 않고도 매크로를 작성할 수 있다. 다음의 사례문제를 이용하여 매크로를 기록하는 방법을 학습해보자.

사례문제

종로(주)의 지급어음 관리담당자인 김과장은 매크로를 이용하여 지급어음관리 업무를 편리하게 하고자 한다. 기존에 관리하던 지급어음 관리대장은 다음과 같다. (첨부된 '11장. 실습1 매크로를 이용한 지급어음관리.xlsx'의 sheet1 참조)

그림 11-3

	A	B	C	D	E	F	G	H
1	지급어음관리대장							
2	기준일자		6월 14일					
3	번호	지급은행	어음번호	지급금액	발행일자	거래처	만기일자	결제여부
4	1	상업마포	가가78309558	1200000	2월 26일	지봉상사	4월 14일	
5	2	상업마포	가가78309559	251900	2월 26일	삼아건영	7월 1일	
6	3	상업마포	가가78309560	4000000	2월 26일	한국금속	5월 26일	
7	4	상업마포	가가78309561	3123356	2월 26일	정우스텐	4월 14일	
8	5	상업마포	가가78309562	10041548	2월 26일	대성금속	6월 11일	
9	6	상업마포	가가78309563	4479805	2월 26일	대진강건	5월 22일	
10	7	상업마포	가가78309564	12150000	2월 26일	삼우스텐	5월 12일	
11	8	상업마포	가가78309565	2000000	2월 26일	서신산업	4월 14일	
12	9	상업마포	가가78309566	952605	2월 26일	성보금속	4월 15일	
13	10	상업마포	가가78309567	10000000	2월 26일	동진공업	5월 26일	
14	11	한일충정로	가나86540011	32000000	2월 26일	삼보컴퓨터	6월 14일	
15	12	한일충정로	가나86540012	1077120	3월 12일	대광볼트	6월 14일	
16	13	한일충정로	가나86540013	6053291	3월 12일	안성철강	6월 14일	

(1) 매크로 기록하기

만기일자가 기준일자이거나 그 이후인 지급어음 자료의 배경색을 다르게 나타나도록 하는 조건부서식을 설정하는 매크로를 기록해보자. 개발도구 탭의 코드 그룹에 있는 '매크로 기록' 명령 아이콘(상태표시줄에도 '매크로 기록' 명령 아이콘이 있음)을 클릭하여 매크로를 기록할 수 있다. 매크로를 기록하는 과정에서 중요한 점은 불필요한 동작이 매크로에 포함되지 않도록 하는 것이다. 매크로 기록 중에 불필요한 절차가 수행되면, 기록된 매크로를 실행할 때마다 해당 절차가 반복되어 비효율적으로 컴퓨터를 사용하게 되며 예상하지 못한 결과를 얻을 수도 있기 때문이다. 따라서 매크로를 기록하기 전에 어떤 매크로를 기록할 지에 대한 계획을 수립하여 불필요한 동작이 매크로에 포함되지 않도록 해야 한다.

1) 매크로 기록의 시작

'개발도구' 탭의 '코드' 그룹에 있는 '매크로 기록' 명령아이콘을 클릭하여 나타나는 대화상자에 매크로 이름을 "만기미도래"라고 하고 매크로 저장위치는 '현재 통합 문서'로 하여 확인 버튼을 클릭한다. 매크로 이름은 공백(" ")을 사용할 수 없으므로 붙여 써야 하며, 구분이 필요할 경우는 "_"를 사용하여 구분하는 것이 좋다. 설명이 필요한 경우는 '설명(D)'란에 기술할 수 있다. 매크로 저장위치를 본 사례와 같이 '현재 통합 문서'로 지정하면 현재 파일에 매크로가 저장되며, '새 통합문서'로 하여 새로운 파일에 매크로를 저장할 수도 있다. 또한 매크로 저장 위치를 '개인용 매크로 통합 문서'로 지정하면 모든 파일에서 원하는 매크로를 사용할 수 있다.

그림 11-4

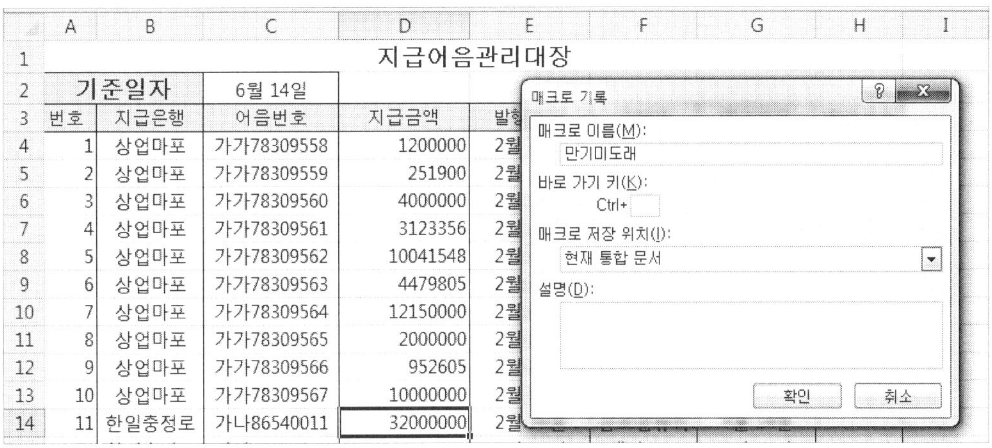

2) 매크로 기록

매크로가 시작된 상태에서 지급어음 자료에 조건부서식을 설정하는 작업을 수행하면 이 과정이 매크로로 기록된다. 동영상이 녹화되는 것과 같다. 먼저 조건부서식을 지정할 셀 범위(A4 : H29) 전체를 선택한다[7]. 다음으로 [그림 11-5]와 같이 '홈' 탭

7) 매크로에서 셀(또는 셀범위)를 선택하는 과정은 절대참조 방식과 상대참조 방식이 있다. 절대참조 방식은 셀주소가 매크로 안에 포함된 것으로 매크로 실행시 그 셀주소를 참조하게 된다. 상대참조 방식은 현재 선택된 셀에서 좌우 또는 상하 일정한 간격으로 선택된 셀을 이동하는 방식으로 셀주소를 참조하게 된다. 매크로 기록기를 이용하여 매크로를 기록할 때 '개발도구' 탭의

의 '스타일' 그룹에 있는 '조건부 서식' 명령아이콘의 '새 규칙' 명령을 클릭한다.

그림 11-5

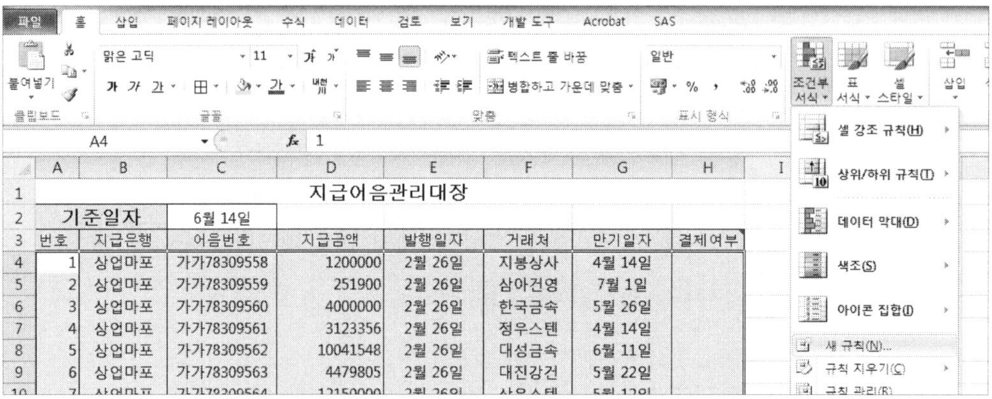

[그림 11-6]과 같이 '새 서식 규칙' 대화상자가 표시되면 '규칙 유형선택(S)' 목록에서 '수식을 사용하여 서식을 지정할 셀 결정'을 클릭하면 '규칙 설명 편집(E)' 화면이 나타나는데 조건 수식(다음 수식이 참인 값의 서식 지정)을 다음과 같이 입력한다.

다음 수식이 참인 값의 서식 지정 : =$G4>=$C$2

위 조건수식은 선택된 범위에서 G열(만기일자)의 값이 셀 C2의 값보다 크거나 같은 경우를 의미한다. 조건부 서식에서 조건을 수식으로 구성하는 경우는 선택된 범위의 첫 번째 행을 기준으로 작성하기 때문에 G4를 기준 자료로 입력한 것이며, G열의 값만 가지고 판단하므로 $G4로 하여 열주소를 고정한다. 판단 기준이 되는 기준일자는 셀주소가 변경되지 않아야 하므로 $C$2로 고정한다.

'코드' 그룹에 있는 '상대참조로 기록' 버튼이 선택되어 있으면(눌러져 있으면) 상대참조로 매크로가 기록되고 이 버튼이 선택되어 있지 않으면 절대참조로 매크로가 기록된다. 이 '상대참조로 기록' 버튼은 한 번 클릭하면 다시 해제될 때까지 해당 기능으로 수행되므로 셀을 선택하는 과정에서 확인이 필요하다. 본 예제에서는 절대참조로 기록되고 있음(즉, '상대참조로 기록' 버튼이 눌러져 있지 않음)을 가정하여 설명하고 있다.

그림 11-6

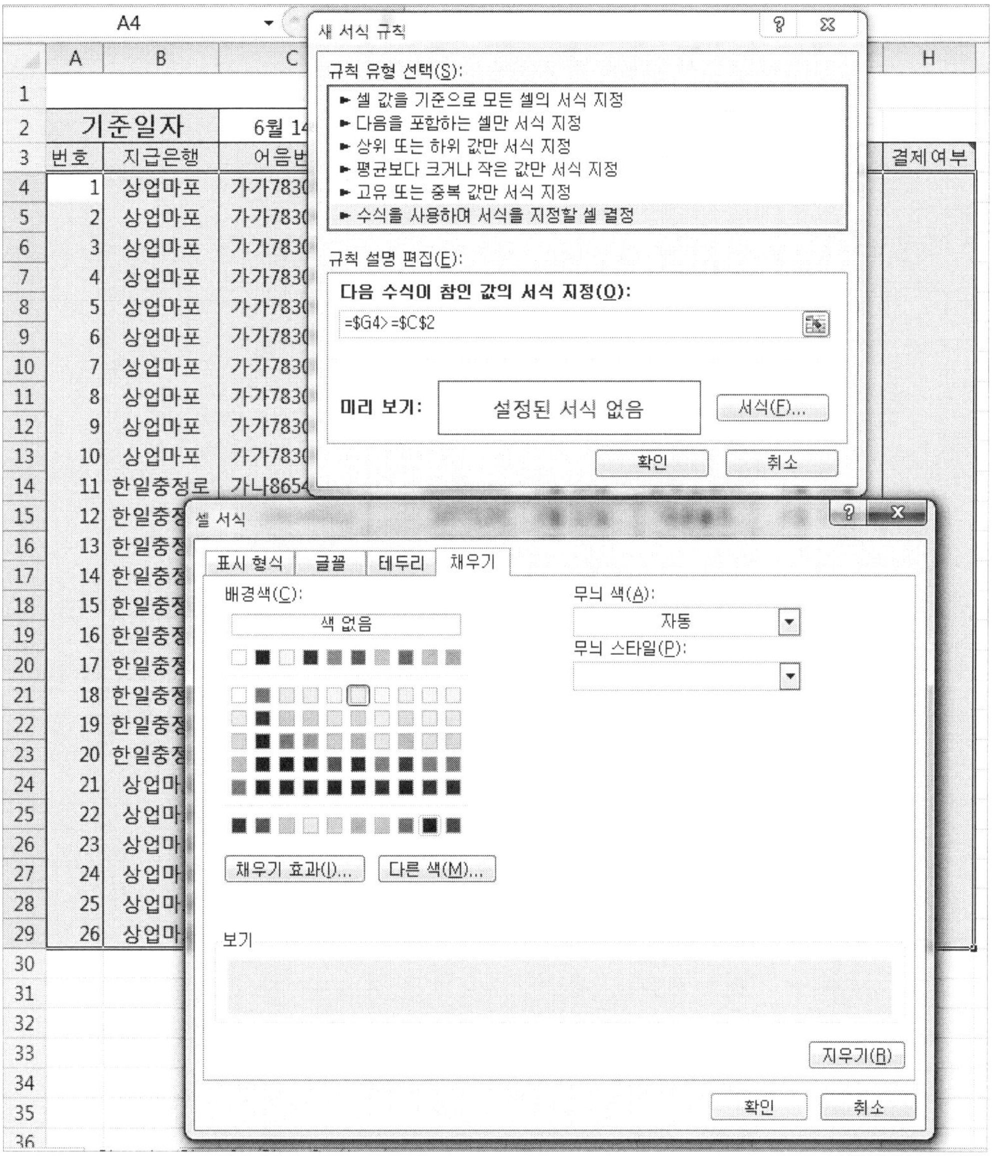

이렇게 조건 수식을 입력한 다음 '서식' 버튼을 클릭해 적용할 서식을 설정한다. 셀 서식 대화상자가 표시되면 채우기 탭을 선택하여 원하는 배경색을 선택한다. 다음으로 '셀서식' 대화상자와 '새 서식 규칙' 대화상자의 '확인' 버튼을 클릭하여 닫는다. 이상의 절차를 수행하면 조건부 서식에서 지정한 서식이 표시된다. 즉, [그림 11-7]

과 같이 만기일자가 기준일자이거나 그 이후인 지급어음 자료가 지정한 서식으로 표시된 것이다.

그림 11-7

	A	B	C	D	E	F	G	H
1	지급어음관리대장							
2	기준일자		6월 14일					
3	번호	지급은행	어음번호	지급금액	발행일자	거래처	만기일자	결제여부
4	1	상업마포	가가78309558	1200000	2월 26일	지봉상사	4월 14일	
5	2	상업마포	가가78309559	251900	2월 26일	삼아건영	7월 1일	
6	3	상업마포	가가78309560	4000000	2월 26일	한국금속	5월 26일	
7	4	상업마포	가가78309561	3123356	2월 26일	정우스텐	4월 14일	
8	5	상업마포	가가78309562	10041548	2월 26일	대성금속	6월 11일	
9	6	상업마포	가가78309563	4479805	2월 26일	대진강건	5월 22일	
10	7	상업마포	가가78309564	12150000	2월 26일	삼우스텐	5월 12일	
11	8	상업마포	가가78309565	2000000	2월 26일	서신산업	4월 14일	
12	9	상업마포	가가78309566	952605	2월 26일	성보금속	4월 15일	
13	10	상업마포	가가78309567	10000000	2월 26일	동진공업	5월 26일	
14	11	한일충정로	가나86540011	32000000	2월 26일	삼보컴퓨터	6월 14일	
15	12	한일충정로	가나86540012	1077120	3월 12일	대광볼트	6월 14일	
16	13	한일충정로	가나86540013	6053291	3월 12일	안성철강	6월 14일	
17	14	한일충정로	가나86540014	3000000	3월 12일	정우스텐	6월 15일	
18	15	한일충정로	가나86540015	1000000	3월 12일	대성금속	6월 15일	
19	16	한일충정로	가나86540016	1200000	3월 12일	우양금속	6월 15일	
20	17	한일충정로	가나86540017	7444888	3월 12일	삼일강재	6월 19일	
21	18	한일충정로	가나86540018	5815260	3월 12일	동양금속	6월 19일	
22	19	한일충정로	가나86540019	1000000	3월 12일	서신산업	6월 21일	
23	20	한일충정로	가나86540020	1000000	3월 12일	안성철강	6월 21일	
24	21	상업마포	가자01533449	6500000	3월 12일	대광볼트	6월 24일	
25	22	상업마포	가자01533450	2448325	3월 12일	삼아건영	6월 24일	
26	23	상업마포	가자01533451	3000000	3월 12일	중앙알미늄	6월 24일	
27	24	상업마포	가자01533452	3000000	3월 12일	정우스텐	6월 24일	
28	25	상업마포	가자01533453	2200000	3월 12일	한국금속	6월 24일	
29	26	상업마포	가자01533454	1000000	3월 12일	삼일강재	6월 24일	

3) 매크로 기록 중지

이제 만기일자가 기준일자이거나 그 이후인 지급어음 자료의 배경색이 다르게 표시되었으며, 매크로로 기록하기 위한 작업을 마쳤다. 여기까지 수행한 작업까지를 매크로로 기록하기 위하여 '개발도구'탭의 '코드' 그룹에 있는 '기록중지' 명령 아이콘을 클릭해 매크로 기록을 중단한다.

4) 매크로 실행

기록된 매크로의 동작을 실행해보자. 시트 탭에서 sheet2를 클릭하면 sheet1과 동일한 열과 행의 개수를 가지고 있는 표가 있다[8]. 매크로를 실행하기 위해 '개발도구' 탭의 '코드' 그룹에 있는 '매크로' 명령 아이콘을 클릭해보자(단축키 : Alt key+F8 key). 그러면 [그림 11-8]과 같이 매크로를 관리하는 대화상자가 나타난다. 여기에서 이전에 작성한 '만기미도래' 매크로를 선택하고 '실행' 버튼을 클릭해보자. 그러면 매크로를 기록하는 과정에서 수행했던 절차가 그대로 수행되고, 그 결과가 [그림 11-7]과 같이 표시된다.

그림 11-8

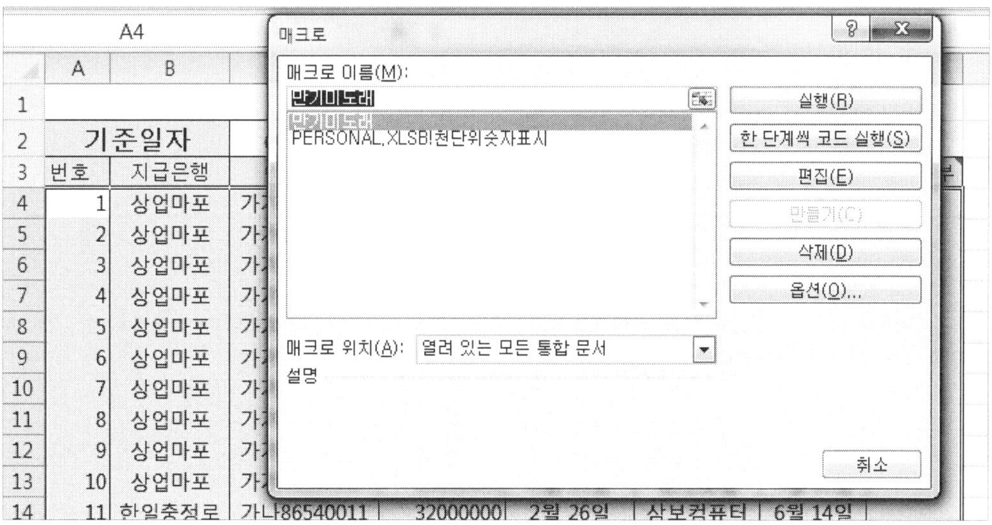

5) 매크로가 포함된 통합문서의 저장

엑셀은 매크로 포함 여부에 따라 파일을 저장하는 형식이 다르다. 앞 장까지 실습한 통합문서들은 매크로를 사용하지 않는 문서로서 모두 확장자가 'xlsx'이며, 매크로

8) 앞에서 매크로를 기록할 때 절대참조 방식으로 셀 범위를 지정하여 조건부서식의 규칙을 설정하였기 때문에 이 매크로를 실행하면 동일한 주소의 셀 범위에서 조건부서식의 규칙이 설정된다. 따라서 이 매크로를 실행하여 동일한 결과를 얻기 위해서는 자료가 동일한 위치에 존재하도록 정리한 다음 매크로를 실행하여야 한다.

를 사용한 통합문서는 확장자가 'xlsm'이다. 따라서 매크로가 사용된 통합문서는 해당 파일을 매크로 사용 가능 형식인 'xlsm' 확장자를 가진 파일로 저장해야 한다. 그렇지 않으면 애써 기록한 매크로가 저장되지 않는다. 엑셀 2003 버전까지는 매크로의 사용 여부와 상관없이 엑셀 통합문서의 확장자가 'xls'였으나, 엑셀 2007 버전부터는 매크로의 사용 여부에 따라 파일의 확장자를 구분하게 되었다.

이제 지금까지 작업한 파일을 저장해보자. '저장' 명령 아이콘을 클릭하면 [그림 11−9]와 같이 경고 메시지 창이 나타난다. 이는 통합문서에 매크로가 포함되어 있으므로 현재 파일 형식으로는 매크로를 포함하여 저장할 수 없다는 내용이다. 기록된 매크로를 저장하기 위해서 '아니요(N)' 버튼을 클릭하면 [그림 11−10]과 같이 '다른 이름으로 저장' 대화상자가 표시된다.

그림 11−9

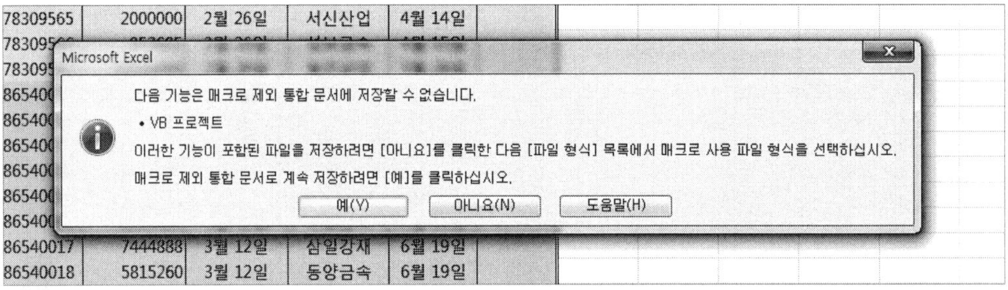

'다른 이름으로 저장' 대화상자에서 파일 형식을 'Excel 매크로 사용 통합문서'로 지정하면 기록된 매크로를 포함한 파일로 저장할 수 있다.

그림 11-10

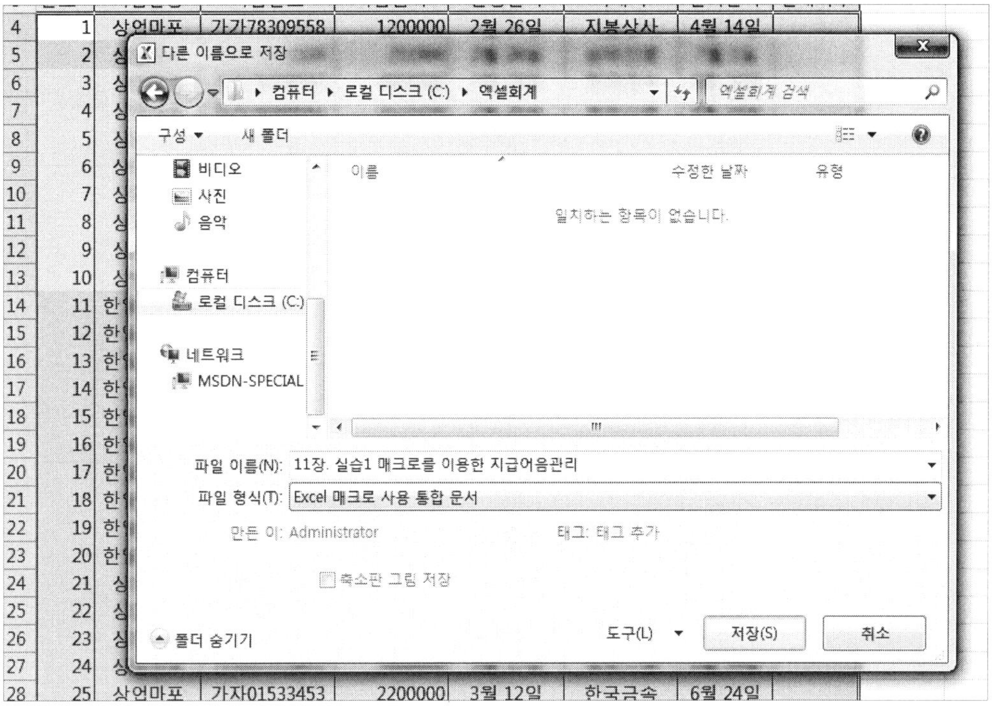

(2) 매크로의 수정

매크로는 VBA(Visual Basic for Applications)를 이용하여 수정할 수 있다. 본 소절에서 VBA를 이용하여 간단하게 매크로를 수정하는 방법을 실습한다. 첨부된 '11장. 실습2 매크로의 사용.xlsm' 파일의 sheet1을 열어 '만기미도래' 매크로를 실행시켜보자. '개발도구' 탭 → '코드' 그룹 → '매크로' 명령아이콘을 클릭하여 나타난 대화상자에서 '만기미도래' 매크로를 선택하고 '실행' 버튼을 클릭하면 된다. 이렇게 매크로를 실행하면 [그림 11-11]과 같이 A4 : H15의 범위에서만 조건부 서식이 설정된다. 즉, A16 : H23은 조건부서식이 설정되지 않은 것이다. 기록된 매크로에 어떤 문제가 있는지 살펴보고 문제가 있는 부분을 수정해 보자.

그림 11-11

	A	B	C	D	E	F	G	H
2	기준일자		6월 14일					
3	번호	지급은행	어음번호	지급금액	발행일자	거래처	만기일자	결제여부
4	1	상업마포	가가78309558	1200000	2월 26일	지봉상사	4월 14일	
5	2	상업마포	가가78309559	251900	2월 26일	삼아건영	7월 1일	
6	3	상업마포	가가78309560	4000000	2월 26일	한국금속	5월 26일	
7	4	상업마포	가가78309561	3123356	2월 26일	정우스텐	4월 14일	
8	5	상업마포	가가78309562	10041548	2월 26일	대성금속	6월 11일	
9	6	상업마포	가가78309563	4479805	2월 26일	대진강건	5월 22일	
10	7	상업마포	가가78309564	12150000	2월 26일	삼우스텐	5월 12일	
11	8	상업마포	가가78309565	2000000	2월 26일	서신산업	4월 14일	
12	9	상업마포	가가78309566	952605	2월 26일	성보금속	4월 15일	
13	10	상업마포	가가78309567	10000000	2월 26일	동진공업	5월 26일	
14	11	한일충정로	가나86540011	32000000	2월 26일	삼보컴퓨터	6월 14일	
15	12	한일충정로	가나86540012	1077120	3월 12일	대광볼트	6월 14일	
16	13	한일충정로	가나86540013	6053291	3월 12일	안성철강	6월 14일	
17	14	한일충정로	가나86540014	3000000	3월 12일	정우스텐	6월 15일	
18	15	한일충정로	가나86540015	1000000	3월 12일	대성금속	6월 15일	
19	16	한일충정로	가나86540016	1200000	3월 12일	우양금속	6월 15일	
20	17	한일충정로	가나86540017	7444888	3월 12일	삼일강재	6월 19일	
21	18	한일충정로	가나86540018	5815260	3월 12일	동양금속	6월 19일	
22	19	한일충정로	가나86540019	1000000	3월 12일	서신산업	6월 21일	
23	20	한일충정로	가나86540020	1000000	3월 12일	안성철강	6월 21일	

기록된 매크로를 확인하고 수정하기 위해, '개발도구' 탭의 '코드' 그룹에 있는 'Visual Basic' 명령 아이콘을 클릭해보자. 그러면 [그림 11-12]와 같은 화면이 나타나는 데 여기에서 잘못된 부분을 수정하면 된다.

그림 11-12

편집화면에는 다음과 같이 기록되어 있다.

```
Sub 만기미도래()
'
' 만기미도래 매크로
'
'
    Range("A4:H15").Select
    Selection.FormatConditions.Add Type:=xlExpression, Formula1:="=$G4>=$C$2"

…… (중략)

End Sub
```

위에서 “Range("A4 : H15").Select” 부분을 유심히 살펴보면 셀 범위가 A4 : H15로 선택된 것을 알 수 있다. 이 때문에 조건부 서식이 A4 : H15에만 설정된 것이다. 이 부분을 “Range("A4 : H23").Select”으로 수정하고 저장하자. 그리고 엑셀 워크시트로 돌아와서 “만기미도래” 매크로를 다시 실행해보면 서식이 정확하게 설정되는 것을 알 수 있다. (VBA를 본격적으로 이용하여 매크로를 작성하고 수정하는 내용은 본서에서 더 이상 제시하지 않으므로 별도의 학습이 필요하다)

(3) 개인용 매크로 통합문서에 매크로 기록

이제까지 실습한 매크로 사용방법은 ‘매크로 사용 통합 문서’로 저장한 파일을 열어야만 사용할 수 있으므로, 다른 파일에서 해당 매크로를 사용하려면 다시 매크로를 기록하여야 한다. 기록한 매크로를 모든 엑셀 파일에서 사용하려면 매크로를 기록할 때 ‘개인용 매크로 통합문서’에 기록해야 한다. 앞서 사용하던 ‘11장. 실습2 매크로의 사용.xlsm’ 파일을 이용하여 개인용 매크로 통합문서에 매크로를 기록하는 방법을 실습해보자.

1) 날짜 서식 지정 매크로

sheet1에서 날짜를 표시하는 방법은 "6월 14일"과 같이 연도를 표시하지 않으므로 "2015 - 6 - 14"와 같이 연도를 표시하는 서식으로 바꾸는 매크로를 개인용 매크로 통합문서에 저장해보자. sheet1의 C2에 셀포인터를 위치시키고 매크로를 기록한다. '개발도구' 탭 → '코드' 그룹 → '매크로 기록' 명령아이콘을 클릭하여 나타난 대화상자에서 매크로 이름은 '날짜표시'로 하고 매크로 저장 위치를 '개인용 매크로 통합 문서'로 하여 '확인' 버튼을 클릭한다([그림 11 - 13] 참조).

셀포인터가 위치해 있는 셀 C2에 마우스 포인터를 위치하고 마우스 오른쪽 버튼을 이용하여 셀서식 대화상자를 열도록 한다. 셀서식 대화상자에서 [그림 11 - 14]와 같이 표시형식에서 '범주'를 '날짜'로 '형식'을 "2001 - 3 - 14"로 선택하여 지정한 다음 '확인' 버튼을 클릭한다. '개발도구' 탭 → '코드' 그룹 → '기록 중지'를 클릭하여 매크로 기록을 중단한다.

그림 11-13

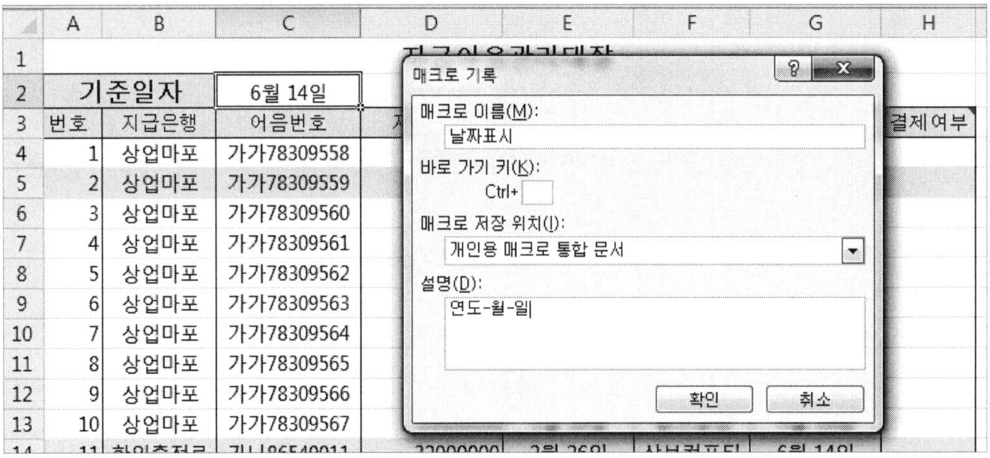

그림 11-14

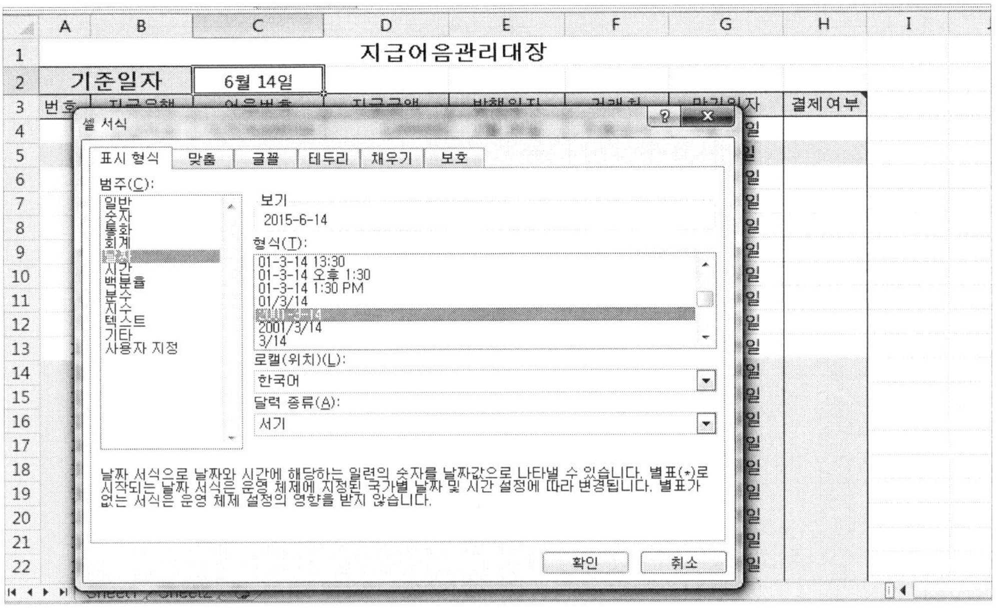

이제 개인용 매크로 통합문서에 날짜 서식을 지정하는 매크로가 생성되었으므로 이를 이용하여 셀서식을 바꿔보자. 날짜 서식을 바꾸고 싶은 임의의 셀(또는 셀 범위)을 선택하고 '개발도구' 탭 → '코드' 그룹 → '매크로'를 클릭(단축키 : Alt key+F8 key)하여 나오는 대화상자에서([그림 11-15] 참조) 해당 매크로를 실행하면 된다.

그림 11-15

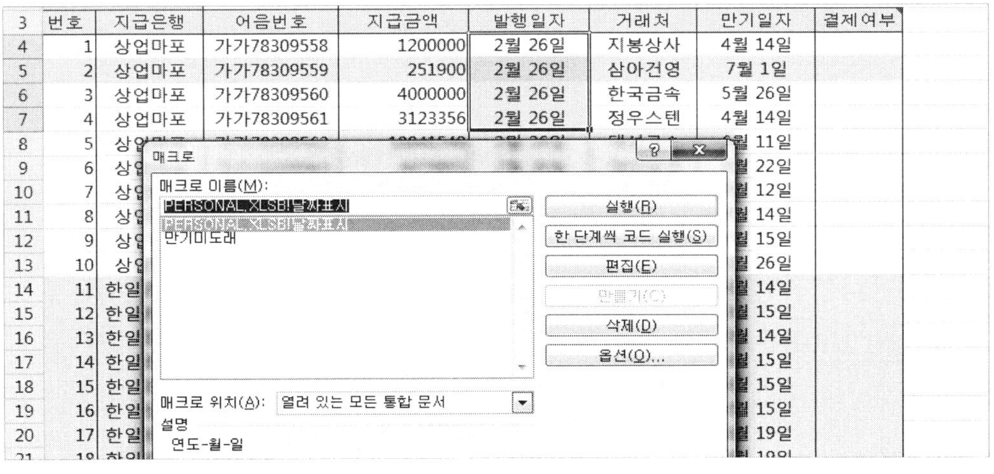

그림 11-16

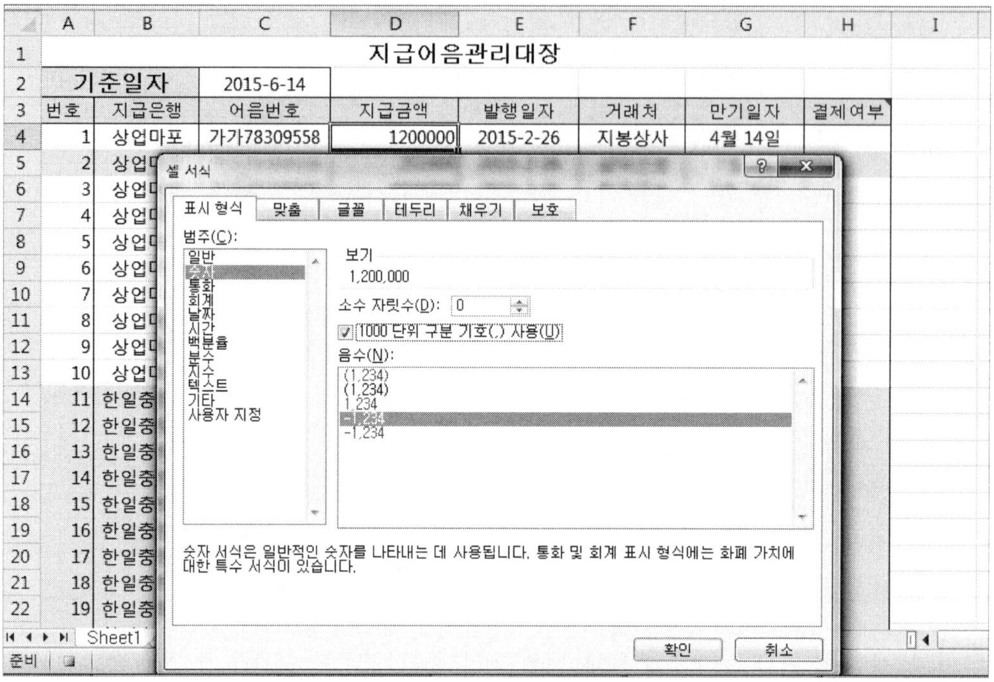

2) 천단위 구분 매크로

sheet1에서 금액을 표시하는 서식에 천 단위 구분이 되어 있지 않다. 이렇게 금액이 기입되어있는 셀의 서식을 천 단위로 구분표시하는 절차를 매크로로 기록하여 개인용 매크로 통합문서에 저장해보자. sheet1의 D4에 셀 포인터를 위치시키고 매크로를 기록한다. '개발도구' 탭 → '코드' 그룹 → '매크로 기록' 명령아이콘을 클릭하여 나타난 대화상자에서 매크로 이름은 '천단위구분표시'로 하고 매크로 저장 위치를 '개인용 매크로 통합 문서'로 하여 '확인' 버튼을 클릭한다. 셀포인터가 위치해 있는 셀 D4에 마우스 포인터를 위치하고 마우스 오른쪽 버튼을 이용하여 셀서식 대화상자를 열도록 한다. 셀서식 대화상자에서 [그림 11-6]과 같이 '범주'를 '숫자'로 하고, '천단위 구분표시'를 체크하며, '음수표시' "-1,234"로 선택하여 지정한다. '개발도구' 탭 → '코드' 그룹 → '기록 중지'를 클릭하여 매크로 기록을 중단한다.

이제 개인용 매크로 통합문서에 천 단위를 구분하여 표시하는 서식을 설정하는 매크로가 생성되었으므로 이를 이용하여 셀 서식을 바꿔보자. 금액이 표시된 셀(또는 셀 범위)을 선택하고 '개발도구' 탭 → '코드' 그룹 → '매크로'를 클릭(단축키 : Alt key+F8 key)하여 나오는 대화상자에서 '천단위구분표시' 매크로를 실행하면 된다.

개인용 매크로 통합문서에 매크로를 기록한 경우는 매크로 통합 문서에 변경사항을 저장하여야 다음에 다시 사용할 수 있다. 작업한 내용을 저장하지 않고 엑셀을 닫으면 다음에 다시 사용할 수 없게 된다. 개인용 매크로 통합문서에 매크로를 기록하거나 변경한 경우는 엑셀을 닫을 때 변경사항에 대한 저장여부를 선택하게 하므로 이때 '저장'을 선택하면 된다.

(4) 매크로의 실행방법

앞에서는 매크로의 실행방법으로 '개발도구' 탭 → '코드' 그룹 → '매크로'를 클릭(단축키 : Alt key+F8 key)하여 나오는 매크로 대화상자에서 실행하려는 매크로를 선택하고 '실행' 버튼을 클릭하는 방법을 소개하였다[9]. 매크로를 실행하는 다른 방법으로 '바로가기 키'를 사용하는 방법, '양식 컨트롤'을 사용하는 방법, '리본메뉴'에 등록하여 사용하는 방법 등이 있다. 이중 바로가기 키를 사용하는 방법은 매크로 기록을 시작할 때 매크로 기록 대화상자에서 바로가기 키를 등록하고, 이렇게 등록된 키를 이용하면 되므로 실습절차는 생략하며([그림 11-4] 참조), 아래에서는 '양식 컨트롤' 도형을 사용하여 매크로를 실행하는 방법과 '리본 메뉴'에 등록하여 매크로를 실행하는 방법을 소개한다.

1) 양식 컨트롤 도형을 사용하여 매크로를 실행

앞에서 사용하던 '11장. 실습2 매크로의 사용.xlsm' 파일의 sheet2를 이용하여 실습을 수행한다. '개발도구' 탭의 '컨트롤' 그룹에서 '삽입' 명령 아이콘을 클릭하면 [그림 11-17]과 같이 매크로를 연결할 수 있는 도형을 선택할 수 있다. 여기서 '단추(양식 컨트롤)'을 선택하여 클릭하면 해당 양식을 워크시트에 삽입할 수 있게 된다. 마우스를 이용하여 '단추(양식 컨트롤)'을 적당한 크기로 그려보자. 그러면 '단추(양식 컨트롤)'이 바로 나타나지 않고 [그림 11-18]과 같이 매크로를 지정하는 대화상자가

9) 매크로 대화상자는 매크로를 실행하는 기능 보다는 매크로를 수정 및 삭제하거나 매크로에 설정된 옵션기능을 관리하는데 더 많이 사용된다.

나타난다. '매크로 지정' 대화상자에서 '만기미도래' 매크로를 선택하고 '확인' 버튼을 클릭한다. 그러면 매크로를 실행할 수 있는 버튼이 워크시트에 나타난다.

이렇게 작성된 매크로 실행버튼은 마우스 오른쪽 버튼을 이용하여 버튼의 텍스트를 바꾸거나 지정한 매크로를 변경할 수 있다. 버튼의 텍스트를 [그림 11-19]와 같이 바꿔보자. 이제 이 버튼을 클릭해보면 앞서 지정한 매크로가 실행됨을 알 수 있다.

그림 11-17

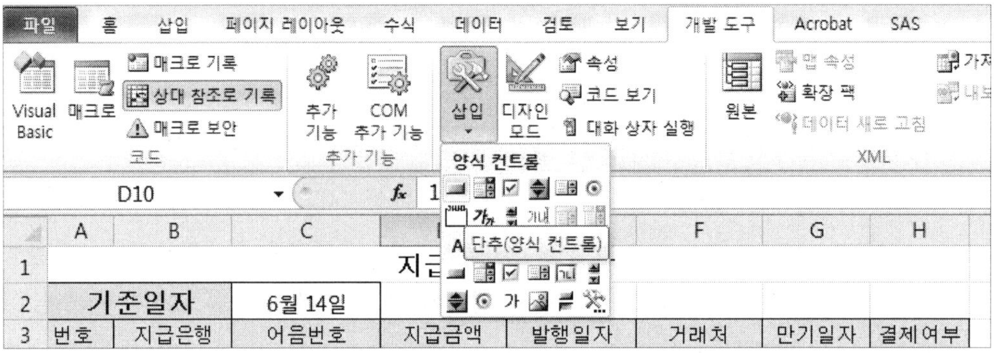

그림 11-18

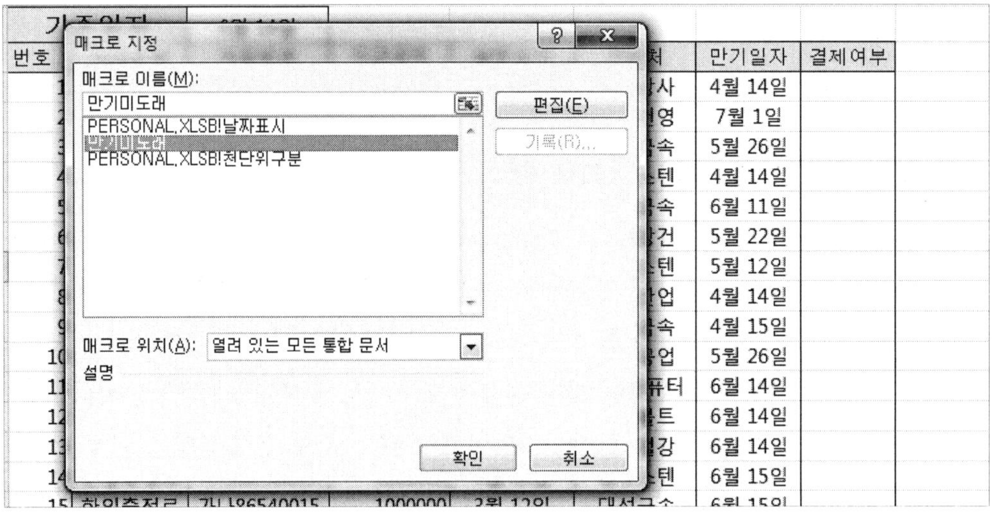

그림 11-19

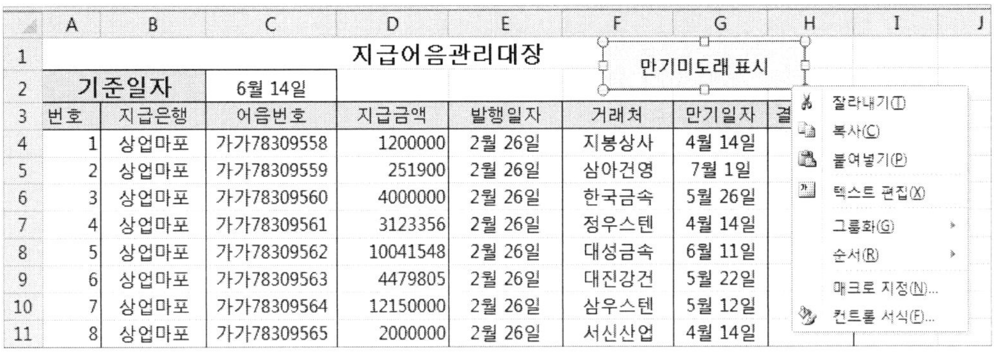

번호	지급은행	어음번호	지급금액	발행일자	거래처	만기일자
1	상업마포	가가78309558	1200000	2월 26일	지봉상사	4월 14일
2	상업마포	가가78309559	251900	2월 26일	삼아건영	7월 1일
3	상업마포	가가78309560	4000000	2월 26일	한국금속	5월 26일
4	상업마포	가가78309561	3123356	2월 26일	정우스텐	4월 14일
5	상업마포	가가78309562	10041548	2월 26일	대성금속	6월 11일
6	상업마포	가가78309563	4479805	2월 26일	대진강건	5월 22일
7	상업마포	가가78309564	12150000	2월 26일	삼우스텐	5월 12일
8	상업마포	가가78309565	2000000	2월 26일	서신산업	4월 14일

2) 리본 메뉴에 등록하여 매크로를 실행[10)]

기록된 매크로는 '빠른 실행 도구 모음'에 매크로를 등록하고 실행하거나 리본에 매크로를 등록하고 실행할 수 있다. '빠른 실행 도구 모음'에 매크로를 등록하는 것은 비교적 간단하므로[11)] 본 소절에서는 본 소절에서는 앞에서 작성한 '날짜표시' 매크로와 '천단위구분' 매크로를 리본메뉴에 등록하고 사용하는 방법을 실습을 통하여 살펴본다.

먼저 리본의 '파일' 탭 → '옵션' 메뉴를 클릭하여 나오는 'Excel 옵션' 대화상자에서 '리본사용자 지정' 범주를 선택한다. 그러면 오른쪽에 리본 메뉴를 선택할 수 있는 화면이 나타나는데, 본 사례에서는 '개발도구' 탭을 선택한 다음 아래에 있는 '새 그룹(N)' 버튼을 클릭해보자. 그러면 '개발 도구' 하위에 원래는 없었던 '새 그룹 (사용자 지정)' 그룹이 생성된다.

---

10) 엑셀 2007 버전의 경우는 리본을 사용자가 변경하지 못하므로, 엑셀 2010 버전부터 매크로를 '리본' 메뉴에 등록하여 사용할 수 있다.

11) 빠른 실행 도구모음은 '파일' 탭 → '옵션' 메뉴 → '빠른 실행 도구 모음'에서 '다음에서 명령 선택'을 매크로로 지정한 다음 필요한 매크로를 선택하여 '추가' 버튼을 클릭하면 된다.

그림 11-20

'새 그룹 (사용자 지정)'을 선택하고 마우스 오른쪽 버튼을 클릭하여 '이름 바꾸기'를 선택한다. 그러면 '이름 바꾸기' 대화상자가 나타나는 데 적절한 '기호'를 선택하고 '표시이름'을 "자주 쓰는 서식"으로 수정기입하고([그림 11-21] 왼쪽 참조) '확인' 버튼을 클릭한다([그림 11-21] 오른쪽 참조).

그림 11-21

[그림 11-21]의 오른쪽과 같이 '자주 쓰는 서식 (사용자 지정)' 그룹이 선택된 상황에서 'Excel 옵션' 대화상자의 '다음에서 명령 선택(C)'를 '많이 사용하는 명령'이 아닌 '매크로'로 선택한다([그림 11-22] 참조).

그림 11-22

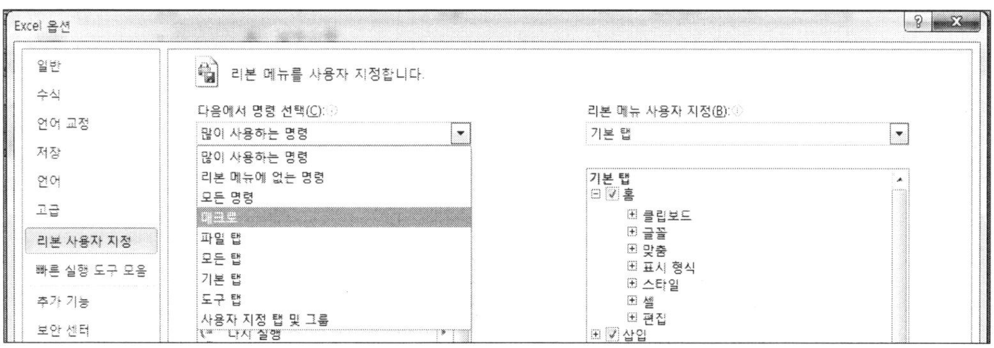

그러면 그 밑으로 지금까지 작성한 매크로 목록이 나타나는데 이중 '날짜표시' 매크로를 선택하고 오른쪽에 있는 '추가' 버튼을 클릭해보자. '천단위구분' 매크로에 대해서도 같은 절차를 수행해보자. 그러면 [그림 11-23]과 같이 '자주 쓰는 서식' 그룹의 하단에 두 개의 매크로가 등록된 것을 확인할 수 있다. 등록된 매크로는 "PERSONAL.

XLSB!"라는 문구가 포함되어 긴 편이므로 마우스 오른쪽 버튼을 클릭하고 '이름 바꾸기'를 선택하여 "날짜표시"와 "천단위구분"만 보이도록 "PERSONAL.XLSB!"를 삭제한다([그림 11−24] 참조). 마지막으로 'Excel 옵션' 대화상자의 '확인' 버튼을 클릭하고 리본 메뉴의 '개발 도구' 탭을 확인해보자. 그러면 맨 오른 편에 '자주 쓰는 서식' 그룹으로 '날짜표시' 명령 아이콘과 '천단위구분' 명령 아이콘이 만들어져 있는 것을 확인할 수 있다.

그림 11−23

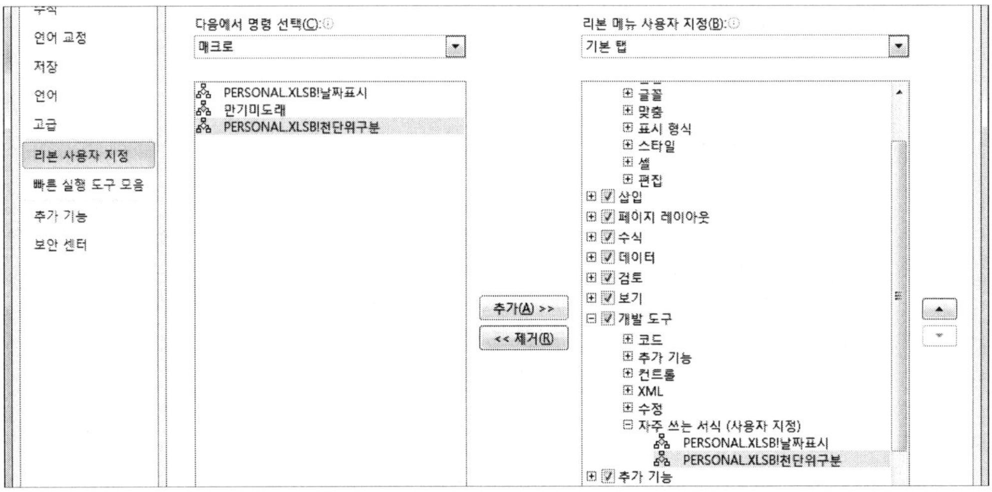

그림 11−24

리본메뉴에 등록된 매크로 명령 아이콘을 이용하여 숫자 또는 날짜 서식을 변경해 보자. '셀 서식' 명령을 이용하여 여러 단계의 과정을 거쳐 서식을 수정해야 했던 작업이 리본 메뉴의 명령 아이콘을 한 번 클릭함으로써 수행될 수 있게 되었다([그림 11-25] 참조).

그림 11-25

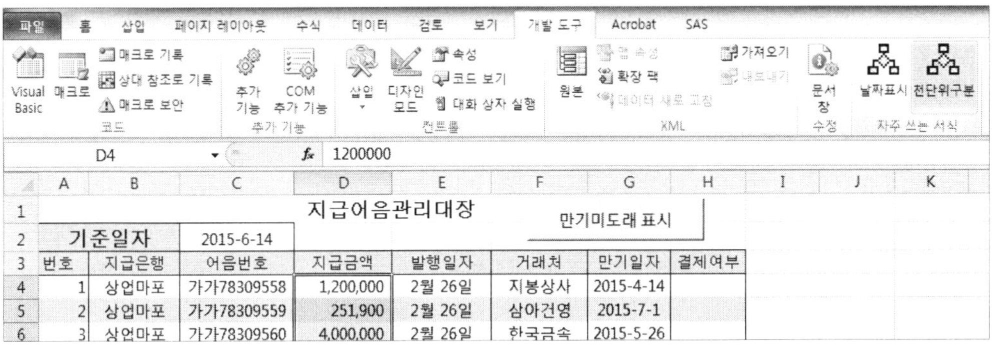

실습문제 11-1

엑셀파일에 저장된 매크로가 더 이상 필요하지 않을 경우는 매크로를 삭제하는 것이 좋다. 첨부된 '11장. 실습문제1 매크로의 삭제.xlsm' 파일을 이용하여 아래의 요구사항을 해결하라.

요구사항

1) '11장. 실습문제1 매크로의 삭제.xlsm'에 포함되어 저장된 '만기미도래' 매크로와 조건부 서식을 삭제하여라.
2) 본문을 학습하는 과정에서 '개인용 매크로 통합문서'에 기록한 매크로인 '천단위구분표시' 매크로를 삭제하여라.

작성순서

1) 통합문서에 포함된 매크로의 삭제
   ① '11장. 실습문제1 매크로의 삭제.xlsm'를 열어 '개발도구' 탭 → '코드' 그룹 → '매크로' 명령 아이콘을 실행한다.
   ② sheet2에 작성하였던 '양식 컨트롤 도형'('만기미도래 표시' 버튼)을 마우스 오른쪽 버튼을 이용하여 삭제한다. ('잘라내기' 명령 이용)
   ③ '홈' 탭 → '스타일' 그룹 → '조건부 서식' 명령아이콘에 나타나는 '규칙 지우기'의 '시트 전체에서 규칙지우기'를 선택하거나, '조건부 서식' 명령아이콘의 '규칙관리'를 클릭하여 나타나는 대화상자를 이용하여 선택적으로 규칙을 삭제한다.

2) 개인용 매크로 통합 문서에 저장된 매크로의 삭제
   '개인용 매크로 통합 문서'는 숨겨진 통합 문서로, 숨겨진 상태에서는 매크로를 편집하거나 삭제할 수 없다. 따라서 다음과 같이 '숨기기 취소' 명령을 사용하여 매크로를 삭제하거나 편집한다.
   ① '보기' 탭 → '창' 그룹 → '숨기기 취소' 명령 아이콘을 실행한다.
   ② 나타난 '숨기기 취소' 대화상자에서 "PERSONAL'를 선택하고 '확인'버튼을 클릭한다.

위와 같이 하면 PERSONAL 파일이 화면에 보이는데, 이 상황에서 매크로 삭제절차를 진행하면 된다. 즉, '개발도구' 탭 → '코드' 그룹 → '매크로' 명령 아이콘을 클릭하여 나타난 대화상자에서 '천단위구분' 매크로를 선택하고 '삭제' 버튼을 클릭한다.

실습문제 11-2

개인용 매크로 통합문서에 저장된 모든 매크로를 삭제하려면 '개인용 매크로 통합문서'를 직접 삭제하는 것이 편리하다. 개인용 매크로 통합문서인 'PERSONAL.XLSB'를 삭제하라.

작성순서

개인용 매크로 통합문서로 저장된 모든 매크로를 더 이상 사용하지 않을 경우는 다음과 같이 "PERSONAL.XLSB' 파일을 삭제하면 된다.

① 개발도구' 탭 → '코드' 그룹 → 'Visual Basic' 명령 아이콘을 클릭한다.

② 나타나는 화면의 '직접 실행' 창에 아래와 같은 명령문을 입력하고 Enter 키를 누른다. ('직접 실행' 창이 나타나지 않을 경우는 '보기' 메뉴에서 '직접 실행 창'을 클릭하면 된다)

```
? Application.StartupPath
```

그러면 다음과 같이 명령문 바로 아래에 개인용 매크로 통합문서 파일이 저장된 폴더의 경로가 나타난다.

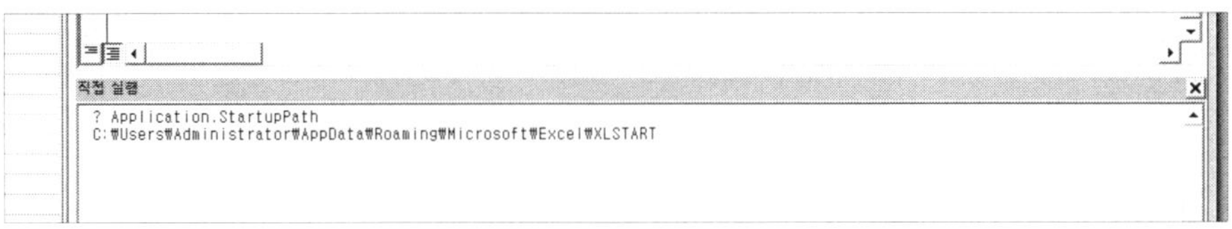

③ 모든 엑셀 창을 닫고 개인용 매크로 통합문서 파일이 저장된 폴더로 가서 'PERSONAL.XLSB' 파일을 삭제한다. ('직접 실행' 창에 나타난 경로를 복사하여 윈도 탐색기의 주소창에 입력한 후 Enter 키를 누르면 빠르게 해당 폴더로 이동할 수 있다.) 위와 같이 하면 개인용 매크로 통합문서에 저장한 모든 매크로가 삭제된다.

주 현 기

약 력

연세대학교 경제학과 졸업(경제학사)
연세대학교 경영학과 대학원 졸업(경영학석사)
연세대학교 경영학과 대학원 졸업(경영학박사)

경 력

공인회계사
청운회계법인, 안진회계법인 근무
서울시 및 경기도 지방공무원 시험출제위원
관세사 시험출제위원
전, 신구대학교 세무회계학과 교수

논문 및 저서

자본시장에서 결정된 체계적 위험과 회계적 위험 사이의 관계(석사학위논문)
법인세 유연화 경향(박사학위논문)
NCS수행준거를 반영한 재무분석 이해하기(세학사)
조세법개론(2025, 세학사)

강 연 수

약 력

경희대학교 회계학과 졸업(경영학사)
경희대학교 대학원 회계학과 졸업(경영학석사)
경희대학교 대학원 회계학과 졸업(경영학박사)

경 력

공인회계사
KPMG삼정 근무
플랜투비즈니스컨설팅 근무
신구대학교 세무회계과 교수 역임
현, 배화여자대학교 세무회계과 교수

논문 및 저서

ROE의 평균회귀경향을 이용한 이익예측모형의 개발과 예측정확성 검증(석사학위논문)
기업집단 회계제도에 관한 연구 : 결합재무제표의 유용성에 대한 실증연구를 중심으로(박사학위논문)

전 홍 준

약 력

고려대학교 경제학과 졸업(경제학사)
고려대학교 경영학과 대학원 졸업(경영학석사)
동국대학교 회계학과 대학원 졸업(경영학박사)

경 력

공인회계사
삼일회계법인 근무
현, 신구대학교 세무회계학과 교수

논문 및 저서

은행업의 이익유연화에 관한 실증연구
보수주의, 이익지속성 및 자본비용 : Prospect 이론의 관점에서 외 다수
조세법개론(2025, 세학사)
NCS수행준거를 반영한 회계감사 이해하기(2025, 세학사)

EXCEL을 이용한 회계실습

발행일 / 2012년 3월 6일 초 판 발행
2025년 8월 29일 개정6판 인쇄
2025년 9월 3일 개정6판 발행

저자와의 협의하에 인지생략

저 자 / 주현기 · 강연수 · 전홍준
발행인 / 김 원 술
발행처 / 세 학 사
주 소 / 04607 서울특별시 중구 다산로15길 28 (신당동)
전 화 / (02) 2231-4640(代)
팩 스 / (02) 2253-2209
등 록 / 제2-1311호
E-mail / book@saehaksa.co.kr
http://www.saehaksa.co.kr

정가 20,000원 ISBN 978-89-6622-717-4 93320